文不在兹

—— 语文传统观念的现代性阐释与创造

杨澄宇　著

南京大学出版社

图书在版编目(CIP)数据

文不在兹：语文传统观念的现代性阐释与创造 / 杨
澄宇著. -- 南京：南京大学出版社，2024.11.
ISBN 978-7-305-28512-7

Ⅰ. H193

中国国家版本馆 CIP 数据核字第 2024MQ8631 号

出版发行　南京大学出版社

社　　址　南京市汉口路 22 号　　邮　　编　210093

书　　名　**文不在兹——语文传统观念的现代性阐释与创造**
　　　　　WENBUZAIZI—— YUWEN CHUANTONG GUANNIAN DE XIANDAIXING CHANSHI YU CHUANGZAO

著　　者　杨澄宇

责任编辑　王薇薇

照　　排　南京布克文化发展有限公司

印　　刷　江苏苏中印刷有限公司

开　　本　787 mm×1092 mm　1/16　印张　15.75　字数　288 千

版　　次　2024 年 11 月第 1 版　　　　印次　2024 年 11 月第 1 次印刷

ISBN 978-7-305-28512-7

定　　价　68.00 元

网　　址　http://www.njupco.com

官方微博　http://weibo.com/njupco

官方微信　njupress

销售咨询热线　025—83594756

序

语文的本质是一种诗在

傅元峰

汉语语文学在语用学意义上的拘泥——也许，杨澄宇想把它描述为"沉沦"——否认或遮蔽了另外一种汉语语源，即那些被诸如现象学形态的哲学与一切文学和艺术呈现并暗指的区域。吕德安的诗，是一种美丽汉语的个别存在，即来自这个区域。但是，吕德安似乎到目前为止，还不是现代汉语语文课的可用素材。汉语语文学的探索在当代发生的语用学偏颇，构筑了杨澄宇立论的问题意识：在何种层面上，对语文的谈论才是有效的？

这使我为之惊叹。语文学，一直缺少这种朴素的回归：近取诸身，远取诸物。杨澄宇虽有本源论的冲动，但这不仅仅是历史追溯。鲜有汉语与文学家为母语投射道的向度，哲思回到了语文学，这是值得注目的一次学术行动。杨澄宇在道的旁边，邀约了日常生活。19世纪以来，集为思潮的文化存在，一直在言说语言哲学和日常生活，二者几乎是现代性的主要意涵。杨澄宇坚定认为，语文的谈论，必须是这样开始。

杨澄宇发现了语文大于语言的"缄默"之在。这是本维尼斯特（Émile Benveniste）式的语言主体之旅中才能看到的风景，作者行走在一条语言哲学主体论或本体论的林中路上。因此，论著首次在语文学的论域移植了现代性维度，揭示了一直被忽略的语言的短暂偶在部分。但在现代性话语中，它几乎是最重要的部分。语文的哲学盲视所导致的残缺得到了前所未有的修复。

因此，杨澄宇反抗片面语用学的方式是对唯名论的开放态度。他大胆发掘了唯名论在汉语语文学中的可能。如此一来，神学的影子投射下来，杨澄宇尝试在旁侧为一个更为广大的汉语语言的本体揭幕。在一切神秘仪式脱离了蛊惑的现场之后，特别是脱离了对这一现场观照的启蒙姿势以后，语言的交感巫术的残留才显现出来。布罗茨基的马，吕德安的鲸鱼，韩东的黑暗，都是某种巫术遗迹。杨澄宇甚至从中感受到了一种语言亚文化。

可想而知，胡塞尔、梅洛-庞蒂或存在主义现象学的主张者甚至本雅明，都是在杨澄宇这条行程上大概率遭遇的朋友。但是,他没有忘记东方经验。汉语的先验论或超验论集结于"气",构成了杨澄宇哲学飞行的中西路线的桥接术。而身体作为情理交汇的自然载体,也首次进入了语文学的讨论。杨澄宇绵密而跳脱的论述,是一场富有哲思创生和诗性呈现的观念探险。他尝试接续的,不是语用学的庸俗社会学和工具语言学经验,而是一种新的整体性观念。身体在道的通达中,是一个前所未有的语言形象。杨澄宇看到了它的混沌和日常生活属性,在语言的意义上,身体获得了前所未有的解放。身体在柏拉图洞喻中,以凝视的方式改写了启蒙困境,首肯了大音希声和万目皆盲,语言的生生之境被呈现出来。

在生活和生命讨论中,语文被复活了。杨澄宇为语文寻找到了场域,创造性地描述了语流的形象,阐释了语言的交流功能。童心所面向的纯粹和闲聊一起作为新语料,生成汉语的现代景观。艺术生活也是论者着力研讨的对象,印象派的含混、荒原意识和废墟观念统摄着他接下来的论证。

随着更多的诗涌现在观念的星丛,沉默再次戏剧性地出现了。它源于杨澄宇创设的"裂缝"概念,是语言返乡路上的见闻。沉默与深渊,这样的语词在语用学之外展现了语文的广达。闲言作为语言的飞地,被释放出来,汇聚到语文的大道上。与此同时,"游戏"也被怂恿和鼓励,成为语用的合法方式。

从本质到结构与形式的论述顺序里,可感受到论者的良苦用心。至此,大部分诗歌的形式谈论不再局限于小学,呈现出主体的格调。杨澄宇甚至分析了在翻译情境下的汉语现代性状,我认为,这抵达了新诗研讨的一个真问题。在庞德的诗中,论者进行了汉语元素论的追问,看到了一场遥远的互文。缄默可以视作一种语言内在的姿势,它昭示着空间诗学。杨澄宇为汉语现代性在场域之外找到的出路属于空间诗学的崭新向度,而在空间诗学上,当代文化的空白感已经被复写到让人担忧的地步。

这条论证的路线图,引领的语文学的观念革新还有待观察和评估。无论如何,语文学当代性的实现已经在杨澄宇这部论著中展示了它最初的曙光。回到语文本身,就是重新寻找原文的过程,也是汉语朝向原乡的重要归途。这本既可作为语言哲学论著,又可作为诗学论著的语文学著作,必将在学术史上留下它的重要印记。

是为序。

辛丑初夏于宝华山麓

目　录

导　论

1999年夏天，笔者参加高考，记得那年的语文作文题是"假如记忆可以移植"，今年夏天，互联网的某个端口传来消息，无痛植入脑机接口芯片正日益成为可能。刷短视频，发现已经有重度抑郁症患者通过植入脑芯片，过上正常的生活。"按下开关，生活得以重启。"如果这项技术得以全面实现，毫无疑问将改变人类的生活。德勒兹（Gilles Deleuze）和加塔利（Pierre-Félix Guattari）早有先见之明，认为人是"欲望机器"。当人工智能还在苦苦寻求通过图灵实验以期达到"机器是人"的效果时，"人是机器"这一唯物主义气质的论断却更直击事情的本质。当然，这里的"机器"不是日常理解的"物体"，而是一种生产性的实体。

当这部机器可以无线操控时，"有如臂使"甚至成为一种反讽，因为身体早已在高运转、高灵敏的时代里生锈。"无器官的身体"以意想不到的方式成为可能，同时，这将挑战人们固有的关于语言的观念。当身体不再需要发出某个以句子为形式的指令，而仅仅是"想到"某个念头即可使得电子设备做出反应时，人们得重新审视语言的功能。"以言行事""以言取效"可能太多余了，要更有效率——某个碎片化的念头就足够。指令和叙事不需要是句子的形式，也许一个字眼就可以。它们甚至会抵达沉默之所。

人们不再花费时间组织合理、合礼的语言，人工智能可以实现。也许语言还是无法穿透沉重的肉身，总是词不达意，但神经元可以穿过单薄的躯壳，造成后现代的通灵景观。足矣。所以，我们得反思：语言的本质是什么？当信息技术、人工智能可以代替思考时，是否必然会出现"缸中之脑"？语言构筑的是迷宫还是景观？教育又该如何做出反应？知识传授与习得还有什么意义？如果人工智能可以在语言的领域攻城略地，那么跨语际实践还有没有必要？文学、艺术、美学等领域是否会被人工智能——染指？它们可以作画、写诗、自我消遣吗？我们给远山起一个温暖的名字，这样的命名还拥有独一性和合法性吗？

捎带上这些复杂的问题，正好来思考语文是什么这一"终极"问题。研究者不能无视语文教育上位的"语文"本体，存而不论的日常消遣已经足够让人"沉沦于世"。我们得确保，正在从事一件有意义的事情。所谓意义，按照现象学的理论，首先得有内容，不能陷入虚无；其次得有意向行为，不能坐收其成、守株待兔。得有主体的行动，意义才能显示出来。当然，如果最后能够确认这件事毫无价值，甚至，只是确定了不确定性，也未必就不是好事一件。相比于结果，事情本身更重要。

语文拥有悠久的历史，但现代意义上的语文课程不过百年。历史，是底蕴也是契机，但现实的境况似乎是语文课程背负沉甸甸的包袱，又伴随着轻飘飘的脚步。在所有现代意义上的课程中，语文教育是最"特殊"与"别扭"的，没有人否认它的重要性，但所有人都习惯质疑它的专业性和责怪它的现状。有几个问题似乎永远处于争论之中，典型莫过于工具性与人文性之争。调和的方法则是一种修辞上的妥协，采取一种并列的方式，下一个虚弱的"断语"："语文是最重要的交际工具，是人类文化的重要组成部分。工具性与人文性的统一，是语文课程的基本特点。"[1]"语文课程是一门学习祖国语言文字运用的综合性、实践性课程。工具性与人文性的统一，是语文课程的基本特点。"[2]2020年修订的课标保持了这一说法，但将关于语文的那句论述改为："语言文字是人类社会最重要的交际工具和信息载体，是人类文化的重要组成部分。"[3]

当语文课程遭遇到传统与现代两种观念的碰撞、融合之时，这样的两难问题尤为突出。文抑或道？形式还是内容？传统抑或现代？东方还是西方？关于语文的论断似乎总是处于二元论的拉扯之中。从根源上来说，其中一个重要原因在于，语文在本体论上是模糊不清的，一种说法看上去正确，相反的另一种说法好像也有道理，最后变成人云亦云，众口难调；与此同时，好像只有保持这种本体论上的混沌，才能理解语文面临的种种困境，才能化解很多似是而非的困惑，久而久之，也就存而不论了。这样的做法，真的"很语文"，因为语文是如此实用，大事化小，小事化无。然而，就算暂且放一放这样的

---

① 中华人民共和国教育部. 普通高中语文课程标准[M]. 北京：人民教育出版社，2013：1.

② 中华人民共和国教育部. 普通高中语文课程标准[M]. 北京：人民教育出版社，2013：1.

③ 中华人民共和国教育部. 普通高中语文课程标准[M]. 北京：人民教育出版社，2020：1.

"形而上"的思索,有些问题却关乎实践,有切身之痛,无法回避。究其根本,或许是在语文科现代化之初,传统与现代的融合是极其艰难且不成功的,遗留的问题到现在也没有解决。

早期的工作更像是一场"拼接"运动,手法上包括"移花接木""过河拆桥":旧观念与新思维进行嫁接,以期结出丰硕的社会果实。不合时宜的旧传统在完成嫁接的使命后,可以弃之不用。然而,传统的力量是如此之大,人们的语文生活总是"囿于传统"①。同时,人们又不停抱怨今不如昔,传统消弭不见而意难平。于是,整个社会一方面都在包装传统以求新意,譬如前些年《经典咏流传》《诗词大会》等节目的流行,另一方面当代语言生活中又会出现《吐槽大会》《奇葩说》《脱口秀大会》等求新求异的节目,因争议不断,难以为继。困难处在于,无论多么想回到传统,终究是隔靴搔痒;无论多么标新立异,都渐渐成为同质化的产品。旧瓶装新酒,尚且常遭人诟病,更何况旧瓶不存、新酒不纯?我们需要回归语文本体的概念,得顺藤摸瓜,明晰语文现状与发展的脉络。无论怎样众说纷纭,有这样一个无法否认的共识,那就是我们已经走在了现代化的道路上,现代性是绕不过去的话题。无论怎么感慨"文不在兹",甚至"斯文不在",也无法挽回现代化的趋势。任何传统的观念,在当代,面临的是如何融入现代社会、现代观念中的问题,而不是如何另起炉灶的问题。如果我们坦承这样的共识,那么就会对一些教育现象进行批评,比如大行其道的各种游离于规范课程体系之外的国学辅导班、读经班、读经学校,甚至所谓的女德班。然而它们却堂而皇之存在,且冠以诸如"大语文""优秀传统文化"的时髦名号推销和获得正当性。这就迫使我们必须重新回到语文传统观念,审视这一复杂的观念主体,寻找问题出现的原因,并找出解决问题的方法。同时,还需要直面这样一个颇为艰难的本体论问题:语文和语言的关系为何?它们肯定不是同一的,那么区别何在?笔者暂时得出关于语文的论断:相对于狭义的语言观,语文是生活世界中意义的产生与表达。这将在第一章中得到阐释。

语文传统面临现代性,是两个都异常复杂的观念中途相遇、相撞了。现代性可以从无数种位来理解,它可以被理解为一个特定的历史时期,也可以被理解为一种独特的社会生活模式和制度模式。其中,经济制度是绕不过

---

① 王明建.语文课程史研究:兼论语文课程的早期现代化[M].北京:人民出版社,2016:282-287.

去的要素。还可以被理解为一种特殊的叙事方式,"前现代"—"现代"—"后现代"的链条由此可以得到展开。还可以将之理解为自启蒙以来的一个未完成的方案。前三种理解都可以基于这一方案的展开。① 在多种多样的理解中,我们需要追问:现代性的核心到底是什么,该如何进行描述? 当然,陷入这样的追问也不免有本质主义的嫌疑。

其实,与其追问如何才能避免"囿于传统",不如追问何以非得"囿于传统"。语文传统的几个重要特征,如"道德旨归""弥纶总括""基于日常"等都是人们不得不脚踩的大地,过去是,现在是,恐怕将来也会面对。对其进行现代性的转化就不是需不需要,而是不得不、怎么做的问题。既然不得不为之,就需要对转换的可能路径进行探索。得分清楚哪些新问题其实是老问题,哪些老问题又面临了新的挑战。

笔者在第二章结尾处得出这样的结论:现代性转换必须发生在语言唯名论的基础上,这一结论也在第三章中继续阐释,通过对传统语文中"气"的探讨,笔者发现了向现代唯名论转换的可能,即秉承基于个人主体的唯名论精神。这只是转化的内核与动能,语文的外延必须重新定义,才能产生源头活水。

笔者先将语文放置在身体、生活、审美这三个基本的维度进行考量,进行现象学的还原,试图寻觅语文丰饶的资源,并给出创造与转化的可能。所谓现象学还原,其实就是回到语文事情本身,将一些不必要或难以考量之物暂时打上观念的括弧。在第四章、第五章中,可以看到,语文需要先还原到身体和生活世界,是因为身体是语文发生的基础,而生活世界则是语文主要的范畴。

如果了解传统语文观念的走向,那就会对传统中原本就有的功利主义、道德实在主义保持警惕,现代性本身也是问题重重。布鲁门伯格(Hans Blumenberg)在其为现代性辩护的著作《近代的正当性》中提出"内容"与"功能"两分的方法,即现代性的许多问题是因为其作为对传统的某种补偿功能所致,这并非它的原罪。② 现代社会中对于传统宗教、道德主义的消弭需要寻求某种补偿与替代机制,换言之,我们需要寻求现代性中的超越性,无论是外在还是内在的。审美,自然就进入了我们的视野。审美地"看"这个世界本身或

---

① 俞吾金. 现代性现象学(续)[J]. 江海学刊,2003(2):5-15.

② Hans Blumenberg. The Legitimacy of the Modern Age[M]. Boston:The MIT Press,1993:xxix.

许就是一种现象学的"本质直观"。当然,也许寻求这种补偿本身就是启蒙不充分的结果,针对"祛魅—返魅"的摇摆,布鲁斯·罗宾斯(Bruce Robbins)给出坚决的否认:"施魅?不,谢谢!"①

同时,现代性审美会带来某种软弱性,它过于追求形式语言的自身力量,过于相信形式自律,缺乏或故意规避介入(engagement)的可能。但如果语文积极通过个体的审美介入生活,将天然具有政治性,也一样会有问题。因为语文发生与交流的基础——身体、生活,在现代性的审视下本身就漏洞百出,人们彼此的身体,在生活与世界间充满无法克服的隔阂;语言无法达到对世界的完整描述;意义在传统与现代融合之际面临付之阙如,甚至付之一炬——要么言之无物,要么陷入虚妄。是否应当继续相信语言、生活、审美乃至现代生活自身,这是第六章和第七章将要讨论的主要内容。

坦然面对种种可能,并享受语言达不到之处的风景,语文中常见的断裂与缄默是可能的转化路向。笔者在唯名论的共识下呼唤诗性,体认传统之"气"的流行,由此进入一种新的景观。是的,首先得遵守唯名论的共识,即一种非道德实在论下的形式自觉。这是现代性的要求和语文专业性的特征。笔者将之称为"回到语文/语言本身"。这也是对之前所言"介入"的回应,恰如海明威(Ernest Hemingway)在《老人与海》中,用史诗般的语言,认出了大海,给迷茫的时代注入了一剂伤感的强心针。

插一句,海明威明确表达这部小说对象征的拒绝。② 我们可以看到现代观念的脉络:"再现—象征—表现—呈现"。主动抽离象征,因为特定的词语无法概括所指的全部。这有赖于语言对世界描述的自觉,不仅关乎语言,也和世界相关。世界得要有足够的现代事物与精神。海明威对大海渊博的知识,使得文字中断语频出。他笔下的老人,熟悉大海的一切,他明确知道鲨鱼会来,知道来袭的鲨鱼的脾性、它们肉体的细节,他知道云的位置、风的走向,知道港口的距离。所降临的都是注定而来的,我们在行文中可以看到这种安全感,即所要发生的,都是必然的。安全感正是散文的性质。同时,广博而精确的知识又带来新鲜的词语,灰鲭鲨、魟鱼、加拉诺鲨、鱼鳍的线痕、幽暗而明亮的鳞光、咬噬的声响……这些词语又带来干净的意象。于是,这个世界是一幅木版画。意蕴悠长,又可以大规模复制、印刷、传播、商业运作。这位老

① 乔治·莱文. 世俗主义之乐:我们当下如何生活[M]. 赵元,译. 南京:译林出版社,2019:82-94.

② 于冬云. 海明威与现代性的悖论[M]. 济南:齐鲁书社,2019:122.

渔夫,有着宗教意味的名字,熟谙关于海洋、鱼类的知识,他凭借理性和激情与大海搏斗,最终回到陆地的梦中。通过现代性的语词和世界碰撞、交易乃至超越。这正是我们的时代。

回到语言本身,认出大海的名字。这是我们在第八章中给出的方法的答案,并将其中蕴含的精神,投射于教育现场,就有了第九章对校园空间诗学的探索,以及第十章中对核心素养现代性的阐释。

我们需要将现代性的价值进行到底,这是一种当代精神。未来将给出开放的答案,并不允诺任何。传统是需要被不断阐释与创造的,这里包括自己和别人的传统。至于最终的目的地,又是怎样的景观,请允许笔者留白。人们应当相信,传统如果不经由审视与创造性转换,无论是审美、伦理还是其他面向的转换与阐释,都会只剩下文献学的价值。处于当代,笔者采用的理论立场更接近福柯(Michel Foucault)在一次与德勒兹的谈话中对"理论"的解释,理论不是实践的表达、转译或应用,理论本身就是一种实践。理论是局部的、区域性的,是非总体性的。理论总是与所有固定的话语做斗争,以便使之在其最隐蔽、最具潜伏性的地方显现、动摇。

文不在兹乎? 在文的边缘寻觅一种更新的当代精神……

第一章　存而不论乎？

——对语文的本体论思考

第一节　语文概念再辨析

与其他学科相比,语文课程面临一个根本的问题:其上位学科为何? 物理课程之上有物理学,数学课程之上有数学,政治课程之上有政治学,历史课程之上有历史学,那么语文课程上位的语文学何在呢? 笔者曾经对很多学者、一线语文教师、大学师范生、高中生提出过这个问题,几乎毫无例外,反应都是"若有所思"。一次次教学实践形成的常识又告诉我们,如果有这么一个上位的学科,那么"语文学"肯定不是语言学,不是政治学,也不是文学和美学。那么是什么呢? 它似乎什么都包括,但又说不清楚。边界的模糊造成了对语文概念理解的莫衷一是,说不清道不明只能强说愁了。

显然,人们赞同这样朴素的认识:语文和语言息息相关,但两者不能彻底地画上等号。按照《义务教育语文课程标准》(2022年版)所述,"语言文字是人类社会最重要的交际工具和信息载体,是人类文化的重要组成部分"。课标中的这句话显然不是关于"语文"这一概念的"定义",仅仅描述了"语文"的重要特征,且是一种"侧写"而非全面的描写。我们可以采用倒推的策略:如果承认"语文课程是一门学习国家通用语言文字运用的综合性、实践性课程",那么,"语文"则事关祖国语言文字的运用。是不是由此可以得出这样的结论:语文是一种语用学? 这样的论断显然也无法让人满意,语文一定和语用相关,但它并非作为一门学科或课程的语用学而存在。

当所有的定义尝试都无法达成的时候,肯定要怀疑这样尝试的必要:是否非要这么一个"语文课程"上位的,关于"语文"的概念? 笔者认为,探寻的行为本身一定是必要的。试图廓清一件事物的边界、描述一件已有之物的样貌，是人类本身的基本智识要求。无法给出恰当的定义不仅是一种智识上的挫折，在下位课程的实践中也会生出不断的麻烦。最明显的是理念与实践的背离。盖因实践时常常受到多种观念的影响，有明有暗，有自知有不自知。也许自以为秉承的是一套语文观念，奉行的却是另一套完全相反的语文观念，南辕北辙而不自知，待到问题重重时，却又归因于自以为所秉承的那个语文观念。

语文教育现象如同多重的跷跷板。理念是一头，实践是另一头；实践的巨大压力和惯性常使得某些理念只剩下"高大上"。政策是一头，实践是另一头；奉行某种理念的政策强制施行，反而会使得具体实践如蜻蜓点水，人浮于事。一种"理念—实践"是一头，另一种"理念—实践"又是另一头，此起彼伏：譬如，当理念强调语文的工具性时，实践中难免会走上功利主义的道路，强调大量的练习与训练，损伤的是学生对语文本身的兴趣。政策制定者与实践者痛定思痛，遂使理念强调人文性，实践中又难免和道德观念、意识形态等生硬挂钩，掺杂了大量非语文的东西，一样让学生生厌。

矫枉往往过正，一病多痛，一痛多病，实在难以一一列举。何以如此？很大一部分原因恰在于理念之间的背离，没有形成共识，大家都以为自己说的是"语文"，都是按"语文的规律"教学，但其实所指涉的有着天壤之别。

还有一个更为根本的问题，即这种概念可能只是一种想象的虚幻。语文不可能以唯一概念来囊括。这也并非谵妄之言。分科概念的出现于我国教育也不过百年，它并非源于"语文"自我的发展逻辑，而是一种强行的"割裂"。根本上来说，这是一种世界观的改变，时间与空间都变成可"计算"进而可"度量"的。从认识论来说，是一种"主体—客体"的截然二分，作为"客体"的语文被放置在科学的检视与检验下，削足适履。从实践上看，分科后的语文实践可能无法运用于传统的语文，如果它们之间无法充分联系与转化，那么又何必用"语文"将其勾连在一起呢？

语文该有的样子是什么？沉湎于一元论的人们，肯定希望它是整体，而非割裂的。这是一种拥有怀乡般情感的整体性。无数美丽的诗词都表达了这样的境界。但是，美妙观感背后可能是一种系统性的庞然之物，接受它优雅的一面，也会感受到它巨大而不堪的一面。恰如吕德安笔下的鲸鱼，占据了整个村庄。

鲸鱼

冬夜，一群鲸鱼袭入村庄

静悄悄地占有了陆地一半

像门前的山，劝也劝不走

怎么样，就是不愿离开此地

黑暗，固执，不回答。干脆去

对准它们的嘴巴的深洞吼

但听到的多半是人自己的声音

用灯照它们的眼睛：一个受禁锢的海

用手试探它们的神秘重量

力量丧失，化为虚无，无边无际

怎么办，就是不愿离开一步

就是要来与我们一道生活

这些鲸鱼，虽说是两栖，有享受

空气的自由，爬行和村庄的月亮

甚至陆地的一半权力

但这些，并不能让我们

赶在死亡之前替它们招来潮汐

硕大的身躯在一场

拖延时间的哮喘病中

挨到了天亮，打开窗口，海

就在几米之外，但从它们的眼睛看

它们并不欢迎，它们制造了一次历史性

的自杀，死了。死加上它们自己的重量

久久地压迫大地的心脏

像门前的山，人们搬来了工具

人们像在挖土，但土会越挖越多

如果碰到石头（那些令人争议的骨头）

就取出，砌到墙上，变得不起眼

他们像挖洞从洞挖向洞

都朝着大海方向，还把鲸鱼

的脂肪加工成灯油,送给教堂

剩下的给家庭。四处,四处都散发着

鱼肉的腥味和真理的薄荷味

哪怕在今天,那些行动仍具有说服力

至少不像鲸鱼,它们夜一般地突然降临

可疑,而且令人沮丧①

忍不住全文引用这首诗,因为没有比用那条巨大的鲸鱼来"影射"传统更妥帖的了。传统,一夜之间来临。之所以能够意识到它的巨大,意识到它已然横亘在我们面前,是因为它已成为遗址了,残留鱼肉和真理的味道。人们能意识到它的存在,因为已经与之产生了分离,浸润其中的人们意识不到它巨大的本体。只有跳脱出来,才能对待其为客体:惊讶、恐惧、观察、研究、反思、欢欣……人们身处传统之中,看待传统,犹如"盲人摸象";当大象能够被人捕捉、被仔细观察时,恰恰是它丧失生命力之刻,是失去了"香象渡河,截流而过"的决断之力之时,"可疑,而且令人沮丧"。

人们"愚公移山"般挖掘着传统,是为了寻找出路,也是为了那些蕴含着的庞大的宝藏。人们可以用之点火,照亮前进的道路,给予家庭生活以温暖;可以用之砌墙,保卫生活又重新困住生活。还能闻到些许真理的味道,薄荷味儿让人清醒,但也或许只是让人提神,继续劳作。或许有一天,它又不翼而飞。周而复始。

时过境迁,现代社会不可避免到来了,语文的全貌似乎清晰地呈现在研究者的面前。科学视角下的语文有其必要性和巨大的优点,但也有无法避免的天然缺陷。恰如海德格尔(Martin Heidegger)所言,加诸概念的,就是生命力的丧失。诚然,生命力的丧失是当今语文课堂最大的问题。语文课堂不是活泼泼的,而是机械而琐碎的。"字词句篇、语修逻文"的知识如同砖瓦,堆砌出的课堂千篇一律;学生的作业也充斥着大量的训练;连似乎应该有点儿灵气的作文也读来索然无味。

当然,这也全非科学时代的错误,科举时代的八股文也从未有过酣畅淋漓。一味地将问题的症结归因于现代社会是欠妥的,传统社会的功利性写作有过之而无不及,但是,现代社会一些隐含的价值与特征,如主客体分离造成

---

① 吕德安. 顽石[M]. 北京:中国工人出版社,2000:81-82.

"人"异化的可能、工具的滥用等,确实也造就、加剧了语文课堂生命力的丧失。笔者曾见过很多这样的语文课:首先是对作者"知人论世",标识出小说所写的时代背景,由此推断作者的意图;接着要求学生按段落归纳小说的"起承转合",列举出"小说四要素";最后引导学生勾画出"好言好句",体会语文之美。如此程式化的授课不仅使得课堂"死气沉沉",也是对意义丰沛的文本的巨大伤害。以至于一位大学中文系教师曾不无"咬牙切齿"地对笔者说,他在新生入学第一年的课堂上所有的努力,就是和他们的中学教师们搏斗!

回过来说,当语文在传统与现代遭遇的境况下,有些晦暗不明时,我们又如何去描述这个无法给出具体概念的巨大本体之物? 有学者认为,可以考虑即(as)的逻辑而非是(is)的逻辑。"即"不能做西方语言逻辑中之"同一"讲,而是"等于"与"不等于"的诡谲的合一。① 借用这一概念,大可以说语文即语言;语文即文学;语文即……"即"的罗列与其说是给出定义,不如说是一种"点名"与"点明"。既然循名责实已难,开宗明义尚为可期。列举是一种祛除遮蔽的方法,让一些事实显现出来。但是否会形成新的遮蔽,形成一种"即"的独断论则又是可待考察的了。陈日亮有言,"我即语文"②;曹勇军的学生回忆当初的课堂,说曹老师讲的内容全忘了,唯一记得的就是他课间站在窗口望着远方抽烟的样子。有时候,语文真正的内涵是说不清道不明的,但又是真实存在的。

这是一种"取巧"的"话术",借此我们可以回到生活话语体系中。叶圣陶曾言,语文就是"语"加上"文",即口语的"语"与书面语的"文"。③ 也有学者认为,语文是语言与文学,语文是语言与文化。如果用"即"代替"是",则以上种种表述都没有问题。然而,这样的方法看似解决了概念能否如其所是的问题,但只是一种取巧的方式,对于真正的问题还是"存而不论"了。必须追问:为什么是"即"的逻辑而非"是"的逻辑? 是否有从"即"的逻辑走向"是"的逻辑? 怎么走? 道路是如何展开的?

探究何为语文,不可不回到它的源头,但吊诡之处依然在于,如果不给出语文的范畴与边界,溯源的坐标何在? 广泛的传统生活中,哪里是语文这一具体之物或事件呢? 倘若确实没有明确的范畴与边界,那只能采用观念倒推的方式,回溯的起点应当是今天。将当下语文的确切特征与已知源头上的某

---

① 杨儒宾. 两种气学两种儒学:中国古代气化身体观研究[J]. 中州学刊,2011(5):143-148.

② 陈日亮. "我即语文":回归物之本然和人的自身[J]. 语文教学通讯,2018(26):8-13.

③ 叶圣陶. 叶圣陶语文教育论集[M]. 北京:教育科学出版社,1980:138.

些特征进行对照,互相印证。如果能够实现,则无疑增加了这一论断的可信度。从今天关于语文课程的共识中,我们大概得出以下几个观点。

第一,语文一定和语言相关。那么,它们之间会存在这么四种可能(见表1-1)。语文大于/小于语言;语文建构语言/语言建构语文。前者是范畴论,后者是指内在关系与功能。

表 1-1　语文、语言关系表

范畴	功能	
	语文是更基本的单位	语言是更基本的单位
语文大于语言	语文大于语言 语文建构语言	语文大于语言 语言建构语文
语文小于语言	语文小于语言 语文建构语言	语文小于语言 语言建构语文

语文构成语言,这意味着语文将成为一个更为本质的东西,并成为语言的基质。这似乎很难被理解和接受。但如果不是从科学论的角度来看语言,而从存在论的角度来看,未必没有一个更基质之物存在。语言涉及一种无处不在的存在的焦虑。比如,身处异乡,不是惯常的语言环境更能放大这种焦虑。这种基质,可以命名为逻各斯、道等等,或许也可以称为语文。

如果语文的边界大于语言,那么语文的全部内涵便不可能都由语言构成。反之亦然。更进一步,如果语文的边界大于语言,超出语言部分的语文,又是何物呢?笔者以为,那就是一种不可言说、不愿言说的缄默。

由此,得出以下四个位相:

1. 语文的边界大于语言,语言的全部由语文构成。那么,语文便成了一种关乎所有人类情态之物、之存在、之道、之事情。语文是一种名称或实在,能将这种普遍之物、之存在、之道、之事情进行或特殊或普遍的表达。

2. 语文的边界大于语言,语文的全部由语言构成。这显然是不可能的,因为某物不可能超出它自身之外。既然语言构筑了语文的全部,那么语文就不可能超过语言的范畴。

3. 语文的边界小于语言,语文又参与构建了语言。这似乎暗示着,有和语文完全无关的语言,这种语言与我们的世界、生活无关。那么,这种语言只能是另一种我们无法理解的言语结构,又是由语文的要素所构成的。这比较符合某些人对外语与异质文化的臆想。在此不做讨论。

4. 语文的边界小于语言,语言又构建了语文。这似乎是不少人认同的语文教育的样子。语文仅指教育中的语文,或者可以更加缩小为学校中的语文。但是,一旦认为语文只是教育中的语文,那么也会自我缩减教育的范畴与地位。教育的理想状态是无处不在的。在这样的位相里,语文的边界也会有冲破语言边界的冲动。

当然,还有一种可能,即语言与语文共享了某种基质。那么,它们仅仅是外在状态或表现的不同。犹如水与冰,造成区别的是环境的不同。那么,我们似乎可以按环境来切分语文,它时而叫语文,时而是语言。比如课堂语文、课堂语言、语言考试、工作语言……既然有共享的本质,那么外延的不同则是一种人为的划分,可以认为它们的原始或理想状态应该是一体的。不过这样一来,所指和能指是随意滑动的,我们无法把握语文稳定的意义。

反者道之动,建构的另一面是解构。比如,如果说语文建构了语言,那么,语言也在不停解构语文。教育中对于语言运用的枯燥练习就是一种糟糕的解构行为,伤害了语文这一主体。同时,语文也在解构语言,沉默的语言、柔软的方言无不是对狭义语言的解构,解放出更广义的语言主体。

另外,解构本身也有天然合理性的一面,道的方向也许就隐匿在反向运动中。解构不仅仅是一种方法与动作,而可能就是内容本身。以经常入选语文教材的文本《窦娥冤》为例,窦娥的无辜是通过三个意象一步步递进的,一个比一个难以实现又顺理成章。"血溅白练""六月飞雪""三年亢旱",血脉本应平和,因冤屈推向极致;天气本应酷暑,推向反面则是落雪。由此,天地感受到的不仅是窦娥的冤屈,而是一股"反动"之力。推波助澜者,非大能力不可为。然而,这一审美意象并没有超出生活的心理常识,我们常常遇到"老天都为我落泪"这样的陈词,"雨过天晴"是自然景,亦可当心境。可见"天人感应"是切身且可逆的,至少是可以被想象的。

天理,是气血所逆转到极致可以触碰到的。普通人看似可以控制自身,却在生活、命运里面随波逐流,其实,人们连心跳和呼吸都难以把握。试图控制气血的人,非大能力者不可为,他们走向神秘之境,极易"走火入魔"。窦娥通过自我"献祭",得以在"绝地天通"的生活处境中劈开一丝缝隙,向老天传递了信息,与之相勾连。这行为,是巫术的,是政治学的,是美学的,是文化的,种种为一。鲜血淋漓处,超越俗世,奇情涌现。

让我们暂且记住这四个位相,之后在溯源中看看哪个更能得到印证。

第二,语文一定和自己的母语相关。"语文是母语"这一论断并不能直接推出"语文教育是母语教育"。因为语文教育或语文课程更多强调对祖国规范语言的教育，而规范语言应当包含在语文这一更大的范畴之内。换言之，"语文教育是母语教育"是可存疑的，因为它忽视了方言和非汉民族学生这两大状况。但是，"语文是母语"这一判断则没有这样的疑惑，一来方言之类可以放置在语文的范畴内；二来规范语的长期运用，也能产生母语的感情。如果从这个角度看，那么语文课程中存在母语的情感是毫不奇怪的。母语是一种天然具有存在性的语言，在母语中，我们生存并存有。母语给我们提供慰藉。人也寓居于阅读，于写作，于日常的交谈中。从而，人成为"常人"，成为"存在者"，忘记了"存在"本身。只有在一些特定"非常"时刻，或"非常"之人，才能因为"存在"的遗忘而焦虑和迷茫，这又是一种普遍的情绪。

母语能否彰显存在，是个可以讨论的话题。对于存在的理解，不仅东西有别，古今也是不一样的。在现代社会，存在是一个显著的话题，人会感到被抛入世界的洪流，随波逐流，庸碌而心累。但是古人或许缺少这样的苦恼，语言也不是存在的家，而是乌托邦、桃花源。人在诗意的生活中，悠然见南山，从庸碌的生活中超越出来，中国文学传统的主流是写意与洒脱，或许会使知识分子更向往某种乌托邦，而非那个充满了七情六欲、家长里短的"家"。另外，"语言之家"已然被伦理所重重裹挟，成为修身、齐家、治国平天下中严肃而重要的一环，它可以是神圣的，不能因庸俗、肉欲而被主流所铭记，语言是仪礼之家，倒是有可能的。

第三，语文不仅和母语有关，更多涉及对其的运用。运用的本质是"交流"与"对话"。与自己对话、与他人对话、与文本对话、与世界对话。

对话的前提是主体—客体的分离，因为分离，个体性才能显现与发展出来。也因为分离，对话才不可或缺并获得生动的源泉。语文课堂是对其的"降格"模拟，并以科学化的思维实践起来，以期更有效地掌握这一技能。运用是一种技术，但这种技术是"活泼泼"而近乎"道"。最明显的例子是"庖丁解牛"的寓言。"道器合一"，日用而不知，如果非要概括，也只能审美地言说，只能列举，不能囊括。

在科技时代，技术是否反而丧失了这一趋于道的功能？这是一个两难的问题。我们在享受了"技术"的便利之时，也感受到了技术对人的扭曲与异化。网络阅读让人更加容易获得信息，却也让人沉溺于低质量的内容，不能自拔。意识到这种两难不是反思的终点，还需要追问：是谁规定了何为高质量、何为低质量？热衷于阅读所谓低质量文本的人群，难以意识到这一点；真正意识到这一点的人，也应当发觉，低质量可能消解所谓的高质量，形成对坚固之物的反抗。高质量阅读应当走向对高质量这一成见的反思。但这几乎是一个悖论，因为人很难反对自身，反思对自己有利的语法规则。网络时代，族群的隔阂并没有缩小，反而日益自我僵化。公平的讨论与辩论几乎是不可能的，因为双方都觉得只有自己才掌握了真理和正确的语法。

当然可以对科学视角下的语文做出批判，但人们已经无力退回前科技时代；另外，需要看到，技术的发展也创造了更新的艺术形式。譬如有赖于颜料技术的发展，长时间的户外油画才成为可能；20世纪初的绘画主题有了极大的变迁，追求光线瞬间变化的印象画派才得以出现；有赖于信息社会，各种电子信息装置艺术也成为可能。新时代的词汇丰富了汉语的表达，每增加一个新词，或者一个词有了新意，就可能会带来整体观念性的嬗变，并且，对原有的词与观念形成冲击。得正视这些，而不是仅仅说"不"，我们或许应该相信这是一个词语相对自由流通的市场，什么词能够流传并存活下来，应该交给市场自己选择。

技术的发展使得城市、农村的景观都发生巨大变化，艺术、文学、语文都必然会对此做出回应。人们应该走到更广阔的生活大地上，看看是什么语言占据生活的界面。笔者在一款自动冲水小便器前看到上面写着这样一行字："即使在没有人的时候，水也会周期性流动。"不禁想起了杜尚的著名小便池作品《泉》，以及普桑名画《阿卡迪亚的牧人》中墓碑上篆刻的几个字："即使在阿卡迪亚也有我。"当然，这只是充满文艺气息的感慨，我们从日常生活中看到文字的自在。

面对语文的三个主要观念、三种常识，我们需要在历史中找到验证的基石，以甄选语文的立足点。无论是存在的家，还是乌托邦，都得在传统和现代的双重眼光下得到审视。

第二节　语文概念的追溯

一、弥纶总括性

让我们把视线直接拉到中国语文的起源处。笔者在拙作《语文生活论：

基于现象学视角的语文课程探索》中，曾对"文"与"道"做过字源学方面的阐释，①在此撷取精要。

先民时代，语文的边界大概可以和世界相同，其特点是"弥纶总括"。何以如此？还是得回到"语言"与"文"。先民们感觉万物、描绘万物，都是素朴的"近取诸身，远取诸物"(《易·系辞下》)。他们所达到的边界就是身体所能达到最远的边界、生活的边界和想象的边界。古人观物取象的一般过程是：人、物之间，由人及物，即由"近取"到"远取"。而观照人本，动态可象，情态难写，又由实到虚，以实象虚。② 其实不仅是我们，这大概是所有人类世界开始时的情态，《百年孤独》的开头有言："世界新生伊始，许多事物还没有名字，提到的时候尚需用手指指点点。"③那时候世界还小，需要指指点点，还来不及以辞害意。词不达意处，情有可原，身体的源初性也可见一斑。

在获得意象的过程中，"文"的边界也无限放大。天文、地文与人文并举。譬如《周易·贲卦·彖传》："刚柔交错，天文也。文明以止，人文也。观乎天文，以察时变。观乎人文，以化成天下。"④这也是"人文"一词在文献中的最早出现。

又如《周易·系辞下》："观鸟兽之文与地之宜，近取诸身，远取诸物，于是始作八卦，以通神明之德，以类万物之情。"⑤这还说明了古人想象中的从"诸文"中演化出"人文"的情形。

"文"字在甲骨文中有几个代表性的字形，如 大、宋、文 等，像正立之人形，胸部有刻画之纹饰，故以文身之纹为文。在已经发现的甲骨文中有以下三个含义：一、文，美也。冠于王名之上以为美称。二、人名。三、地名。⑥

《说文解字》：文，错画也。象交文。意思是"文"，交错刻画以成花纹。像是交错的花纹的样子。《周礼·考工记》上有记载："青与赤谓之文。"《说文解字》上还有："黄帝之史仓颉，见鸟兽蹄迒之迹，知分理之可相别异也，初造书契。""依类象形，故谓之文。"⑦

---

① 杨澄宇. 语文生活论：基于现象学视角的语文课程探索[M]. 北京：教育科学出版社，2016：56-67.

② 臧克和. 说文解字的文化说解[M]. 武汉：湖北人民出版社，1995：15.

③ 马尔克斯. 百年孤独[M]. 范晔，译. 海口：南海出版公司，2017：1.

④ 周振甫. 周易译著[M]. 北京：中华书局，1991：80.

⑤ 周振甫. 周易译著[M]. 北京：中华书局，1991：256.

⑥ 徐中舒. 甲骨文字典[M]. 成都：四川辞书出版社，2006：996.

⑦ 许慎. 说文解字[M]. 段玉裁，注. 北京：中国书店，2011：1428.

可以肯定，在远古时期，"文"来源于左右交错的纹理与颜色。这就造成了它先天的装饰性、自然性，以及内在的审美特征，并油然而生出一种"愉悦感"，与其他人世间的美好产生无以言状的通感，并用来修饰之。

关于装饰性与"柔弱性"，可见《论语·雍也第六》中："子曰：'质胜文则野，文胜质则史。文质彬彬，然后君子。'"①在这里，作为"质朴"的对应，"文"可取"文采"之义。同样在《论语·颜渊第十二》中："棘子成曰：'君子质而已矣，何以文为？'子贡曰：'惜乎，夫子之说君子也，驷不及舌。文犹质也，质犹文也。虎豹之鞟犹犬羊之鞟。'"②用虎、豹与狗、羊的皮来比喻"文"，尤见文从"纹"来的印记。

而"文"和"质"的辩证关系，也被后世引申出关于治国的理念，东汉应场的文质论上有："……有文有质，若乃陶唐建国，成周革命……是以仲尼叹焕乎之文，从郁郁之盛也，夫质者端一玄静，俭啬潜化利用……逮至高后乱德……夫谏则无义以陈，问则服汗沾濡，岂若陈平敏对，叔孙据书，言辨国典，辞定皇居，然后知质者之不足，文者之有余。"③可见，"文"如果过多显示了其"装饰性"的一面，则"质"的中和就必不可少。

其实，早在先秦文献中，"文"与"德"的概念就联系在一起了，大概因为文，纹也，美也，德也，这一系列的审美移情。如《礼记·乐记》："礼退而进，以进为文；乐盈而反，以反为文。"郑玄注："文，犹美也，善也。"《国语·周语下》："夫敬，文之恭也。"韦昭注："文者，德之总名也。"④

就现在通行理解的文字、文本的"文"而言，刘勰的《文心雕龙》是第一本对于"文"进行全面论述的中国古典文论作品。在"原道"中，他将"文"区分为"天文""地文""物文""人文"，进而又确定了"人文"概念中的"心之言"的核心地位："言之文也，天地之心哉！"因此，"人文"作为与天地之文并列的"群言"，包含了当时所能见到的所有言说的样式：骚、诗、乐府、赋、颂、赞、祝、盟、铭、箴、诔、碑、哀、吊、杂文、谐、隐、史、传、诸子、论、说、诏、策、檄、移、封禅、章、表、奏、启、议、对、书、记。⑤

可见，中国古代文论所言的"文"的定义与现代汉语词汇中的"文学"的含

---

① 刘宝楠.论语正义：十三经清人注疏[M].北京：中华书局，1990：233.
② 刘宝楠.论语正义：十三经清人注疏[M].北京：中华书局，1990：189.
③ 欧阳询.艺文类聚[M].汪绍楹，校.上海：上海古籍出版社，1999：412.
④ 臧克和.中古汉字流变[M].上海：华东师范大学出版社，2008：406.
⑤ 余虹.中国文论与西方诗学[M].北京：生活·读书·新知三联书店，1999：38.

义是不同的,它是一种"弥纶群言"。这样的传统也可以见诸各类史书文编中,开创了目录学鼻祖的《汉书·艺文志》中延续刘歆的《七略》中辑略、六艺略、诸子略、诗赋略、兵书略、术数略、方技略的分类方式,将"艺文"分为:易、书、诗、礼、乐、春秋、论语、孝经、小学这六艺九种共一百零三家,三千一百二十三篇;诸子十家:儒、道、阴阳、法、名、墨、纵横、杂、农、小说共一百八十九家,四千三百二十四篇;诗赋:赋、杂赋、歌诗总共一百零六家,一千三百一十八篇;兵书:权谋、形势、阴阳、技巧共五十三家,七百九十篇;术数六种:天文、历谱、五行、蓍龟、杂占、形法共一百九十家,两千五百二十八卷;方技:医经、经方、房中、神仙共三十六家,八百六十八卷。①

而且,可以在《汉书·艺文志》中看到对于六艺的推崇:"六艺之文:《乐》以和神,仁之表也;《诗》以正言,义之用也;《礼》以明体,明者著见,故无训也;《书》以广听,知之术也;《春秋》以断事,信之府也。五者,改五常之道,相须相备,而《易》为之原。"②可以看到,以《易》为"艺文"之本源,显示了"文"原初的"纹"的本性,因为正如上文所引:"观鸟兽之文……始作八卦。"另外,这里的"文"以儒家"六艺"为本,已经具有明显的儒家的道德性。③

直到近代,我们还能在章炳麟的《国故论衡·文学总略》中看到:"文学者,以有文字著于竹帛,故谓之文;论其法式,谓之文学。"④

相比于以上所言的"统摄"的"文"的传统,"别具一格"的则是现代汉语理解上的"文学"传统。可以发现,从"纹"到"文",如果着眼点放在自然统摄之"文"上,则构成了"群言"传统;而将目光集中于"纹"本身的审美性上,则构成了"文学"的启蒙,譬如萧统的《文选》就将"事出于沈思,义归于翰藻"作为选文的标准,并将经、子、史排除在外。这两条路径中,道德性与社会性始终是附丽其上的,第一种自不必说,第二种传统则常常受第一种"文"的"牵连",所以才有曹丕所言:"文章经国之大业,不朽之盛事。"但只要"纹饰"得太过,就会受到"质"的反弹,诸如唐朝韩愈发起的古文运动,就反复强调"明道"的"文统",来摒弃六朝骈俪之文。自古以来,在中国知识分子眼中,"文",无论何种

---

① 班固. 汉书[M]. 北京:中华书局,1974:1701-1784.
② 班固. 汉书[M]. 北京:中华书局,1974:1723.
③ 在《艺文志》中,如果我们分开理解"艺"与"文",那么"艺"当指"六艺","文"则泛指除了"六艺"经典之外的所有。这样看来,"艺"近乎"道"对于"文"的引导作用,这样对于"艺"的理解颇类似于西方哲学上亚里士多德对于"技艺"的描述,而海德格尔则对此重新发现与阐释,以试图扭转"技术"带来的西方现代化种种弊端的困扰。
④ 章炳麟. 中国历代文选[M]. 上海:上海古籍出版社,1980:322.

形式,对于世道人心有着莫大的作用,当实现"文章教化"的教育行为,如撰书立说、教化人心,则享有无上的荣光,"立言"为三不朽之一。"文"之所以享有这样的地位,与其背后的"道"有着莫大的关系。

更需要注意的是,在源初状态,"文"与"纹"应当是一体的。它自然而然,既是自然的、审美的,也是道德的。当然,彼时没有自然、道德、审美这样的概念,但肯定有其实际所指和相关意识。这也就引出了我们需要探讨的另一个语文传统的特点,即"道德旨归"。

二、道德旨归性

就目前的文献来看,"道"这个字,最早出现在金文中,甲骨文中没有发现"道"。《说文解字》中的篆体字书作:䢔。"所行道也。从辵,从首。一达谓之道。𧗜,古文道从𩠐寸。"[1]

从字源上来看,"道"的本义应当是"道路"。从辵,意味着"所行道也"。而且,"走"的动作中,也有通行不滞、流转不息的意味。从首,则意味着"行所达也"。有目的之义,也有首要、居先、统领的意味。首,《说文》释为人头,人头当然是人的"天顶",所以《释名》释为"始也",《广雅》释为"君也",都暗示了其中隐藏的至始、至上的意蕴。

"道"应当是万物尚未命名时宇宙原初本源或混沌状态,它是一切"有名之物"的命名者,却是在一切"有名之物"之外的,即"道"不仅仅是"命名者",还具有时间上的原初性与发端性。[2]

"道"这个字,在先秦文章中有着至高的地位,所有的论述,似乎都要依"道"而行,但"道"到底是什么则又深奥莫测。张祥龙认为,我们可以将中国古代本土思想分为两个阶段:天道流行的阶段(自商周之际迄于战国)与道之理化的阶段(自战国后期以降)。[3] 所谓天道流行,指"道"的本义处于模糊而混沌的状态中,是难以明言的。正所谓《老子》上所言:"道可道,非常道。"《论语·公冶长第五》中:"夫子之文章,可得而闻也;夫子之言性与天道,不可得而闻也。"[4]恰如金岳霖在《论道》中所言:"道无生灭,无新旧,无加减,无始终,

---

① 许慎.说文解字[M].段玉裁,注.北京:中国书店,2011:1428.
② 葛兆光.众妙之门:北极、太一、道与太极[J].北京:中国文化,1999(3):53.
③ 张祥龙.海德格尔思想与中国天道[M].北京:生活·读书·新知三联书店,2007:264.
④ 刘宝楠.论语正义:十三经清人注疏[M].北京:中华书局,1990:264.

无所谓存在。"①

道之理化,则意味着试图对道作形而上的分析和解释。《周易·系辞上》:"形而上者谓之道,形而下者谓之器。"②这种对于形而上的"道"的解释,又因为"道"作为"道路"本身所蕴含的人力之可为,则很容易从"道理"滑向"道德"。譬如《论语·里仁》中说:"曾子曰:'夫子之道,忠恕而已矣!'"③《论语·卫灵公第十五》中说:"人能弘道,非道弘人。"④

孔子不知道"道"的本体为何,却又能够依照此而践行的理论,颇有点康德(Immanuel Kant)实践理性的意味。有必要指出,在"道之理化"这个阶段,儒家所言的"道"和道家所谓的"道"是有很大区别的。道家的"道"是"自然之道",享有至高无上的尊崇地位,所谓"人法地,地法天,天法道,道法自然"⑤。而且,这种"道"是难以言明的:"有物混成,先天地生。寂兮寥兮,独立而不改,周行而不殆,可以为天下母。吾不知其名,字之曰道,强为之名曰大。"⑥

儒家的"道",则是后于"天地"的,先有天地,而后有生命,生命之流随着血缘绵延下去。⑦"道"只是"人"与"天"相联系的"方便法门",如此说来,儒家的"道",天生就有一种"工具主义"的气质,而"道"作为"道路"即有衔接的意义隐藏其中。在"道之理化"的过程中,大概在子思学派那里,儒学发挥了孔子的"中庸"思想,建构起了自己的天道与人道概念,⑧对自己的"道"有了一种哲学化的陈述:"天命之谓性,率性之谓道,修道之谓教。道也者,不可须臾离也,可离非道也。"⑨天道存在于人性当中,荀子说:"道者,非天之道,非地之道,人之所以道也,君子之所以道也。"⑩人性成了沟通的"通道",而方法,就在于:"尽性。"教育也成了达到"道"的重要一环,所以儒家的教育,很大程度上是衍生于"道"的"道德"教育。

先秦之后,儒家的思想渐渐成为中国思想的主流,偶有例外,也会像压弯

---

① 金岳霖. 论道[M]. 北京:中国人民大学出版社,2010:493.
② 周振甫. 周易译著[M]. 北京:中华书局,1991:22.
③ 刘宝楠. 论语正义:十三经清人注疏[M]. 北京:中华书局,1990:234.
④ 刘宝楠. 论语正义:十三经清人注疏[M]. 北京:中华书局,1990:636.
⑤ 周振甫. 老子译著[M]. 北京:中华书局,1991:101.
⑥ 周振甫. 老子译著[M]. 北京:中华书局,1991:101.
⑦ 朱维铮. 周予同经学史论[M]. 上海:上海人民出版社,2010:55.
⑧ 徐兴无. 孟子[M]. 南京:南京大学出版社,2008:172.
⑨ 方苞. 钦定四书文校注[M]. 王同舟,李澜,校注. 武汉:武汉大学出版社,2009:848.
⑩ 梁启雄. 荀子简释[M]. 北京:中华书局,1983:82.

的树枝一样，对于道、佛进行强烈的反弹，譬如韩愈就在《原道》中大力鞭挞佛老之学，弘扬儒道。其实，儒道在形成过程中，也吸收了很多佛老的思想，比如宋明理学的"理一分殊"思想就来源于佛教。① 又如传统的儒家教育，书院的形成就受到了佛教"精舍"的影响，而就是韩愈所大力弘扬的"道统"也受到禅宗"传灯"制度的影响或刺激。

宋明理学的"道"已经演变得相当精巧和细致，并演化为"道、器"之争。② 总体而言，程朱之后，多以社会伦理道德为道，以人伦日用之事为器。而从王阳明之后，理学日益世俗化，如泰州学派的王艮提出"道无异于百姓日用"，李贽则提出："穿衣吃饭，即是人伦物理；除却穿衣吃饭，无伦物矣。"③ 王心斋本人不仅仅是思想家，更是一名实践者、教育家，他的弟子多有樵夫、盐工、佣工、差役等。作为一名教师，他的"传道授业解惑"重点在于"道德"的教诲，理想在于"世道人心"的扭转。有学者指出，这一变化的可能因素是对于社会制度改革的失望，转而走向内心，"格物"即"体认天理"，知识学习的正当性被道德关注取代。而发展的极端则是"反智主义"。④

这种对"道"的"庸俗化"理解，影响极其深远，哪怕是经过了"道术为天下裂"的年代，对于人伦日用的"道德"的追求依旧烙印在民族的集体记忆中，而此时的"道"则可能已经转化为某种意识形态，对于它过度的追求，则会是"民粹主义"的滥觞。⑤ 而语文教育与语文课，在这样的情形下，将不可避免地成为"政治课"。

更值得注意的是，这种"庸俗化"理解还以更加灵活、实用的方式流行在民间。李泽厚认为，巫术是中国传统的核心根源。仪礼道德皆来源于巫和原始宗

---

① "道"与"理"的关系也颇为复杂。《韩非子·解老》："道者，万物之所然也，万理之所稽也。理者，成物之文也；道者，万物之所以成也。"历史上，特别是宋明理学对此做了精到的阐述与激烈的争论，一般认为，"道器"与"理气"这两对概念是处在同一个层次上的，存而不论。但是需要指出的是，从字源上来说，"道"与"理"都有"纹路"之意。

② 关于"道"与"器"的具体所指，可见于蒙培元的《理学范畴系统》，人民出版社 1989 年版，第34—55 页：以张载、王廷相、戴震为代表，物质实体的整体运动过程为道，其所生成或构成的具体存在为器；以陆九渊、王阳明为代表，心即主体观念为道，物为器；以二程、朱熹为代表，自然法则和道德原则为道，其所表现的具体事物为器；以罗钦顺、王夫之为代表，具体规律或法则为道，实体气的具体存在为器。

③ 蒙培元.理学范畴系统[M].北京：人民出版社，1989：54.

④ 李弘祺.学以为己：传统中国的教育[M].上海：华东师范大学出版社，2011：286.

⑤ "道"是否可以理解为我们在日常教学中面对文本所理解的"思想内容"？我们不妨将"思想"与"内容"分开理解，笔者所警惕与忧虑的是由于对"道""思想"的庸俗化与极度世俗化而对"内容"形成钳制。

教,神就在这个世界也包括人间的"礼"中,人间的礼仪就是神明的旨意,人与神同在一个世界,所以"礼教"成了中国的"宗教"。① 当然,这种世俗的"巫礼"与传统主流的儒家之礼是否一脉相承是有所争议的,但是两者并行不悖,共同影响着生活世界,哪怕在今日,也是真切可感的。譬如,高考前,经常看到某某县中的高考送考传统——司机只能是属马的男性,寓意马到成功。在更多的景观中,校园里的某一株年老的树的枝干会被人包上红绸,享受香火。高考结束后,学生们会自行将书撕毁撒在走廊上,以发泄"解放"的快乐。这些都发生在理应传播现代观念、使人幸福的教育领域,不得不引人深思。

三、生活日常性

通过分析"道德旨归",自然引申出了传统语文的第三个重要特点,即它是生活化的,发生在生活世界之中,享有日常生活的特征。萧功秦在论及中国传统观念的特征时,提出"意会性、模糊性、板块性"三个特征。② 前两个特征正说明了何谓"生活日常性"——对于世界与知识的理解不求精确,大而化之,能够解决日常问题即可。板块性则意味着外来概念无法与传统概念综合为新概念,只能用传统概念"附会"新的观念。

生活日常性,也符合我们之前提出的,语用之于语文非常重要这一基本命题。语文在生活中当然是被当作工具使用的。生活是完整的,当然,这也可能是一种对于完整的想象,要求语文的完整性:课堂内外的语文;考卷内外的语文如果做不到内容一致,也应当观念一致,至少是相通的。

生活中的语文不仅承担了沟通的工具作用,也构建了生活本身。社会有整体的语文环境,每个人也有自己的微环境。每个年代的主流话语都有所不同,饱读诗书的学者和不喜读书之人身处的语文环境是不同的;一个喜欢贺敬之诗歌的人和一个迷恋海子的人面临的语文状况也是不一样的。语文应当发生在生活之中,语文教育脱离生活,是目前语文教育受人诟病的一大原因。那么,在课堂中创设接近现实的情境,让学生体验到真实的语文环境,是否就找到解决问题的方法了呢?

也不尽然,生活可能本身就是缺乏生命力的,也许整体生活应当是乐观而向上的,部分生活则可能枯燥且乏味;也许理想生活应当是温存而厚实的,

---

① 李泽厚. 寻求中国现代性之路[M]. 北京:东方出版社,2019:149.
② 萧功秦. 儒家文化的困境[M]. 太原:山西人民出版社,2022:45-48.

现实生活却粗暴而肤浅。生活中的语文可能大部分是低质量的文字堆砌，失去超越维度的追求，语文生活很可能是一摊泥沼。如何在生活中不迷失自我，又不陷入自我感动以至于虚妄，都需要人们在意识到日常生活是源头活水之余，保持对生活本身的反思。

值得注意的是，在日常生活中，不同形式的"道"，看似泾渭分明、互相排斥，却可以借助不同的语文活动，总体上并行不悖。罗志田以安徽绩溪上庄胡适的家为例，其大门上贴着"僧道无缘"，这是一个传统的理学家庭，但是其中女眷个个深信神佛。理学的一脉主要依靠文字传承，体现在学校教育和论著中；女眷那一脉神佛传统则口耳相传，[①] 倒也是另外一种隐性教育。也就是说，我们可能同时有许多个语文生活的位相，每一面都是真实的语文状况，它可以是现代的，也可以是后现代的，甚至是前现代的。或许不存在一种统一的语文状况，也没有一个特定的、理想的语文生活。试图朝向某一种理想状态前进，只是现代主义的特定叙事。事实上，这只是漫长历史中的某一时段的主旋律。

回看之前阐述的现代语文课程的三个常识观念：一、语文与语言相关；二、语文与母语相关；三、语文与实践相关，倒推得出"语文本体是和语言相关的，拥有母语文化情感的实践运用"这一命题。如果将传统语文做大而化之的理解，那么其"弥纶总括""道德旨归""生活日常"是基本符合现代语文本体特征的。但是，需要对"语文本体和语言相关"进行修正，暂且接受这样的论断：语文的边界大于语言。原因在于传统语文弥纶总括的特征。"传统语文的观念"和"语文的传统观念"是一致的，我们得承认"语文"的历史同一性，换言之，传统语文的观念当下还在影响着语文的某些基本观念，只不过有时候换了个名叫"现代"的说法罢了。

需要特别注意的是，弥纶总括、道德旨归和生活日常之间有冲突，但更多的是交融，它们这一观念综合体，造就了语文在社会文化生活中极其重要的地位。道德旨归赋予其重要性；弥纶总括说明其无所不包；生活日常中的功利主义又因其好用、顺手，佐证了其几乎无所不能。

20世纪初，邓实有言："中国之地理便于农，而儒重农；中国之风俗原于文，而儒重文；中国之政体本于宗法，而儒重君父。则儒教之行乎中国，固由乎其地理、风俗与政体者也。此其所以行之二千年，其于人心之微，

---

① 罗志田.裂变中的传承：20世纪前期的中国文化与学术[M].修订本.北京：中华书局，2019：27.

未有背也。"①虽然邓实是站在为儒教辩护的立场上说这番话的,但言文之盛行、重要也客观。这里的文,是斯文、人文也,与传统所定义的语文范畴一致。语文的重要性已然写进国人的基因与血脉,是风俗的骨骼,移风易俗,何其难哉!

第三节　意义的开显:事情、意象、节奏和观念

既然语文的边界大于语言,那么就意味着一部分语文的领域,是语言不参与其中,无法到达之所。这就是缄默。那么语文到底是什么呢? 我们可以从"语文学"(Philology)中获得某些启示,这是一门古老得近乎被忘却的学问,它并不是主要研究语言表达之形式(the form of linguistic expression)的语言学(linguistics),而是研究语言表达之意义(meaning),将语言学和文字(文学、文献)研究结合起来的学问。② 保罗·德曼(Paul de Man)曾说,语文学的精髓是对文本之语言结构的分析(解构),关心的是文本的意义如何被传达的方式,而不是探究文本在历史和人类经验的一般语境中的意义。③

虽然"语文学"与我们所谓的"语文"上位学科不同,但从字源学上来说,Phi 就是"爱""喜爱""亲近"的意思,不妨将其理解为关乎对语言、文学、文本的喜爱之一门学问。它与哲学的区别在于,哲学追寻、喜爱的是一种终极智慧,语文学则关乎日常,并且关心日常文本的意义。所以,如果我们借鉴这样的观念,可以放大文本的边界,形成开放的结论:语文可以看作在日常生活中,意义的形成与表达。

所以,语文的边界大于语言就是完全可以理解的了,于无声处听惊雷,意义并没有空白,语文中当有缄默的位置。此外,狭义的语言在日常生活中常常词不达意,如此无力,我们甚至得将其所说的内容悬置起来,思考语言背后的本质。这种本质,可能是一系列被遮蔽的规则,也可能是更本源之物。福柯有言:"我们去说我们看到的东西,这是徒劳的;我们所看到的并不寓于我们所说的。我们设法使用形象的比喻、隐喻或直喻去表明我们所说的一切,

---

① 邓实.国学微论[J].国粹学报,1905(2):6-17.
② 沈卫荣.回归语文学[M].上海:上海古籍出版社,2019:3.
③ 沈卫荣.回归语文学[M].上海:上海古籍出版社,2019:65.

也将是徒劳的；凡它们取得辉煌业绩的地方，并不是由我们的眼睛展开的，而是由句法系统限定的。"①既然语言或许无法承载真实的意义，我们就需要向更宽广的语文处搜寻意义。而且，笔者更倾向于认为，是语文的观念构建了语言。观念如同一个个微小的元素，渗透在每一个细微的语言现场与不在场中。这样假设，才能更好地理解极端情况，在"道术为天下裂"之时，语文的断裂、挣扎，又重新整合、延续。在这样的情况下，旧语言被淘汰，新的语言被创造出来，语言出现了杂糅的表象，融合到语文的本体中。

至此，语文这个概念在本书中，将被视为意义的生成与表达。它是日常的，弥纶总括的。意义（meaning），在生活世界中彰显出来。"白云在天，丘陵自出。道里悠远，山川间之。将子无死，尚复能来。"（《白云谣》）"丘陵自出"，实在道出了意向性的本质，它是自己向我们显现出来的。所以，它从来就和文、纹、文学、美学有亲缘，是一种"绽放"，生命力的铺陈。当然，它一定也有技术性、工具性的一面，意义的获取与传达有基本的规律，掌握这一规律是一项基本技能。

"一个没有意义的世界，绝不会被称为'人'的世界。"②请相信这是一个有意义的世界吧！当追问何为意义，如何表达意义的时候，就不可避免地和语言相遇。这里就出现了两个截然不同的观点：一、认为语言是自然而然的；二、认为语言是约定俗成的。前者认为语词自身有意义，因为它与其表达的事物之间有某种契合性、恰当性；后者则认为有意义只在于有所约定。前者是一种实在论的语言观，后者是反实在论的。奥古斯丁（Saint Augustine）认为，语言与实在具有相同的逻辑一致性，语言不仅仅是工具，更是一种具有本体论意义的实在。③ 但是，很多哲学家是站在语言的反实在论立场上的。其中的区别，笔者在下面章节中会有阐述。需要注意的是，语言的反实在论并非代表意义的虚无，更进一步，就算是意义的虚无，也是一种意义。

帕斯（Octavio Paz）谈及诗歌时，认为其本质有重要两点，一为节奏，一是意象。④ 广义上，诗歌的边界与语文相同，诗歌是纯粹的语文。所以帕斯的这一论断对我们有借鉴和启发意义。意象不同于符号，它是自给自足的，既是主观之物，又是客观之物，具有主体间性，又是一种事件与行动。节奏，万物

---

① 福柯. 词与物：人文科学的考古学［M］. 莫伟民，译. 上海：上海三联书店，2021：10.
② 格雷马斯. 结构语义学方法研究［M］. 吴泓缈，译. 北京：生活·读书·新知三联书店，1999：1.
③ 胡瑞娜. 语言与逻辑：当代反实在论的核心问题研究［M］. 北京：科学出版社，2016：19.
④ 帕斯. 弓与琴［M］. 赵振江，等译. 北京：北京燕山出版社，2014：16-94.

皆有,不限于狭义的语言文字,不囿于人与人的交流,可以细微到呼吸,也可宽宏至宇宙。有意思的是,"颓废"一词的英文 decadent,有"去其节奏"(de-cadence)之意,[①]可见,任何一种文化、文学至成熟而堕落并有新芽冒出,都有语词的注解,并且都是节奏的变调、断裂与续弦。

是什么穿插于历史节奏的间歇? 王德威说:"正是这'有情的历史'才能够记录、推敲、反思和想象'事功',从而促进我们对于'兴'与'怨'、'情'与'物'、'诗'与'史'的认识。是这样的历史展示了中国人文领域的众声喧哗,启发'思接千载''视通万里'的主体,而不为一时一地的政治、信仰所屈所惑。这样的历史我们称之为诗,为文学。"[②]可以说,正是诗歌,是文学、是语文成就了真正的历史,成全了正在流淌的生活。诗歌、文学、语文穿插于历史、穿插于自身,自语言栅栏的缝隙。

既然语文关乎日常生活中意义,其包括但不限于意象和节奏,还会包括事情以及某种观念的生成。意象和节奏前文已经提及。事情,即王德威所谓"有情的历史",这历史可以是宏大的,也可以是琐细的生活史,甚至就是上一秒诸事种种。事情,可以分为"事"与"情"。所谓"事",当然是语文得以依言行事的基础,另外,它也有本体论上的含义,这就是海德格尔所谓的"大道"(Ereignis)之"道说"(Sage):"大道":"Es—Ereignis—eignet"(它——大道——成其本身)。[③]值得注意的是,在海德格尔著作的英译本中,Ereignis普遍被翻译为Event,即"事件"。所谓"情",中国文学传统中的"抒情"是和"叙事"结合在一起的。中国式抒情一定在事实的基础上开始抒情,否则就会被认为是虚情假意。[④]这也使得中国的抒情常常难以纯粹,其地位也常附丽于"事",有一种先天不足。

所以,本书所探讨的语文的边界等同于海德格尔的语言,都包含了不可言说的部分,不过海德格尔刚开始还是将这些缄默部分放置在语言的范畴,并与通常意义上理解的言语表达的语言分开。孙周兴在《在通向语言的途中》的译者注中明确道:"语言是'寂静之音'(das Geläut der Stille),是无声的

① 王德威.被压抑的现代性:晚清小说新论[M].宋伟杰,译.北京:北京大学出版社,2005:32.
② 王德威.史诗时代的抒情声音:二十世纪中期的中国知识分子与艺术家[M].北京:生活·读书·新知三联书店,2019:443.
③ 海德格尔.在通向语言的途中[M].孙周兴,译.北京:商务印书馆,2017:259.
④ 汪春泓.从《汉书·艺文志》《文心雕龙》看中国文学之抒情与叙事两大传统之关系[J].人文中国学报,2019(1):27-46.

'大音',这种语言乃是'大道'(Ereignis)的运行和展开,其实不可叫'语言'(Sprache)了,后来海德格尔用'道说'(Sage)一词命名之。"①在海德格尔那里,超越表达的语言是寂静之音。日常语言与寂静之音产生了裂缝,所以海德格尔那里隐含了对日常语言的嫌弃,认为人会在"闲言"中沉沦。但是笔者以为,这两者是交融在一起的,并统称为"语文"。理一分殊,语文的一个面相是沉默,如果说有裂缝,也是整体性地、弥漫性地嵌入语文,并无寂静之音与日常语言明晰的分野。闲言是对真理意义的缄默,包容个人生活的微小意义。

意义本身就是一种观念,甚至不必依靠叙事、意象乃至语言这些对事情、事物的再现原则,它可以是一种观念先行,体现一种前卫(avant)的语文。比如现代诗歌中的语言派,寻求诗歌语言文字的自我滋长、无意义的生成,又比如达达主义运动中出现的只有音节的诗歌语言。当然,无意义也是一种意义,摒弃观念的尝试也是一种观念。

语文是意义的开显。为了更好地探究,需要审视语文本体所面临的现状,以及现状形成的原因。笔者认为,日常生活并不能提供语文本体的合法性,并天然给予其滋养,反而会使得语文成为消磨的工具,使得此在隐匿,人沉溺其中。日常生活倒是天然能够带来功利性,但这不应该成为语文的本质属性,而是应当成为需要被时刻警惕的东西。四顾当今的语文,不由得不忧虑重重。实在论专制的阴影依旧笼罩在语文本体的上空,功利主义从古至今便大行其道,学校教育中更是充斥了不停的应试训练,学生与教师又多苦不堪言。

在不少一线教学中,现代文的地位越来越低,大量的时间花费在古文应试辅导中。其原因不是教师们自觉于传统文化的传承,而是现代文的阅读与写作相对而言有更多不确定性,古文的分数则更容易掌控,课外辅导机构更是借用所谓"大语文"的噱头,对古文死记硬背,唯一的目的还是应试。一些语文教育研究者因陈守旧,不太愿意接受文学、美学、哲学等相关学科不断更新的理论与实践成果,成为各种教育"热词"忠实的阐释者。

语文不得不接受现代性的拷问。新的意象、新的事情、新的节奏、新的观念带来新的意义,乃至意义的消解。语文由传统而现代,又自东方而接受西方的概念,"传统—现代""东方—西方"纠缠在一起形成深深的裂痕。实在是一个异常复杂的情形,需要小心应对。

---

① 海德格尔. 在通向语言的途中[M]. 孙周兴,译. 北京:商务印书馆,2017:23.

第二章 何以现代？

第一节 现代与现代性

一、现代性产生的基础

现代性得以产生的原因是现代社会的出现。在西方它大概发生在文艺复兴之后，伴随着旧有世界观的塌陷；理性和科学日渐占上风；人作为主体的扩大与虚无；商业与市民社会的形成；等等。舍勒（Max Scheler）曾论述：生活世界的现代性问题，不能仅从社会的经济结构来把握，也必须通过人的体验结构来把握，现代现象是一场"总体转变"（Gesamtwandel），包括社会制度（国家形态、法律制度、经济体制）和精神气质（体验结构）的结构转变。①

这也是漫长时代的产物，非一蹴而就，它首先基于这样的自信：17、18世纪的革命是进步的。并且，伴随着以下的现象：第一，现代国家的兴起，由共同语言与传统构成的，拥有明确共同利益代表的政治体超越了传统的封建与贵族忠诚所组成的政体。第二，对人类事物终极目的的权威解释越来越诉诸自我理解与原则，而非求助于祖先、传统与宗教。第三，在探索自然，也包括人性的过程中确认了基于数学化学物理学的自然科学的权威性。第四，对人生以及自然现象的"非神秘化"。第五，对个人自然权利的坚持，特别是对自由的权利的重视，追求个人自我决定的最大表达。第六，社会生活由市场经济决定，伴随着工薪阶层、城市化以及产权意识等现象的产生。第七，相信人

---

① 舍勒.资本主义的未来[M].罗悌伦,等译.香港:牛津大学出版社,1995:182.

类福祉可改善性,至少在官方文化中,源于中世纪以来的人性美德被承认:忍耐、同情心、审慎、慷慨等。第八,不同于对传统美学模式的模仿,现代独特的美学得以诞生。①

王德威在论及晚清小说时说:"如果我们追根究底,以现代为一种自觉的求新求变意识,一种贵今薄古的创造策略,则晚清小说家的种种试验,已经可以当之。"②求新求变的意识如果是现代性产生的核心,那么其产生的背后是时间观,即一种进步的、线性的时间观是现代性得以产生的某种前提。譬如,马泰·卡林内斯库(Matei Calinescu)断言,"然而,有一点是清楚的:只有在一种特定时间意识,即线性不可逆的、无法阻止地流逝的历史性时间意识的框架中,现代性这个概念才能被构想出来"③。

如果我们接受这样的论断,会面临一个重要问题:中国传统语文教育可不可能现代化? 其实这背后是这样一个更基本的问题:语文传统有没有现代性的因子? 王德威所论之晚清,毫无疑问,已经不能算彻底的传统社会了。更为严峻的是,无论我们有没有这样的因子,面临的现状是整体性的世界的改变,线性时间观成为社会得以运转的共识。就课程而言,课时的出现就是最好的例子。这背后还有一个可能成为隐忧且急迫的问题,即现代性社会的产生并非全然好事一件,它带给人的疏离感、破碎感等负面因素该如何纾解,教育应该对此做出怎样的回应?

虽然求新、求异是现代性的基础,但如果求新成为一种崇拜则可能陷入一种魔怔的境地,这在西方思潮冲击下可能成为一种社会常态。新的就是进步,就是好的,这种"从新主义"必然引起激进地对于传统的决裂。④ 求新,当然默认文不在兹了,于是新希望全部投射在大洋彼岸。但是,这种二元论的撕裂背后又是一种传统的观念作祟,希望"毕其功于一役",形塑一个整体的新世界。1921 年 6 月 30 日杜威(John Dewey)访华结束,在送行大会上他谈及对知识阶层的印象。他说:"青年方面呢,都渴望新思想,对于学理只是虚心地、公开地去研究,毫无守旧的态度,就是年长的人,也很肯容纳新的思想,与青年有一样

① Robert B. Pippin. Modernism as a Philosophical Problem:On the Dissatisfactions of European High Culture[M]. Malden:Blackwell Publishers Inc. ,1999:4.

② 王德威. 被压抑的现代性:晚清小说新论[M]. 宋伟杰,译. 北京:北京大学出版社,2005:5.

③ 卡林内斯库. 现代性的五副面孔:现代主义、先锋派、颓废、媚俗艺术、后现代主义[M]. 顾爱彬,李瑞华,译. 南京:译林出版社,2015:11.

④ 罗志田. 权势转移:近代中国的思想与社会[M]. 修订本. 北京:北京师范大学出版社,2014:37.

的态度。"全世界无论哪一国里要找这一群青年恐是很难的。然而,杜威又说这是"新时代的精神,科学的精神,并不只是西方的精神"①。那时想象的新时代是玫瑰色的,是光芒万丈的,我们完全没有看到伴随它的那巨大的阴影。

二、现代性的困惑

线性时间观隐含一种"进步"与"科学"的观念。在现代社会诞生之初,是值得这样的观念的。"现代"(modern)一词最早出现在 1585 年,意味着时兴的、最新的、同时代的。"现代性"(modernity)则直到 1627 年才被使用。② 知识与科学的累加带来了巨大的乐观情绪。以至于伏尔泰(Voltaire)宣称,法国中学的年轻毕业生就比古代哲学家知道更多。③ 这种玫瑰色的想象被两次世界大战击打得粉碎,当然,不仅于此,现代社会到来的诸多问题成了许多人的梦魇。

1939 年 9 月 1 日(节选)

奥登著/刘文飞译

我坐在一家下等酒吧里,/在第五十二街上,/犹豫不决,满心担忧,/那些聪明的希望吐出/这卑下的虚伪的十年:/愤怒和恐惧的电波/在这地球上光明的/和黑暗的土地上传送,/将我们的私生活扰乱;/死亡那不便提及的气味/在伤害九月的夜晚。

精湛的学问能够/揭示出全部的伤害,/从路德直到如今,/把文化逼得疯狂,/发现在林茨发生的事,/巨大的心像造就了/一个精神变态的神:/我和公众全都知道/所有学童所学的内容,/受到邪恶打击的人/定会以邪恶相报。

流亡的修昔底德知道/语言所能够道出的/关于民主的一切,/以及独裁者的欲为,/他们谈论着陈词滥调,/面对一座冷漠的坟墓;/他的书中分析过的一切,/被带走的启蒙运动,/那习惯性的疼痛,/管理不善以及悲伤:/我们全得再度忍受。

---

① 罗志田. 权势转移:近代中国的思想与社会[M]. 北京:北京师范大学出版社,2014:39.
② 吉莱斯皮. 现代性的神学起源[M]. 张卜天,译. 长沙:湖南科学技术出版社,2019:7-8.
③ 吉莱斯皮. 现代性的神学起源[M]. 张卜天,译. 长沙:湖南科学技术出版社,2019:337.

这中立的空气中，/眼瞎的摩天大楼利用/它们充足的高度宣布/集体的人的力量，/每种语言都抛出无效的/有竞争力的理由：/但谁能长久地生活/于一个欢娱的梦境；/自这镜中他们看着/帝国主义的面孔/和那国际性的错误。

…………

我全部的所有是声音，/以翻开折叠的谎言，/有情有欲的普通人/大脑中浪漫的谎言，/以及权威们的谎言，/权威们的楼耸入云天：/世上没有国家这东西，/也无一人孤独地存在；/饥饿不允许选择，/无论对于公民还是警察；/我们必须相爱或者死去。

黑夜里没有设防，/我们的世界在昏睡；/然而，有斑点的各处，/灯光那讽刺的光点/在闪烁，而正义/在交换它们的消息：我，与爱神与灰尘/在构成上一模一样，/四面八方堆积着/同样的虚无和绝望，/愿我亮起肯定的光芒。①

布罗茨基(Joseph Brodsky)在分析这首诗时说："帝国的统一不是借助政治或军事力量，而是借助语言的。"②从这个意义上来说，诗人离开英国，迈入美国，同样是帝国的扩展。语言的"帝国主义"并未崩溃，坍塌的是现代生活。"愤怒和恐惧的电波/在这地球上光明的/和黑暗的土地上传送，/将我们的私生活扰乱……"并直接带来了死亡的阴霾："死亡那不便提及的气味/在伤害九月的夜晚。"

路德(Martin Luther)是宗教改革家，林茨则是奥地利的一个城市，是希特勒度过童年的地方。所以，我们能从中看出作者有意无意对神学、知识，乃至教育的反思和批判。布罗茨基在分析此处时说："学童是最具威胁的人群；军队和警察均在重复学校的结构。"于是，启蒙时代的光辉不再，科学貌似中立，但"眼瞎的摩天大楼"这绝妙的比喻，昭示着现代社会的盲点与悖论。摩天大楼有很多窗户，但/故而是眼瞎的。这样的境况下，教育是什么样子呢？英国摇滚乐队平克·弗洛伊德(Pink Floyd)在 1979 年的专辑《迷墙》(*The Wall*)中唱道："We do not need（no）education, We do not need（no）

---

① 布罗茨基.文明的孩子[M].刘文飞,译.北京:中央编译出版社,1999:211-215.
② 布罗茨基.文明的孩子[M].刘文飞,译.北京:中央编译出版社,1999:155-210.

thought control. Hey! Teacher! Leave them kids alone!"（我们不需要教育，我们不要思想控制。……嘿！老师！别碰那些孩子！）

问题出在整个社会系统的崩坏，渗透在日常生活的每个角落，酒吧、家庭……这时候诗人想起了两难的悖论：爱/被爱；普遍的爱/孤身一人的爱；聋子/听见；哑巴/说话；权威/谎言；浪漫/谎言；公民/警察……最后，出现了最震撼的一句："我们必须相爱或者死去。"也因为这句，作者曾将这首诗从其文集中删除。他也尝试做过修改，"我们必须相爱并且死去"，但味道全无。布罗茨基认为，这句话在当时的情态下表达的意思应该是"我们必须相爱或者屠杀"。这可能是现代社会必然的极端和极端的必然了。

奥登（Wystan Auden）本人曾经在 1938 年来到战时的中国，并写出了著名的《战争时期》十四行组诗。其中一首描写日军轰炸，并反思了战争个人罪行的问题，不能因为国家机器的强迫而免于罪责。无人可以从自身或身边的恶行中侥幸脱身。

XV

引擎负载着他们飞越天空：他们
俨如富翁，自在自得又孤立；
冷漠如学者，他们可以将活生生
的城市，只看作一个需要展现技艺

的靶子；他们永远不会认知
飞行恰是其本应憎恶的思想的产物，
也不会明白，为何他们的飞机
总要试图闯入生活。他们选择的命数

并非他们生活的岛屿所强迫。
大地虽会教导我们适当的纪律约束，
任何时候它都有可能把身转过

背弃那自由，如女继承人饱受束缚
在她母亲的子宫里被困住，

且同那贫穷者一样,总那般无助。①

奥登还用诗歌的形式为这一组诗写了解说词,在全文/诗/书的最后,他写道:

此刻,我听到了它,那人类的声音
正围绕着我自上海升起,伴随着远处游击队作战时
的低沉枪炮声:"哦,教会我摆脱我的疯狂。

理智总比发疯更好,被人喜欢总胜过令人畏惧;
坐下享受美食总比饭菜难以下咽要好;
相拥入睡总比孤枕难眠更好;快乐当然更好。

让矜持而冷漠的心方寸大乱
再一次迫使它变得笨拙和活泼,
为它曾经忍受的一切作一个哭泣的见证。

从脑海里驱走感人的拉杂废话;
重新集结起意志那迷失而战栗的军队,
聚合它们,任其散布于地球之上,

直到它们最终建立一个人类正义,
呈献于我们的星球,在它的庇护下,
因其振奋的力量、爱的力量和制约性力量,
所有其他的理性可以欣喜地发挥效能。②

最后,诗人还是选择相信理性,这一理性包括使人振奋、爱,并且是制约性的力量。并且,它的实现因为一种向善的意志力。然而可能吗?人类永远在自由、必然之间做宿命的挣扎,似乎只有变成野兽才能理解神,理解神才能

---

① 奥登,依修伍德. 战地行纪[M]. 马鸣谦,译. 上海:上海译文出版社,2012:277.
② 奥登,依修伍德. 战地行纪[M]. 马鸣谦,译. 上海:上海译文出版社,2012:322-323.

完成人。人心惟危,道心惟微,张枣在《大地之歌》开头写道:"逆着鹤的方向飞,当十几架美军隐形轰炸机/偷偷潜回赤道上的母舰,有人/心如暮鼓。"①

第二节　两种现代性

现代性的论述也并非完全遵从这种线性时间观。现代性本身也不是独断而唯一的,虽然它本身带有强烈的独断性。科学性不能完全涵盖现代性。

哈贝马斯(Jürgen Habermas)和西方一些其他学者指出西方存在两种现代性。② 一是资本主义社会的现代性,可以称为"社会现代性"。人们生活中所享有的科技便利、物质昌盛皆拜其所赐,并包括进步、理性等西方文明的核心观念与价值观,这在教育上至少体现这些特征:教育的民主性和公平性;教育的科学性和法制性;教育的信息化和科技性;教育的国际性和开放性;等等。③ 另一种现代性是美学的现代性,涉及对人异化的体验,对现代社会碎片感的体悟与痛感。

值得注意的是,哈贝马斯是在尼采(Friedrich Nietzsche)开辟的道路上前进的,尼采对启蒙现代性做出深刻的反思,并且提出回到前理性的时代,高举酒神精神,回归幽深的传统。在这个意义上,审美现代性对传统进行了主动的呼唤,它暗含了激进与保守都可能的复杂面目。当我们面对自身的情境时,对传统的召唤能否免于前理性时代的还魂,是时刻高悬的警钟。

沿着审美现代性这样的观念路径,更为彻底的判断则是:现代性的产生并非完全基于时间性。按照沃尔特·本雅明(Walter Benjamin)颇具浪漫主义的论断,现代性是个人第一次全面地习惯不回视别人的凝视。④ 波德莱尔(Charles Pierre Baudelaire)曾说:"现代性就是过渡、短暂和偶然,是艺术的一半;它的另一半是不变和永恒。"⑤

1863 年,"现代性"这个名词有了比较明确的出处,波德莱尔在《费加罗报》上的文章《现代生活的画家》中的小标题就是"Modernité",并对此做了以

---

① 张枣. 张枣的诗[M]. 北京:人民文学出版社,2010:265.
② 高名潞. 西方艺术史观念:再现与艺术史转向[M]. 北京:北京大学出版社,2016:286.
③ 顾明远. 试论教育现代化的基本特征[J]. 北京:教育研究,2012(9):4-10.
④ 沈语冰. 图像与意义:英美现代艺术史论[M]. 北京:商务印书馆,2016:314.
⑤ 波德莱尔. 波德莱尔美学论文选[M]. 郭宏安,译. 北京:人民文学出版社,1987:485.

下的描绘：

> 就这样，他出发了，奔跑着，寻觅着。他在寻觅什么呢？可以肯定，这个我所描绘的人，这个秉有奔放的想象，一直在茫茫人海里穿行的人，有着一个比较纯粹闲逛者更高的目标，一个更普遍的目标，而不是事物飘忽的快感。他所寻觅的，就是那个我们可以称之为现代性的东西。①

可见，现代性既是短暂的，偶然的，又不是事物飘忽的快感。它是高级的目标，那它是什么呢？这个又被波德莱尔称为"对于每一个古代的画家，都曾存在过一种现代性"②的东西。张枣在《卡夫卡致菲丽丝（十四行组诗）》中最后写道：

> 人长久地注视它。那么，它/是什么？它是神。那么，神/是否就是它？若它就是神，/那么神便远远还不是它；

> 像光明稀释于光的本身，/那个它，以神的身份显现，/已经太薄弱，太苦、太局限。/它是神：怎样的一个过程！

> 世界显现于一棵菩提树，/而只有树本身知道自己/来得太远，太深，太太特殊；

> 从翠密的叶间望见古堡，/我们这些必死的，矛盾的/测量员，最好是远远逃掉。③

它是什么？它是神，又不是神，它是"薄弱、苦、局限、远、深、特殊"的反义词，所以它是"厚实而广阔、普遍而浅白"，它是"微甜"的。这是一种存在论意义上的特性，它无所不在，又难以描述。

不仅是非时间性，现代性普遍的、统一的空间性也是成疑的。有学者将

① 河清. 现代与后现代[M]. 杭州：中国美术学院出版社，2004：23.
② 河清. 现代与后现代[M]. 杭州：中国美术学院出版社，2004：23.
③ 张枣. 张枣的诗[M]. 北京：人民文学出版社，2010：179.

现代性总结为四个不同层面的现代性：政治现代性、经济现代性、社会现代性和文化现代性。① 所有地区，哪怕是在西方社会，也不存在完全一致的政治、经济、社会与文化，所以，现代性也是多种多样的，是地区性而非放之四海皆准的。当然，我们相信，现代性的内涵，或最本质的一些特性应该是相同的，否则我们又拿什么来确认是它呢？只不过，这个内核在不同的时间、空间结出了形状不一，或甜或苦，甚至冷暖自知的果实。

我们甚至可以下这样的判断，现代性已经诞生很久了，是植根于人类社会中的基本特性。它来源于自我意识的苏醒，并对此有一种排他的优越性。正如波德莱尔所强调的："任何一个时代都有它自身的现代性。"②现代性根本意义上与历史无关，它只与"人"相关，是基于人的存在属性与主观意志。它是"一些人所做的自愿选择，一种思考和感觉的方式，一种行动、行为的方式。它既标志着属性也表现为一种使命，当然，它也有一点像希腊人叫作气质的东西"③。按照这样的理解，在现代，"传统"反而天然体现了一种"现代性"。艺术评论家弗莱（Roger Fry）就曾用中国传统书法印证现代主义艺术理论中的"线条"，说明了"现代性"根本不是一个源于西方的事实，而是一种跨文化的建构。④

所以，语文传统内容的现代性更多是哈贝马斯所谓的第二种现代性，虽然语文传统基于农耕文明，但是放置在现代社会中，它的现代性反倒能够凸显出来，并能够形成对第一种现代性的反动。当然，也不能完全用"反动"来概括，我们更愿意将之看为一种回应。有学者总结出现代性的四个特点：

1. 人类中心主义：征服自然的世界观。

2. 乐观的进步论：对人类日益美好的未来之理想，对运动行动、速度的赞美。

3. 个人中心主义：个人的绝对自由，个人意志的扩张。

4. "新"的崇拜：先锋意识，不断破旧创新的观念。⑤

第二种现代性与第一种现代性都享有共同的基石，即对人的价值的肯

---

① 周宪. 审美现代性批判［M］. 北京：商务印书馆，2005：62.
② 沈语冰. 透支的想象：现代性哲学引论［M］. 上海：学林出版社，2003：32.
③ 杜小真. 福柯集［M］. 上海：上海远东出版社，1998：543.
④ 沈语冰. 图像与意义：英美现代艺术史论［M］. 北京：商务印书馆，2016：81.
⑤ 河清. 现代与后现代［M］. 杭州：中国美术学院出版社，2004：14.

定、主体意识的觉醒。必须回到现代性的本源,即几乎所有学者都承认的一点:自我意识的觉醒。自我意识的觉醒反映在教育上是"以学生为中心"这一观念的兴起。"这个时代急切寻求一切新事物的可能,这有赖于人们成为新人的自我确定。"①同时,这也说明了现代性本身的内在矛盾,而且是不可调和的矛盾。

当然,时过境迁,现代性不是那么容易就浮出水面。新马克思主义美学家克拉克(T. J. Clark)认为,现代性的本质就是偶然性(contingency)。② 笔者以为,也只有在急迫的偶然中,现代性才能显现出种种更大的偶然,层层递推,一发不可收。通俗地说,"在巨变中、在困境里,我仍旧能够坦然面对对方的凝视","我"可以是个体的我,也可以是集体意识,当然也可以是一类文本。这可能产生自我怀疑,但更是自信、自尊之体现。这在"道术为天下裂"之际特别明显,毕飞宇在论及《阿Q正传》时认为,现代主义放弃了古典主义的线性叙事,而"鲁迅从来都不是一个现实主义作家,从写小说的第一天起,他就是一个现代主义作家"③。诗人张枣也认为,《野草》是一部纯现代主义诗歌作品,"鲁迅是真的现代,这不仅在于其文章中前所未有的尖锐语调与文辞,还在于生存困境已成为他首要的主题"④。现代性在文本的脉动与节奏中彰显,并推动进一步的运动与变化。故而,现代性不是一时一刻的现代性,是源远流长的。

不仅有美学现代性的区分,乔迅(Jonathan Hay)在讨论中国艺术史时认为分析中国现代性现状时,应当有两种现代性构成的"双重现代性"(double modernity)。其一当然是源于西方启蒙运动的现代性;其二是基于中国历史,即中国在16到19世纪中的他种现代性(other modernity)。这种"他种现代性"有以下两个维度的特征。首先是"硬件"特征:因为贸易与科技的作用,货物得以迅速流通,地点(place)取代空间(space);商业、职业和知识领域的自主化和分化;个人言论和辩论话语空间的扩张;城市的兴起;等等。在"软件"方面,最关键的在于人们意识到此刻的历史环境和以往深刻的"差异性";对政

---

① Martin Heidegger. The Event[M]. Richard Rojcewicz trans. Bloomington: Indiana University Press,2012:79.

② T. J. Clark. Farewell to an Idea: Episodes from a History of Modernism[M]. New Haven and London: Yale University Press. 2014:7.

③ 毕飞宇.沿着圆圈的内侧,从胜利走向胜利:读《阿Q正传》[J].文学评论,2017(4):137-145.

④ 张枣.论中国新诗中的现代主义[J].刘金华,译.扬子江评论,2018(1):88-98.

府、市场和社群的渴望;强烈的社会自我意识或反身性;对质疑现有话语体系的包容能力;身心关系上的"主体性",并且能够对过去的等级社会关系网发起挑战。在这两个基础上,中国一般使用两个字眼表达这种现代性:其一为"今";其二为"奇"。①

那么,中国的现代性源头与西方的启蒙现代性、美学现代性又有何区别呢?笔者以为最大的区别可能是神学或外在超越性的有无,但它们享有一样的基础,即一种惊异性,今日不同往昔、自我不同他人的惊诧。中国现代性源头上,自我所要反抗和联合的不是西方的神学,而是更加混沌与同样坚硬的礼仪和原始神话、宗教意识。当今生活中,这几种现代性的渊源早已汇合成现代性的洪流,不可阻挡,形塑了我们的生活与精神。

综上所述,有多重现代性,可以列举为:社会化的、美学的、中国的、西方的……当然,这只是方便论述的,现实情况远复杂于此。在当今全球化社会,全球现代性(global modernity)已经成为不可阻挡的趋势。②又哪里分得清什么现代性是中国特有的,什么又是源于西方的?就第二种文学或美学现代性来说,一方面它赞颂现代生活,机械、火车让人目眩神迷,未来主义者们甚至曾说过赞美现代战争的话;另一方面又有着大量对现代社会反思、厌弃、批判的文学作品。在创作手法上,现代性带来了一种方法论上的自觉,这是一种语言的自觉,也是形式的自觉。任何文本都可以且应当被看作一件独立的作品,它的样貌与内在机理有自己的道理,而不再受制于它的身外之物。它摆脱了神话、巫术、宗教、宗族等的桎梏。它应当被严肃地对待并给予尊严。

这里,需要注意,"对现代性的反抗"和对社会现代性的批判、反省而形成的"审美现代性"是不能混为一谈的。对现代性的反抗是一种对田园牧歌式的整体性逃避或想象。当然,这种反抗一定会有现代性的因子,因为我们此刻已然是在现代社会中了,对它的应激反应也说明了现代社会巨大的影响。"躲进小楼成一统",也可能是在孕育某种种子,但它日后可能发芽,也有待于现代性的浸润与滋养。"对现代性的反抗"而试图回到神话、宗法等前现代运行状况似乎是行不通的,那是对现代社会的抗拒。

同时,将美学限制在私人领域,是一种保守且安全的批判态度与行动。

---

① Jonathan Hay. Double Modernity, Para-modernity[M]//Nancy Condee, Terry Smith, and Okwui Enwezor eds. Antinomies of Art and Culture: Modernity, Postmodernity, Contemporaneity, Durham. NC: Duke University Press 2008:113-132.

② 王赓武. 更新中国:国家与新全球史[M]. 黄涛,译. 杭州:浙江人民出版社,2016:86.

这也意味着将现代性的反思美学化、审美化。这将不仅是个人的选择，也是被反思实体所期望的反思者、批判者所采取的反抗方式，甚至从这种边界明晰的审美行动中诞生"创造性"的观念，以修补、完善被反思的实体。不过，现代性享有的基石也在这一自我约束甚至阉割的行为中被不断腐蚀，直到个体被实在之物吞噬。

第三节　唯名论现代性的必要

一、现代性产生中的神学因子

在现代性的裂缝中，什么是其中最显著的、与传统决绝的特征？意大利哲学家奥古斯托·德尔诺奇（Augusto Del Noce）认为首先是对超自然宗教超越的摒弃。从中世纪唯名论者开始，路德、笛卡尔（René Descartes）、卢梭（Jean-Jacques Rousseau）三位改革家引领了三种思潮：泛神论、无神论与虚无主义。其中又隐现了两条截然不同的道路：从笛卡尔到尼采以及从笛卡尔到意大利哲学家罗斯米尼（Rosmini）。[①] 前一条道路造成了现代性的危机，"上帝已死"。另一条道路提供了另外一种可能，其意义在于我们并不否认超越性的存在，不过是从外显走向内里。

哲学家查尔斯·泰勒（Charles Taylor）对现代社会兴起的思索更进一步，他认为科学能够占据原本宗教所处的地位，大幅提高生活世界的地位，其根源又恰恰在于宗教改革。[②] 原本需要通过教会等组织与仪式的中介，个人才能得到上帝的垂青，现在可以经由个人自我的信仰行为而得到实现。在清教徒那里，日常生活中努力工作就是符合上帝的旨意，就是行善。不同阶层的差距消失了，一位普通工人只要做好本职工作，他与一位尽职的银行家或神职人员在上帝面前就是平等的。他所过的世俗生活就是神圣的、重要的。

与通常想象的不同，科学从神学中分离之初的 16、17 世纪，恰是宗教信仰最坚固的时候，至少直到 19 世纪末，自然哲学与神学虽然有所区分，但能够并

---

① Augusto Del Noce. The Crisis of Modernity[M]. Carlo Lancellotti trans. Quebec: McGill-Queen's University Press, 2014:3-18.

② Augusto Del Noce. The Crisis of Modernity[M]. Carlo Lancellotti trans. Quebec: McGill-Queen's University Press, 2014:317-352.

行不悖。① 世俗社会的产生与科学观念的兴起并无直接关系，而是源于宗教改革福音教派的改革。② 科学与现代社会起源于西方，中国以及其他东方国家不可能自发地走向这条道路。斯蒂芬·高克罗格（Stephen Gaukroger）在其著作《科学文化的兴起》第一卷的前言中就指出："通过与中国相比较，我明白科学在现代早期的欧洲成功源于其与宗教的紧密联系，而非使科学从宗教中分离出的任何努力。"③ 弗朗西丝·叶芝（Frances Yates）在其著作中强调，必须在赫尔墨斯主义、炼金术和玫瑰十字会传统的背景下来理解近代科学。④

卡尔·洛维特（Karl Lowith）在其著作《历史中的意义》中指出，现代性是基督教理念世俗化的结果，因此，它与中世纪时并无明显不同。⑤ 现代性的出现有赖于神学唯名论（nominalist）的发展。所谓神学唯名论，这是一条有别于"古代道路"的实在论（realism），不再相信共相是真实存在的"现代道路"。它仅把个体事物看成实在的，认为共相仅仅是一些名称。⑥ 几乎所有随后的思想形态都接受了唯名论背后的存在论层次上的个体主义（individualism）。⑦

二、实在论背后的经济因素

先看一个小故事。其发表于 1194 年洪迈的《夷间志》：

> 河中市人刘庠，娶郑氏女，以色称。庠不能治生，贫悴落魄，惟日从其侣饮酒。郑饥寒寂寞，日夕咨怨。

> 忽病肌热，昏冥不知人，后虽少愈，但独处一室，默坐不语，遇庠辄切齿折辱。庠郁郁不聊，委而远去。郑掩关洁身，而常常若与私人语。家众穴隙潜窥，无所睹。

---

① Stephen Gaukroger. The Emergence of a Scientific Culture[M]. Oxford：Oxford University Press，2006：22-23.

② Stephen Gaukroger. The Emergence of a Scientific Culture[M]. Oxford：Oxford University Press，2006：27.

③ Stephen Gaukroger. The Emergence of a Scientific Culture[M]. Oxford：Oxford University Press，2006：1.

④ Frances Yates. Giordano Bruno and the Hermetic Tradition[M]. Chicago：University of Chicargo Press，1964：23.

⑤ Karl Lowth. Meaning in History：The Theological Implications of the Philosophy of History [M]. Chicago：University of Chicago Press，1949：89.

⑥ 吉莱斯皮. 现代性的神学起源[M]. 张卜天，译. 长沙：湖南科学技术出版社，2019：10.

⑦ 吉莱斯皮. 现代性的神学起源[M]. 张卜天，译. 长沙：湖南科学技术出版社，2019：24.

久之，庠归舍，入房见金帛钱绮盈室，问所从得，郑曰："数月以来，每至更深，必有一少年来，自称五郎君，与我寝处，诸物皆其所贶，不敢隐也。"庠意虽愤愤，然久困于穷，冀以小康，亦不之责。

一日白昼，此客至，值庠在焉。翻戒庠无得与妻共处。庠惧，徙于外馆，一听所为，且铸金为其像，晨夕瞻事。俄为庠别娶妇。庠无子，祷客求之，遂窃西元帅第九子与为嗣。元帅赏募寻索。邻人胡生之妻因到庠家，见锦绷婴儿，疑非市井间所育者，具以告，帅捕庠及郑，械系讯掠，而籍其赀。

狱未决，神召会鬼物，辟重门，直入狱劫取，凡同时诸囚悉逸去。帅大怒，明日复执庠夫妇，箠楚苛酷。是夜，神又夺以归，而纵火焚府治楼观草场一空，瓦砾砖石如雨而下，救火者无一人能前。帅无可奈何，许敬祀神，不复治两人罪，五郎君竟据郑氏焉。①

洪迈出身于南宋著名的士大夫家族，其父兄都是著名的学者、官员。哥哥与他都曾官职宰辅。这样的大学者、大官员却编出了浩繁的志怪小说集，说明俗文化的影响实在很大。在这个故事中，五郎君这位邪神，并未受到应有的惩罚，信奉他的人得以保全。这似乎是难以理解的。"主流"的叙事传统一定是："善有善报，恶有恶报。"然而，邪神信奉系统在宗教传统中并不罕见，譬如疫神、瘟神，还有一些贫民出身的神仙常常是早殇或凶死之人，经由死亡成为受人祭祀的对象。一些还是有名的恶人，祭祀他实在是因为怕不祭祀而受到报复。这反过来应了一句俗语，"恶人还得恶人磨"，邪神亦有辟邪之用。

从任何意义上来说，五郎君就是一个典型的邪神。他有几个明显的特点：好色、好奸淫；常会带来突如其来的财富；如果不信奉他，财富会突然消失，且家破人亡；信奉他，也不能保证就一定会善终；小肚鸡肠，睚眦必报。有趣的地方是，宋代以降，人们慢慢认同其财神的身份，转化为"五路财神"的崇拜，而渐渐淡忘其明显作恶的一面。何以如此？因为更加稳定的商品经济，尤其是货币体制的稳定，城市化在宋代实现了。经济稳定使人们对财富的恐惧和不安得以消解。"在许多平民眼中，实体形态的金钱——无论白银还是铜币——是邪恶且反复无常的，而这种特质又被人们归因于决定财运的财神

---

① 万志英. 左道：中国宗教文化中的神与魔[M]. 廖涵缤，译. 北京：社会科学文献出版社，2018：179.

本身的任性。"①

这也从另一个侧面说明了现代社会、现代性得以产生的一个重要原则，即经济规则的无道德性，也就是承认一种无道德、非人格的规则与秩序。只要是规律，就可以被认识和掌握，这与人的善恶无关。当然，在生活世界中，还有着"无奸不商"这样的俗语，内含着对经济、财富的道德成见。所以，现代市场经济不是自发地从古代市场经济演变而来，它是西方近代政治和观念系统背景下的产物。即自由和平等作为一种非道德的正当性的出现，或者说权利观念的诞生。② 16 世纪以来的经济革命之所以能带来现代社会，产生人类历史上从未有过的现代社会突变，就是因为这一非道德观念的共识。

> 在先前的一个时代，人们相信一个充满意义的宇宙，紧接着这一时代，人们则大多知道，非人格的、不作回应的秩序在宇宙中处于优势地位，这会让人觉得要信任这样一个想法，即我们已经进入一个新的时代，而旧宗教在其中已经不再令人感到亲近了。……因此，也可以这样来看待现代性（作为自由的时代）：它应该符合我们自身相连于非人格的法，而不是符合产生自人格关系的目标。……正确把握的关键是，我们通过事物的意义来形成事物的概念。客观化悬置了意义，并把意义撇在一边。……即社会组织和规训之种种新模式的发展，其目的在于，要有生产力、有效工具，促进和平与经济发展，并服从旨在互利的行动规条（政治的和伦理的）。这构成我们通常所称的"现代性"的大部分内容。……恰当的意味是，我们同意在法和伦理中关于行动的理性原则，并且我们变得有能力按照这些原则行事。③

这里，印证了现代性的另外一个重要特征，虽然其具有某种神学、文学，甚至美学上的源初性，但是它亦是风云际会的产物，在历史性的维度上，它可

---

① 万志英.左道:中国宗教文化中的神与魔[M].廖涵缤,译.北京:社会科学文献出版社,2018:277.

② 金观涛,刘青峰.中国现代思想的起源:超稳定结构与中国政治文化的演变[M].北京:法律出版社,2011:331.

③ 泰勒.世俗时代[M].张容南,译.上海:上海三联书店,2016:323-331.

能远不止于 1895 年，乃至 1789 年这个特定年份，①现代性和现代社会诞生出的规则性息息相关。规则是非道德的，是唯名论之下的。同时，实在论意义上的神，必须被替代，新神需要产生。

三、唯名论的重要性

因为不再相信共相，所以个体的努力变成了唯一的道路。新的依托必须产生：

在现代性的进程中，实际发生的并不是神的简单清除或消失，而是将它的属性、本质力量和能力转移到其他东西或存在的领域中。因此，所谓的祛魅过程也是一个返魅过程，在这个过程之中通过它，人和自然都被赋予了以前被归于神的若干属性或能力。说得更直白些，面对着持续很久的神之死，只有把人或自然或两者在某种意义上变成神，科学才能为整体提供一种融贯的解释。②

人与自然有成为"新神"的可能，该往哪里去成了新的分歧，到底是相信人，还是自然？是理性，还是经验？现代思想的一支肇始于笛卡尔，包括莱布尼茨（Gottfried Leibniz）、马勒伯朗士（Nicolas Malebranche）、斯宾诺莎（Baruch Spinoza）、康德、费希特（Johann Fichte）、黑格尔、叔本华以及大多数当代大陆哲学家；另一支则始于霍布斯（Thomas Hobbes）、洛克（John Locke）、休谟（David Hume）和密尔（John Stuart Mill），包括许多当代英美思想家。③ 他们分别站在思想谱系的两头，但几乎都对实体化的神性讳莫如深。对神性的研究已经从绝大部分现代知识分子的书房移出，走向餐厅、客厅、卧室、心灵深处的闲谈之中。

如果没有神性，现代性最本质的矛盾在于自然与自由的矛盾。康德四个二律背反中的第三组说明了这一本质矛盾即人的自由性与自然的必然性：如

① 金观涛和刘青峰认为，1895 年，《马关条约》签订那一年可以看作中国现代思想史的真正开端。而在西方，1590 年到 1789 年法国大革命为科学与启蒙的时代，1789 年后则是当代世界的观念。参见：金观涛，刘青峰. 中国现代思想的起源：超稳定结构与中国政治文化的演变[M]. 北京：法律出版社，2011：257.
② 吉莱斯皮. 现代性的神学起源[M]. 张卜天，译. 长沙：湖南科学技术出版社，2019：356.
③ 吉莱斯皮. 现代性的神学起源[M]. 张卜天，译. 长沙：湖南科学技术出版社，2019：53.

果不自由假定一个第一原因,就不可能对整体做出有意义的因果解释,而这种自由的可能性本身便破坏了任何因果解释的必然性。换言之,自由对自然因果性是必要的,又不相容于它。任何现代方案都是自相矛盾的。康德的方法区分了实践理性和纯粹理性,道德归于实践自由而非认知到必然。当然,真正的现代性或源于这些无法解决的冲突,给出各自的答案。

神学领域的问题,最后也会落在语言领域。唯名论主义者认为语言仅仅是符号。但是,神的旨意如何能够被传达?它不得不通过人的语言,所以人的语言不仅仅揭示,而且也会遮蔽真理。还有一种情况,即认为虽然神的旨意不得不通过人的语言,神在语言之中并经由语言寓居在我们之中,但是语言不能揭示真理,对神的体验无法通过语词实现,只有通过隐喻才能无限接近。

由此,可以按照唯名论的强弱给出几个判断。我们区分三种不同的实在论或唯名论(见表2-1)。其一,本体论上的,相信语言本身是/不是一种实在或真理;其二,认识论上的,即经由语言,实在与真理能否达到;其三,方法论上的,该如何达到。

表 2-1　语言与实在/唯名论关系表

	本体论	认识论	方法论
实在论	语言是实在/真理	可认识	指称
	语言是实在/真理	可认识	隐喻等修辞
	语言是实在/真理	不可知	用隐喻等修辞接近
唯名论	语言无关实在/真理	可认识	指称
	语言无关实在/真理	不可知	用隐喻等修辞接近
	语言无关实在/真理	不可知	无法

人类在最初的境遇中,几乎都是朴素地相信实在。说语言是一种实在,是因为它本身含有事物的本质,是与事物有内在联系的实在物。其中又可以分为两类:一种是唯物的,认为语言是自然的,和事物处于一一对应的关系,我们可以通过它来认识事物本身;另一种则是非唯物的,认为语言的本质,譬如"道",是人文或神秘主义的,不能通过"常规"手法得到,但可以通过朦胧而隐喻的语言达到或接近。

宗教或神话并非摒弃了真理,恰恰相反,是因为人对世界产生了怀疑,所以通过信仰,以达到存在的基本真理。随着人类认识的发展,主动性、能动性得以加强,人们进一步开始怀疑实在论的基础。如果语言无关实在或真理,那么它就是一种修辞、通道或工具。可以选择相信通过语言来认识事物本身,比如认同符号论;也可以认为语言不可能达到事物本身,但是可以无限接近。荷尔德林(Friedrich Hölderlin)有诗曰:"神在近处/只是难以把握。/但有危险的地方,也有/拯救生长。"①又譬如路德的唯名论,它依赖福音书的日常语言,它并不揭示真理,但难以抑制通过隐喻、类比等修辞对真理的表达(表白),以此传递激情与信仰。

需要对本体论意义上的实在性保持相当的警惕,而在认识论和方法论上保持相当的宽容。语文亦然,得避免其走向本体论实在性,即那个道德唯一性的、实体化的"道"。必须将语文的实在性限定在认识论和方法论之中,比如,在文学性的描写、审美性的表达中可以尽情展现文字通灵的力量,但是在现实生活中,敬而远之。

第四节 语文的唯名论可能

一、语文实在论传统

回到中国语文。语文更具有一种本体实在论的基础,因为它本身就是运用象形文字,对于实在具有天然的亲和力。它是否能够走向具有现代性的唯名论下的语言观,是值得考量的。

《诗·大序》曰:"言之不足,故嗟叹之。嗟叹之不足,故永歌之。永歌之不足,不知手之舞之,足之蹈之也。"由此可知,舞蹈、歌咏、言语的表达强烈程度是递减的。有意思的是,舞蹈被认为在最初的先民中是巫术(法术)思维的最初形态:"即以最低等的符号行为——法术舞蹈而言,它事实上已把过去的事物同未来的内容以现在的动作活动联接起来,完成了一次史无前例的抽象。就舞蹈动作的外在形式来看,是对过去的经验情境的延时模仿,就舞蹈的目的来看,又是对尚未出现的事物的一种主观召唤。在舞蹈中,对过去的

---

① 荷尔德林.追忆[M].林克,译.成都:四川文艺出版社,2010:120.

追忆同对未来的期望已真正融为一体了。"①

"歌"的本义为"可",古体字为"訶",《说文解字》上释其为"大言而怒也",与咒的意思仿佛。② 当然,这从另一方面也说明了感情的密度。其实完全可以将上文那一段描写舞蹈的话语主体换成咒语、歌谣、诗歌。如:"即以符号行为——诗歌的最初形态而言,它把过去与未来的事情以现在的语言行为联接起来……就诗歌的外在形式来看,是对过去经验情境的延时模仿,就目的来看,是对尚未出现事情的一种主观召唤。"在这一自舞蹈至语言的传递过程中,情感的密度得以释放与降解,个人中心的主观意识也随之递减。这里有必要指出,主观意识与主体意识不能等量齐观,有时候恰恰相反。比如主观意识的降低是因为意识到客观环境的限制,并明了万物不能按自己主观的愿望而运作,明确自己的不可为,这也可能是一种主体精神的滋长。

比较"高级"的巫术(法术)形式则以语言,即咒语的形式体现出来,歌谣最初可能是一种咒歌,诗歌最初所谓"诗言祝""诗言寺",都和巫术有本源的联系。南怀瑾在讲学中讲到童年一段经历,《大学》的第一句"大学之道,在明明德,在亲民,在止于至善"竟然可以用来治病,被游方术士念作咒语,止住了病人的出血点。③ 可信性不论,至少说明一来巫术是普遍且长久的信仰;二来在信其为真者看来,语词内容为何可能并不重要,语词只是过渡神力的工具;三则南怀瑾以此来说明儒家经典《大学》的神力,是语文本体实在论曾广为人信且践行最好的证据。

语词,若真有治病的疗效,这当然是一种巫术的延续。《千金翼方》这样一本孙思邈所撰的药方书,后两卷中有所谓的"秘术"即咒语,针灸时一边吟诵咒语,效果尤佳。譬如有"禁哽法":"南山大虎,北山狐狸,江中大獭,海中鸬鹚,某甲得哽,共来吞除。急急如律令。"④语词的治病救人功能不仅体现在"文以载道"中,在最通俗的文本中,也有更直接的表达与切身"效用"。

语言有如实质,我们很难说语言不是一种意义的铺陈,具有某种实在性。白川静认为日本诗歌的起源是咒语和镇魂祝歌。"短歌的形成可以说是神圣咒语采取文学形式加以表现的最初成果。因而,初期短歌的本质便是咒歌。挽歌与其说是悲伤的歌,不如说是镇魂的歌。柿本人麻吕写有许多哀悼死于

---

① 叶舒宪. 诗经的文化阐释:中国诗歌的发生研究[M]. 湖北人民出版社,1996:21.
② 叶舒宪. 诗经的文化阐释:中国诗歌的发生研究[M]. 湖北人民出版社,1996:93.
③ 南怀瑾. 南怀瑾选集(第十卷)[M]. 上海:复旦大学出版社,2008:40.
④ 孙思邈. 千金翼方[M]. 王勤俭,周艳艳,编校. 上海:第二军医大学出版社,2008:650.

旅途者的歌，也是作为镇抚其怨魂的游部（随从丧葬的奴隶）所作的歌。"①

实质的意义可以通过语言的修辞实现。叶舒宪认为，《诗经》中的祝词式修辞有三种明显的表达形式。② 其一，列举法。列举法用于各种场所名称时，能激发一种宏大无边的快感。③ 这种对空间事物的列举，也体现在汉大赋中。有趣的是，这种列举的快感，有一种日常的语言形式，即相声贯口中如"列菜名""地理图"等。其二，重复法。《诗经》中有大量的重复，一目了然。而在咒语中，重复是不可或缺的因素。其三，对举法。也可以说是对仗、对偶。对偶在中国诗句中极多，且几乎成为后世一种文化、文字启蒙，例如《笠翁对韵》。其实列举、重复、对举这三种方法本质上都是一种重复，重复自不必说，列举是所举之物的重复，对举也是一种形式上的重复。"寓言十九，重言十七，卮言日出，和以天倪。"（《庄子·寓言》）其中重言可以认为是重要的话，也可以认为是重复的话。当然也可以说是"重要而重复、重复而重要"的话。

有必要回溯语言以及先民最初的状态，了解中国宗教之中冠以"神"者为何，能否用形而上的"道"来代替。这将帮助我们理解现代性的转变和语文的困境与出路。德克·卜德（Derk Bodde）认为：

> 中国人较多关心自然和人的世界，而不是关心超自然。他们不是那种把宗教思想和宗教活动构成生活中最重要部分的人。……公元1世纪前，中国没有一个思想家可以称为宗教领袖……是一种伦理（特别是儒家伦理），而非正式的、有组织的宗教形态，为中华文明提供了精神的基础。④

然而，低估历史上宗教在中国社会的地位，可能是有悖于事实的。⑤ 杨庆堃将宗教分为弥漫性（diffused）宗教和制度性（institutional）宗教。中国传统宗教的特点是弥散性的，是多神的、混乱的信仰下，神圣与世俗混在一起，不同宗教与不同宗教的神一并供奉的事实。⑥ 李亦园也认为中国的宗教是一种

---

① 白川静. 中国古代民俗[M]. 何乃英，译. 西安：陕西人民美术出版社，1998：37-38.
② 叶舒宪. 诗经的文化阐释：中国诗歌的发生研究[M]. 湖北人民出版社，1996：60-68.
③ 次田润. 祝词新讲[M]. 东京：明治书院，1930：35.
④ Derk Bodde. Dominant Ideas[M]// H. F. MacMair ed. China. Berkeley and Los Angeles：University of California Press, 1951：18-20.
⑤ 杨庆堃. 中国社会中的宗教[M]. 范丽珠，译. 成都：四川人民出版社，2016：6.
⑥ 杨庆堃. 中国社会中的宗教[M]. 范丽珠，译. 成都：四川人民出版社，2016：XI.

弥漫性宗教,其特质就是其教义、仪式与组织都与其他世俗的社会生活和制度混为一谈,不同于制度化宗教有独立的宗教组织与宗教仪式。诸如大传统儒家理念中,则有"天人合一""致中和""调理四时,太和万物"等形而上的观念;表现在小传统及日常生活中,则见于实物、医药习惯、姓名系统、祖先崇拜仪式、择日占卜、风水地理、神明仪式以及符箓咒法等方面,这些正是普化(弥散性)的中国宗教信仰基本假设所在,也是一般中国人世俗生活的前提。①

诚然,弥漫性的宗教与弥纶总括的语文是同性质的。上文所谓的"大传统"是指儒家思想下的形而上观念,而"小传统"则是一种"在野"的传统。在中国文学中,也有大传统与小传统,"大传统"指儒家思想下的文学观,其强调弥纶总括与道德旨归,"小传统"则是自魏晋以来的审美意义下的文学传统。②在这里,笔者更强调语文的日常、在野的传统,它与宗教生活的弥漫性是一致的,这和文学的"大传统"与"小传统"的划分还不太一致,需要明察。

中国民间有庞杂、普遍的鬼怪系统,从上古时代开始,中国人就相信宇宙中无处不存在鬼神。神话时代的万物有灵论一直在民间保持,万物皆可妖。宗教意味一直弥漫在日常生活中。有学者指出,随着商品经济的发展,明清社会结构发生剧烈变迁的一个重要结果是出现了大量有宗教意味的"善书",比如道家经典《太上感应篇》大为流行。③《太上感应篇》是一部劝人去恶行善,并许以俗世幸福的书,从某种意义上和《菜根谭》《弟子规》之类也没有什么不同。它本经字数不多,但是每句话后都附有例证,于是衍生出非常多的版本,其流行很好地充当了官方意识形态的补充,可以看出儒家理论的功利化、庸俗化。以清人黄正元注版本为例,正文后有大量的例证,在解释"是以天地有司过之神,依人所犯轻重,以夺人算"时举例如下:

> 祁天宗恃才放诞,逢人自夸理学,而所为皆诡僻不经,尤不信鬼神,常肆谩骂。读书僧寺,天雨薪湿,呼童劈木身灵官作爨。夜梦红须执鞭之神厉声叱责曰:"尔何无礼至此?本应鞭击而死,因尔前生苦志芸窗,故今世具此聪明学问,应科甲联登,禄入万钟,遐龄寿考。今尔狂妄夸大,高己卑人,冥司录过,依阴律勘断尔应享之福,已经

---

① 李亦园.宗教与神话[M].台北:立绪出版社,1998:126-127.
② 余虹.中国文论与西方诗学[M].北京:生活·读书·新知三联书店,1999:38.
③ 朱新屋.明清时期《感应篇》诠释的多元化[EB/OL].[2019-07-23].http://ex.cssn.cn/zjx/201907/t20190723_4937652.shtml.

削除一半。此后若不知悔,必罹重罚,正无烦吾之一鞭也。"天宗醒后,不但不惧,且自述其梦,夸于同辈曰:"邪鬼畏我矣。"众皆匿笑。其父喜读佛书,母奉观音大士甚虔,天宗乘母睡熟,偷将圣像烧毁,母流涕谓之曰:"尔作恶不悛,只愿你生好儿子。"天宗听之漠然。年逾四十,屡赴棘闱不第,心志昏迷,贪酒恋色,无所不至。有名家少年子强诱鸡奸,岂知引水入墙,少年转通其媳,遂致帷薄贻讥。一日,白昼见二阴役持巨锁锁去,带至东岳府,发罚恶司议罪。司官检阅冥簿,天宗二十九岁应得举,三十岁成进士,官二品,七十八岁善终。因其少时狂荡,减削其算,晚年以举人与为司铎,转知县,官五品,年五十四卒于官。缘四十以后作恶万端,日甚一日,上帝震怒,尽夺其算,罚入九幽之狱,万劫不许超升。天宗醒,告家人,大呼曰:"悔无及矣!"遂吐血而死。遗有二子,长子歪嘴斜眼,形如鬼类,次子瘸腿折臂,废疾无用。不数年,而家荡然矣。①

这则故事告诉人们如果不尊鬼神,不礼神,那么原本可得俗世的幸福也会变得不幸,而且是极度不幸:儿媳放荡、子孙不得善终。值得玩味的是,他自夸理学,父亲喜欢读佛书,母亲信奉观音大士。祁天宗原本的命运是少年得志,并享有高寿,后来因其作恶,生死簿上竟越改越差。故事暗搓搓地抵制了儒学,也敲打了佛教,这本书却在儒家文化是主流、权威文化的清朝被政府出资印刷,以资教化民众。可见:

第一,暗示理学这种知识的不可信,而宗教是可以得到许诺和印证的。这或许是儒家文化的松动,当然,这种松动可能是早就预留好的,儒家本身就不是绝对的、排他的观念。松动是"板块性"的松动,就是对于儒家自身,也并非全然的坏事。

第二,父母的信佛为善是可以帮助子女的,祁天宗原本好的命运,和父母正确的信仰和行为有很大关系。后来竟然发生戏剧化的改变,且一波三折并凄惨至极,可反衬求善除恶的重要,"善有善报,恶有恶报"朴素因果关系的牢不可破。另外也看出俗文化之恶俗趣味。

第三,他的父亲仅仅是喜欢读佛书,而非如母亲一般虔诚礼佛,可见其父依旧是个儒生,这说明儒家和这种俗世的信仰是可以相融合的。父权依

---

① 李昌龄.太上感应篇图说[M].黄正元,注.上海:学林出版社,2004:70.

旧在儒家的控制下,母系已经皈依佛道,在享有功名利禄的同时也求得一份心安,这种分工制,实在说明当时社会还是在儒学的大环境下,宗教大可补益。

二、中国传统社会转型唯名论的必要性

在探究中国为什么没有自发地走向现代社会这一难题时,赵鼎新认为,中国自公元前4世纪以来就是"儒法社会","按韦伯的说法,官僚制本身与现代性没有太大关系"。造就现代性的并不是工具理性和官僚制的兴起,更确切地说,应该是伴随着资本主义崛起的"私人导向工具理性的价值化及其主导地位"①。另外,正如上文所探讨的,当时的社会或许不是"儒法社会"可以概括的,至少应当是"儒法道"社会,这里的"道"也指世俗社会理解的功利性神话、宗教,它们常常充当"儒法"社会的补充物,并承担一定的教育功能。夏志清在论及民间小说时认为,最早的说书者为佛教僧侣,而一般民间说书者以教外的传道者自居,以儒释道三家教义中的陈腔滥调来肯定通俗道德,又拿因果报应来解释社会上的不平等。说书艺术朝写实方面发展,也使得说书者对个人的需求,对潜伏在他们心中的反社会情绪寄以同情。② 可见在"道"的层面,对于自我、私人领域是持一定的肯定态度的。因果报应的解释是一种强道德解释,但在世俗社会中,亦会有所松动。

同样,科学之所以在现代世界中日益得到重视,部分原因在于它不仅为"私域导向的工具理性主义"提供了合法性基础,还使之得到极大拓展。③ 笔者认为,这一"私人领域的工具理性主义"即一种唯名论下的世界观,道德主义不再占据最高价值,社会文本在实在的"存而不论"之下得以书写,人的行为更多遵循一套没有道德性的规则。

由此可见,现代性内含一种对于某些终极意义的悬置,并以唯名论的、去道德化的规则替代。这一举动恰恰又激起更多的现代性。现代世俗社会的诞生既赋予、丰盛了意义,又充斥了削除意义的冲动,这反过来又增加了纷繁的意义。犹如滚雪球,总有雪花旁落,但雪球越滚越大,不可逆转。如果放置

---

① Zhao Dingxin. The Confucian-legalist State: A New Theory of Chinese History[M]. Oxford: Oxford University Press,2015:48.

② 夏志清. 中国古典小说[M]. 何欣,庄信正,林耀福,译. 香港:香港中文大学,2017:235.

③ Zhao Dingxin. The Confucian-legalist State: A New Theory of Chinese History[M]. Oxford: Oxford University Press,2015:45.

在语文的语境中,必须坚持在唯名论框架下讨论生活世界中意义的重建与创造。所以,对于源初的考察就更加重要,因为既然在西方的维度上,现代性的唯名论框架源于神学,相应就得知道语文是否能够从神话或者外在超越中找到唯名论的可能。还是一切有如实质？不过,只要"有如",就有裂缝和光透过来的地方。

有学者认为,中国原始宗教具有萨满教的特质,是"萨满基底"(shamanic substrate)上不同传统的本质统一。①《周礼》《国语》上大量"巫"的记载,如果按照"制度性宗教"和"弥漫性宗教"的划分,他们应当是大传统下的专职人员,有学者认为:"巫"并非别的,而是可以称为一个庞大神职人员阶层的"中国分支",他们兼有男女两性成员,分布在亚洲的好几个地区,其名称则各不相同,例如,在西伯利亚地区称为"萨满"(shaman),在波斯称为"菲吉"(fakir)或"德维什"(dervish)……②

我们不妨看看它的特点,根据杨儒宾的总结,萨满教有空间形式、空间的鸟兽、主体、世界的本质这四个要点:

> 萨满式的宇宙乃巫术性的宇宙,而所谓自然和超自然的环境这种现象乃是巫术式变形的结果,它的宇宙一般分为三层,有时还有四方之神或四土之神。宇宙的诸层之间为中央之柱(所谓"宇宙轴")所穿通;这个柱与萨满的各种向上界与下界升降的象征物在概念上与在实际上都相结合。
>
> 萨满教相信人和动物在地位及性质上是平等的,他们可以相互沟通。而且,人与动物之间可相互转形,自古以来,人和动物彼此即可以对方形式出现。萨满们一般都有动物助手,这些助手可称为助灵,助灵可帮他到彼界作神秘之旅。
>
> 灵魂可以与身体分开并且可以到各处旅行,甚至旅行到天界或地下的灵魂世界。
>
> 自然环境中的所有现象都被一种生命力或灵魂赋予生命,因此在萨满世界里没有我们所谓"无生物"这种事物。③

---

① 万志英.左道:中国宗教文化中的神与魔[M].廖涵缤,译.北京:社会科学文献出版社,2018:285.
② 高延.中国的宗教系统及其古代形式、变迁、历史及现状[M].芮传明,译.广州:花城出版社,2018:1772.
③ 杨儒宾.儒门内的庄子[M].上海:上海古籍出版社,2020:60.

中国传统的"天人合一""天人感应"的基底或许包含一种万物有灵论的宇宙观;民间中遍布的鬼神也是其体现。"游观"背后亦有灵魂与身体分离后的背景。

诗与歌舞同源,诗、乐、舞在上古是三位一体了。① 鼓又是萨满的马。在鼓声中萨满巫师们进入通灵出神的状态。诗人们在创作时或多或少都会体验到一种出神的状况。"有一个时期,我从民谣中意识到一种类似音乐的对位法,它可以体现在诗行的排列、词的对比和段落之间,是因为它首先意味着某种迷狂,或者说它意味着某种情感的原始状态。"②

萨满鼓在萨满教仪式中占据最重要的地位。③ 每一个鼓都有自己的名字。由此可见,命名——语词,实在是有实质内容所系,非工具说所能囊括。可是那马是何物? 布罗茨基有一首诗,是《在旷野扎营·丘陵》组诗中的第5首,又被命名为《黑马》:

> 昏暗的苍穹比马腿亮些,/因而不能融入夜色。
>
> 那天晚上我们看见/一匹黑马在我们的篝火边。
>
> 我不记得有什么更黑的东西。/马的四条腿像黑炭一样。/它是黑的,像夜,像黑洞。
>
> 它全身漆黑,从鬃毛到马尾。/而从未配上马鞍/的马背却黑得异样。/它站着凝然不动。/好像在打盹。/马蹄黑得叫人望而生畏。
>
> 它是黑的,感觉不到有影子。/那么黑,不可能更黑了。/那么黑,就像深夜的夜幕。
>
> 那么黑,就像体内的一根刺。/那么黑,就像前面有树木遮着。/好像肋骨之间的地方。
>
> 好像地面下的小坑,坑里有个麦粒。/我在想:我们的内心是黑的。
>
> 但它毕竟在眼前显出黑色!/还只是钟表上的半夜。/它一步也没有向我们靠拢。/它的腹股沟笼罩着一片漆黑。/它的背部已经看不见了。/没有剩下一个亮斑。/它的双眼弹指间变成了白

① 臧克和.汉语文字与审美心理[M].上海:学林出版社,1990:125.

② 吕德安.顽石[M].北京:中国工人出版社,2000:2.

③ 伊利亚德.萨满教:古老的入迷术[M].段满福,译.北京:社会科学文献出版社,2018:168.

色。/更骇人的是它的瞳孔。

它仿佛是谁的底片。/为什么它停止奔跑，/留在我们之间直至早晨？/为什么它要呼吸乌黑的空气？/为什么它要在黑暗中弄得树枝簌簌作响？/为什么它的眼睛射出一缕黑光？

它是在我们当中为自己物色一位骑者。

1962 年 7 月 28 日①

组诗的名字《在旷野扎营》，"旷野"具有强烈的神学意象。"出埃及"，信徒们在旷野中走了四十年。这匹马在自己寻找主人，如同死亡本身，也如同"道"本身。它是黑暗的，甚至包括繁殖本身。这种黑暗是真正的黑暗，在世俗社会，这种黑暗本身有绝对性，而非相对的。说到相对的黑暗，可见韩东的名诗《一种黑暗》：

> 我注意到林子里的黑暗
>
> 有差别的黑暗
>
> 广场一样的黑暗在树林中
>
> 四个人向四个方向走去造成的黑暗
>
> 在树木中间但不是树木内部的黑暗
>
> 向上升起扩展到整个天空的黑暗
>
> 不是地下的岩石不分彼此的黑暗
>
> 使千里之外的灯光分散平均
>
> 减弱到最低限度的黑暗
>
> 经过一万棵树的转折没有消失的黑暗
>
> 有一种黑暗在任何时间中禁止我们入内
>
> 如果你伸出一只手搅动它就是
>
> 巨大的玻璃杯中的黑暗
>
> 我注意到林子里的黑暗虽然我不在林中②

"四个人向四个方向走去的黑暗"就是人与人之间的黑暗，是生活世界的

---

① 布罗茨基. 布罗茨基诗歌全集：第一卷（上）[M]. 娄自良，译. 上海：上海译文出版社，2019：162-163.

② 韩东. 韩东的诗[M]. 南京：江苏文艺出版社，2015：75.

黑暗。在此按下，暂且不表。有必要说明，中国思想中最崇高的思想似乎是
"道"，①最本源的思想也应该是"道"。上文曾论及，道是走的本义，也有"说
道"的本义。海德格尔所谓的"大道"（Ereignis）之"道说"（Sage），"大道"：
"Es—Ereignis—eignet"（它——大道——成其自身）②

与其说是一个名词，不如说是一个动词。或者，这样的名词太混沌了，难
以把握，③我们对于它的实体化抱有怀疑的态度。中国传统中实在没有"道成
肉身"的神学基础，但我们似乎也能理解语言巴别塔的神话，它一定含有某种
实在。否则不会在仓颉造字时"天雨粟，鬼夜哭"（《淮南子·本经训》）。

其实，如果回到神话与宗教，最高价值的"道"也是可以实体化的，但这是
我们需要警惕的，因为固守这种实在的观念，扼杀了想象力和可能性，只能将
其看作诸种面相的一种表现，而不能当成"道"的全部。何光岳在讨论《荀
子·礼论》中："郊止乎天子，而社止乎诸侯，道及士大夫。"注："道，行神也。"
《管子·正》："会民所聚曰道。"后论及：

> 道既为行神之谓，亦为会民所聚，乃古代有些原始民族有猎头
> 风俗。一个男成年人如果没有猎取到外族人之头，是不能称为丁
> 的，因此也难以找到妻子。所以，猎头既是婚偶所需，也是勇敢和自
> 豪的标志。取得头之后，取头者手舞足蹈地走向村寨，全村氏族的
> 人都跟在后者欢呼；然后举行祭天神、祭灶神、祭谷神等祭典仪式。
> 因猎头者前行，以后便引申为引导、导行、道路等词；这种祭祀仪式
> 是天经地义的，又演化道路、道德等名词。④

---

① 金岳霖. 论道[M]. 北京：人民大学出版社，1987：16.

② 海德格尔. 在通向语言的途中[M]. 孙周兴，译. 北京：商务印书馆，2017：259.

③ 孙周兴在 2010 年的《在通向语言的途中》一书中，将 Ereignis 翻译成"大道"，（参见海德格尔. 在通向语言的途中[M]. 孙周兴，译. 北京：商务印书馆，2010：259.）但 Ereignis 也可以被翻译成"缘""缘有""本有"……关于这个词，不同的译本还有不同。比如"这个自身的缘构成是这样一个自身摆动的域，通过它，人和存在在其本性中相互达到对方，并通过脱开形而上学加给它们的那些特性而赢得它们的本性。……我们就居住在此自身的缘构成之中。参见海德格尔. 同一与区别[M]. Pfullingen：Neske, 1957：26. 转引自张祥龙. 海德格尔传[M]. 北京：商务印书馆，2008：277. 该书 2011 年出版了中文单译本，译文如下："本有乃是于自身中回荡着的领域，通过这一领域，人和存在丧失了形而上学曾经赋予给它们的那些规定性，从而在它们的本质中互相通达。……只要我们的本质归本于语言，那么我们就居住在本有中。"（海德格尔. 同一与差异[M]. 孙周兴，陈小文，余明锋，译. 北京：商务印书馆，2011：39.）. 按照笔者的理解，"缘""大道"或"本有"，皆是"道"之不同显现。好像也只能如此理解了。

④ 何光岳. 南蛮源流史[M]. 南昌：江西教育出版社，1988：101.

在文学领域，特别是现当代文学中，"砍头情结"（decapitation syndrome）成为现代性不断涌现的幽暗之泉。[①] 它成为鲁迅、沈从文、郁达夫等作家笔下一个重要的意象，并隐约与 20 世纪 90 年代的顾城、闻捷、海子等诗人之死有所勾连。"砍头"，也就是一直对于"道"的恐怖的决绝。里尔克（Rainer Rilke）在名作《杜伊诺哀歌第一首》中有这么一句："因为美无非是/我们恰巧仍然能够忍受的恐怖之开端"[②]，所以，砍头是残忍而恐怖的现代性。当然这也说明，身体不只是自然的身体，也是文化、社会、道德的身体。这在下文中会有详细论述。头与身体的别离，是身体与社会的至极撕裂。砍头的身体具有社会、道德隐喻可能，围观行为也不仅仅是一群行尸走肉观赏一个行尸走肉成为死尸。鲁迅因此才会在仙台看到那张中国人围观砍头的幻灯片而决定弃医从文，以笔为剑，放弃医治国人的身体而改为设法荡涤他们的灵魂。晚清小说《邻女语》中描写主人公回归八国联军和拳民之乱后的北京，途经山东，在一个下雪的黄昏看到如下场景：

> 不磨又走不多路，已到东光县城地界。只见树林子里面，挂了无数人头。老的少的，男的女的，胖的瘦的，有开眼睛的，有闭眼睛的，有有头发的，有无头发的，有剩着空骷髅的，有陷了眼睛眶子的。高高下下，大大小小，都挂在树林子上。没有一株树上没有挂人头，没有一颗人头上没有红布包头，没有一个红布包头上没有佛字。……信马行来，看了这场大雪，映着人头上红布，竟像是到了桃林一游。[③]

如此恐怖、鬼魅、真切的"桃林"景观，在中国现代文学中也不多见。其实，不仅是隐喻，道和语文也有实在化的可能，"太初有道，道与神同在，道就是神"。（《圣经·约翰福音》）在英文版中，这句话是："In the beginning was the Word, and the Word was with God, and the Word was God."[④]"Word"这一语词，也是"逻各斯""道"，语词本身即道与神，而不仅仅是符号和指代的

① 王德威. 历史与怪兽：历史、暴力、叙事[M]. 台北：麦田出版社，2018：20.
② 里尔克. 里尔克诗选[M]. 绿原，译. 北京：人民文学出版社，2006：415.
③ 王德威. 历史与怪兽：历史、暴力、叙事[M]. 台北：麦田出版社，2018：18.
④ The Holy Bible (King James Version)[M]. Canterbury Classic/Baker & Taylor Publishing Group，2013：1167.

名称。这是一种颇为普遍的宗教、原始观念。印度婆罗门认为,当我们念诵神的名字时,并不是在念"名字",而是神本体,神和神的名字是一体的,神就是神的名字。有意思的是,名字的神圣性在中文文本中也不鲜见,譬如在《西游记》中,金角大王叫孙悟空的名字就能将其收入宝瓶。无论是孙行者、行者孙、者行孙都起到一样的效果,可见所指与能指都是实在的。在鲁迅的《三味书屋》中,民间传说中美女蛇在墙头喊名字时不能答应。海子在《面朝大海,春暖花开》中写下优美的句子:"给每一条河每一座山起一个温暖的名字。"命名,即对实在的获取。然而,我们也需要明白,在神话时代,荷马(Homer)给诸神命名,名字的神圣性,恰恰是在理性化过程中才产生的,被当作必须被认识的神圣的特征和能力。"至关重要的不是认识神灵的特征,而是要能够用神也认为专属自己的名字来称呼他。"①所以,名字或语词的实在性并非源于盲目,而是理性。

如果不接受理性与启蒙的考察,那么语文的社会实在性可能在摆脱"儒法社会"的羁绊后,陷入更迷狂的实体的"道",这可能导致产生一种游民性的亚文化。在那样的社会中,通俗小说有着极高的实体地位,比如源于《三国演义》的关公崇拜,《水浒传》对帮会组织影响甚大的组织结构,天地会的"神道设教"背后的神话和表面的口语暗号。②它们解构了儒法社会,比如明朝成化年间刊印的《关花索出身传四种》讲的是,汉末刘关张聚义之初,为互表决心,关羽、张飞各自到对方家中杀光全家老小十几口人,只是张飞放走了关羽已经怀孕的妻子胡金定,后来生下小英雄关索。关索后来到荆州找到关羽要认父归宗,不料关羽不认,关索大怒,便威胁父亲,要去投奔曹操,起兵捉拿五虎上将。③在挑战、摧毁儒法社会后,却力图回到更原始的神话、宗法社会,并往往于社会动荡时浮出水面,掀起巨浪。

至少应当达成这样的共识:语文是在日常与弥纶总括的语境下展开的。也应当保证现代性这一要求:语文应当是在某种程度的唯名论下开始现代性转化,以摆脱实体的"道"的桎梏。它总是关乎于某种实在,但并非实在本身。恰如语言学家做出的判断:语言与观念是渐进地趋近于实在。④至于这个实在到底是什么,则相对不是那么重要,或者说,不在现代性的讨论范围内。在

---

① 布鲁门伯格. 神话研究[M]. 胡继华,译. 上海:上海人民出版社,2012:38.
② 王学泰. 游民文化与中国社会[M]. 太原:山西人民出版社,2014:456-468,568-654.
③ 王学泰. 游民文化与中国社会[M]. 太原:山西人民出版社,2014:3.
④ 帕特里. 思想、语言与实在[M]. 上海:上海外语教育出版社,2012:282.

这个意义上,"怎么说"比"说什么"要重要。《庄子》中有大量反对语言修饰的观点,认为其是虚伪且无用的,但是它本身的语言又是充满了文学色彩,这就不得不使我们怀疑它的论点。"一段论证成功地让人相信了事物的无法论证性",我们是不是反而应当相信论证的力量?

另外,现代性又蕴含了美学现代性,它在批判现代社会得以成立的一些观念,不可避免地与传统纠缠在一起。现代性使得语词的神性消失,但也同步消除了原来的崇高与神圣感,这就使得语词变成干瘪的、功利的工具,成为政治的、经济的附庸。现代性要求我们继续对此进行批判,将不仅仅是"祛魅"的过程,而是可能面临"复魅"的可能,这是一种两难。这也是应当选择坚持唯名论的原因之一,回到民间的、萨满气质的语词,在大多数意义层面上无法接受。我们需要在本体唯名论之下展开文本。

第三章 语文现代性的显现方法及路径依赖

第一节 现象学还原

依据上文的探讨,语文的现代性复杂难辨,甚或自相矛盾。它既有本源的、超历史的一面,又有历史叠加的一面;它是意义的充盈,又总伴随着意义的缩减;它既是某些共识的实现,其共识又不断被突破;它呼唤我们回到生活世界,又承担被生活遮蔽的风险。

这里我们采用的方法是现象学的还原。何谓还原?就是"悬置"的彻底普遍化。"悬置"是将先在的"成见(prejudice)"加上括号,存而不论。因此,对于还原的一种素朴的理解就是:"去除成见!"这种成见也包括西方现代的科学主义的思维方式。如何还原?胡塞尔(Edmund Husserl)对于意识行为的还原有严格且复杂的程序,他的主旨是达到纯粹的观念给予的本质直观,这种纯粹的"感知"就是还原的"奠基基石"。

有必要将胡塞尔的还原层次与"奠基顺序"列出以备参考:

> 首先,把"客体化的意识行为"(如表象、判断)与所有其他意识行为(如爱、恨、同情、愤怒、喜悦等)区分开来,认为前者是后者的基础。其次,在"客体化的意识行为"中区分了"表象性客体化行为"(看、听、回忆)与"判断性客体化行为",认为前者是后者的基础,任何"判断性客体化行为"最后都可以还原为"表象性客体化行为"。第三,在"表象性行为"中又区分"直观行为"(感知、想象)与所有"非直观行为"(如图像意识、符号意识),认为前者是后者的基础。第

四,在由感知和想象组成的直观行为中,胡塞尔又认为"感知"是"想象"的基础。最后,尽管"感知"构成最低层的,具有意向能力的意识行为,但并非所有感知都能代表最原本的意识。感知可以分为内在性的感知与超越性的感知。在超越性感知中,我们可以区分原本意识与非原本意识。①

胡塞尔又区分了先验还原(Transzendentale Reduktion)与本质还原(Eidetische Reduktion)。先验还原(也有翻译成"超验还原")强调对先验主体的追求,纯粹意识是其目标,强调还原的彻底化;本质还原则强调对于"本质"的把握,它亦可分为三个步骤:一、自由想象以求必要的杂多;二、在杂多中寻找不变的必然;三、将此必然性视为本质。② 笔者所采取的"现象学还原"方法更接近"本质还原",即先使语文之丰富性彰显,再追求丰富中的纯粹性,但是笔者并不认为这是对语文"本质"的追求,而是语文"本身"的自我彰显,它是纯粹的本真,具有先验性,故而达到了先验还原的目的。

这本身就是一种新的"看"的方式:

> 当我们坐在花园中,欢欣于盛开的玫瑰花,这时候,我们并没有使玫瑰花成为一个客体,甚至也没有使之成为一个对象,亦即成为某个专门被表象出来的东西。甚至当我在默然无声的道说(Sagen)中沉醉于玫瑰花开的灼灼生辉的红色,沉思玫瑰花的红艳,这时,这种红艳就像绽开的玫瑰花一样,既不是一个客体,也不是一个物,也不是一个对象。……但我们却通过对它的命名而思考之、道说之。据此看来,就有一种既不是客观化的也不是对象化的思想与道说。③

这和王阳明的一个经典论述:"你未看此花时,此花与汝同归于寂;你来看此花时,则此花颜色一时明白起来。"④有意会的相似性,但视角不太一样。阳明所用的"看法",纯然是主观的看;现象学的"看法",则既非主观也非客

---

① 海德格尔.形式显示的现象学:海德格尔早期弗莱堡文选[M].孙周兴,译.上海:同济大学出版社,2004:6-7.

② 倪梁康.胡塞尔现象学概念通释(修订版)[M].北京:生活·读书·新知三联书店,2007:397.

③ 海德格尔.路标[M].孙周兴,译.北京:商务印书馆,2011:81.

④ 王守仁.阳明传习录[M].杨国荣,导读.上海:上海古籍出版社,2000:280.

观。看是意向行为。花的绽开源于意向行为下物体的自我开显。这个行为不是静止的，不仅仅是主观的凝视，而是不断给出意向又回溯自身的。不断地"开口"说话，不断地回到"不可言说"。

现象学的"看"是全新的"看"。笔者总结了以下特征：

一、"看"并非基于视网膜经验，也并非心理体验。视网膜经验和心理体验都是生活世界的常见。然而也是成见。它们本身也是观念先行的，14 世纪文艺复兴以来，灭点透视才在西方古典绘画中出现，这源于城市建筑的兴起。现代主义绘画诞生之前，西方绘画都是处于"再现"体系，即寻求更确切地再现客体。再现是观念与视网膜经验混合结果的再现，既然再现之物直到 14 世纪才慢慢显示成今天我们熟悉的样子，那么，不同时代的人的视网膜经验是不一样的。一个有趣的对比是，18、19 世纪油画已经传入清廷，但是总是接受着"平面""散点透视"以及"单色调"的调试，这种调试符合当时皇帝的习惯性趣味和感受力，而这又与儒家思想系统构成了一种难以分离而且不可侵犯的意识形态。人们的视网膜经验也被定型，①社会、经济的改变则不可避免地影响个人的心理体验，形成各个时代不同但相对固定的文化景观。现象学的"看"正是基于对心理主义的反驳，我们并非感受到了客体，而是一种意向性行动。

二、"看"是一种知觉体验。所以我们"看"此"花"时，有赖于知觉，并非随心、随意去看，这一点就和王阳明的"看法"区别出来了。知觉有着理性的维度，知觉在判断客体，同时也充满了对自我的节制，不放任自我感性的随波逐流。所以，这种"看"并不会预设一个"良心""天理"的存在，而是如同从事一项微小而未竟的事业。但是，这依然是体验，是即刻的，所以不限制灵光一现。"红艳"不是物，不是客体，也不是某个对象。它是一个"意象"，它不一定如中国传统文论中的"审美意象"，可以"兴象风神"，但它是可以"审丑"的，或者无所谓美丑，是零度的。如果语文中运用这种"看"，那么这朵花一定是一首现代诗。

三、知觉的客观性不是物理客观性也不是主体主观性。现象学所谓"回到事情本身"，本身并不是物理本身也不是观看者的心理本身，而是知觉把握到的客观本身。这种"看法"类似中国传统的"以物观物"，不以物喜不以己悲。当然，相对于视网膜经验地看，客体的呈现，可以变形，且必须变形，"变

---

① 吕澎. 20 世纪中国艺术史［M］. 北京：北京大学出版社，2006：68.

形"是去除"成见"的方法，以重新呈现客体。在这种看法下，"变形"——"语言的变形"会被看到，语文本身才能彰显，不再拘泥于物理客体与主观抒情，比如进行语言规律、语言游戏、言语本身的变形……

四、"看"是直观，受观念的影响，是即刻的历史总和，是经验和体验的综合。直观，香象渡河、截流而过。它虽然以颇似独断论式的形式给出判断，意向性的产生却是由观念，甚至被前观念所影响。要想真正了解事情、文本，研究者要有历史意识，知晓其观念史背景，明确观念是如何层层叠加其上的。对文本和事情给出自己的判断，需要做一番"知识考古学"，才能明了它处于个人观念史与社会观念史的哪一阶段，是否有意义。意义是相对的，而非绝对的，创见的价值恰在于相对的"新"。理想的"看"是理性和感性的综合，了解、理解其背后的约束条件，并获得最大的开放性。

五、直观是一种对观念的直觉，也是具有直觉性质的观念。直觉并非全然感性，它是一种前观念的意向性行为。说前观念并非说其不受观念影响，而是不能确定其受哪种具体观念影响。它是不可明言的，"知其白、守其黑"。需要承认并守护这一特定领域的混沌，因为它也是创造力的源泉之一。对观念的直觉是对叠加在现象表面层层观念的厘清与拼接，是"对流动的经验生活的构造性分析学"；对于现象内里的结构，对它的分析是发生现象学，"对深入到习性中隐含的被积淀下来的施行生活的构造性回问"。① 所以，现象学的看，是立体地看，是构造地看，是创造地看，它既是描述与阐释，也是创造。还原即给予，给予一片全新的领域，它可以是历经艰辛的知识考古学所得，也可能是瞬间的判断。其实两者是叠加在一起的，因为任何判断、看法都是基于当下的，更是基于传统的，当下也在不断叠加成传统。不能指望毕其功于一役，所有都只是阶段性的成果。

在这样的全新"看法"下，事物本身会自我显现出来。何谓自我显现？一旦自我的意向行为触及事物的边缘，它便自我绽放？这样的说法过于玄妙，过于审美，不如举一例以说明。本雅明在谈论卡夫卡（Franz Kafka）的写作时说了下面一段话：

"展开"一词具有双重意义。一个花蕾可以绽（展）开为花朵，但

---

① 倪梁康.超越论现象学的方法论问题：胡塞尔与芬克及其《第六笛卡尔式沉思》[J].哲学研究，2019（8）：94-101.

是,教孩子们用纸折叠的小船却绽开为一页平展的纸张。这第二种展开用来形容寓言是再恰当不过的了;将寓言像纸一样展开从而使其意义跃然掌上的正是读者的快感。然而,卡夫卡的寓言是在第一个意义上展开的,即花蕾绽开成花朵的方式。这就是其效果何以相似于诗歌效果的原因。[①]

虽然此处本雅明的本意是卡夫卡的语言是第一种如花一般绽开的特性,但是,笔者在此借用其"展开"一词的第二种意象,即折叠的小船展开为一张白纸。"绘事后素",一张白纸的展开需要观念的直觉,也正因为这些观念的痕迹,白纸才得以可能——既可以被展开,也可以被重新塑造。并且,也正因为直觉的观念史,之前那只小船才能被记忆与反思。折痕先于白纸而存在,它是筹谋后的结果,船也因此定型。之前的折痕必须被悬搁,不再用于定型,船的展开具有解放的含义。某种意义上来说,从小船到白纸的过程,才是教育的"看法"。不是从花蕾到花朵,那是自然地生长,是农业,是花圃学,自然状态可以时刻提醒我们,以资借鉴。但是,"船——纸"的变形术才是现象学的视角下,教育真正该着眼与反省的地方。其实,它难道不也是诗歌吗?它是手法与技艺,也是道德、社会的压痕与缓解,甚至隐约有"陆上行舟"的荒诞。

还原法是达至此新领域的手段,是本质直观,是全新的"看法"。当错解了还原的本意时,会带来一系列错误。例如,"我,此人,实行着先验性态度改变方法,以此方法,我退至纯粹自我:于是此自我难道不只是此具体人的一个纯抽象层次吗,不是其抽离开身体后的纯心理存在吗?"[②]自我抽象化和心理化,将重新陷入简单化的自然态度,或僵化保守,或虚妄自大。他们的思维是根基于自然状态下的世界,而不是进入了真正意义彰显的领域。在生活世界中,错解可能无处不在,"要成为更好的自己""要成为更纯粹的自己"于是去冥想、去诗情画意中、去做减法、去暂时摆脱世俗生活,当然可能找到心理上的舒适,但绝非观念上的自由。

至少有两点值得注意:其一,仅仅还原到自我并非真正的还原;其二,还原到自然也并非真正的还原。有太多"成见"居住在自我与生活世界中,这些"成见"很多是我们不自觉使用的,并构建了我们需要批判的世界。还原

---

① 本雅明. 本雅明文选[M]. 陈永国,马海良,编. 北京:中国社会科学出版社,1999:243.
② 莫兰. 现象学:一部历史的和批评的导论[M]. 李幼蒸,译. 北京:中国人民大学出版社,2017:168.

回所谓"纯粹"的自我与自然,则是退回更难以名状的境况。由此,我们需要深入了解语文成为语文、观念成为观念的历史,并沿着折痕展开,让寓言呈现。

第二节　观念的还原:气的可能

一、对"道"与"文"路径依赖的还原

德国哲学家雅斯贝尔斯(Karl Jaspers)最早注意到,在公元前 500 年左右,中国、地中海和印度等地出现了文化上的突破,他将其称为"轴心时代"。[①]在轴心时代,不同文化的精英产生了超越现实生活的眼界和对理想秩序的追求,并以此来审视当时的社会合理性。就他们而言,会产生某种超越,追求不苟活于世的终极意义和价值。按照史华慈(Benjamin I. Schwartz)的说法,所谓超越(transcendence)即"退而瞻远"(standing back and looking beyond)。[②]这种个人的超越,形成的价值,汇总成为其后社会价值的基础。[③]

不同的文化,超越的路径也不同。中国文化是积极入世的,且不借助于外部超越的力量。中国社会形成了以道德为终极关怀的文化,并形成了独特的"道德逆反"的特点:

在中国以道德为终极关怀的文化里,当原有道德目标达成彻底无望的时候,那么人们就会以原有道德规范的反面或否定作为新道德,作为新的人生意义。中国思想史上发生过两次道德价值逆反思潮,一次在东汉末三国魏晋时期,产生魏晋玄学。另外一次在 1840 年以后,西方冲击来临,产生以追求平等价值为终极关怀的革命乌托邦。[④] 在道德混乱和激烈交锋的年代,知识人很容易从私下的"贬损憎恨"(ressentiment)走向公开的逆反。[⑤] 即对原来珍视的道德进行贬低、厌恶,从而产生巨大的无力、愤懑感,为了一种心理平衡,

①　雅斯贝尔斯. 论历史的起源与目标[M]. 李雪涛,译. 华东师范大学出版社,2018:8.
②　金观涛,刘青峰. 中国思想史十讲·上卷[M]. 北京:法律出版社,2015:16.
③　金观涛,刘青峰. 中国思想史十讲·上卷[M]. 北京:法律出版社,2015:16.
④　金观涛,刘青峰. 中国现代思想的起源:超稳定结构与中国政治文化的演变[M]. 北京:法律出版社,2011:42.
⑤　柯文. 在传统与现代性之间:王韬与晚清改革[M]. 雷颐,罗检秋,译. 北京:中信出版社,2016:53.

断言它们没有那么值得被珍爱，并进一步走向真正的价值反叛，公开对之进行全方面的否认和指责。

这种道德逆反心理，源于中国道德一元论的大框架。这一框架自"轴心时代"业已形成，在"道术为天下裂"之时，知识分子宁可选择，也必然选择相信相反的道德主张，而很少怀疑这一框架本身。自隋唐以来，"常识理性"又增加了这一框架的稳定性，并长久以来写在了文化基因里。"人之常情""世之常理"是不可辩驳的真理。荒木见悟认为，之所以"理所应当"是因为中国文化的"本来主义"，人性本善，本来如此；常识为何正确，因为本来如此……这不仅是朴素的认识论，而且也有超越的维度，佛教的华严宗就有"本觉——不觉——始觉——本觉"的维度，"本来主义"业已浸透到中国人的灵魂深处。①

在传统与现代断裂的年代，传统的力量常常以一种社会潜意识的形态出现，形成自觉、不自觉的路径依赖。"语文重要性"这样的巨大传统，在任何时代都只是以不同形态体现。罗志田指出，在19、20世纪之交的时代，中西、文野两大对应关系中，知识人更看重后者。② 在图3-1中，我们大概列出对应的观念行径：

在状态1中，文代表中国传统，野则是西方现代，文优于野。这点无须过多阐释，这在传统王朝晚期，但依旧是在"天下"的朝贡体系下，中国对于外邦"野人"的态度中展露无遗。

在状态2中，在西方对中国的全面压制下，文与野产生了类似上文提到的"道德逆反"，传统中早就备好了解决困境的方法：野蕴含着活泼的动力与可能，所以，"礼失求诸野"。文出了问题，野就不那么"野"了，它有转向的可能，但其实这是不得不转向。

于是，状态3中，在新的文优于野的统摄下又重新达到了平衡，文与西方代表了开放与现代，野则是闭关锁国和落后挨打、前现代的中国。在这里，我们看似和传统做了某种切割。这种切割极其残酷，因为它会像倒掉洗澡水一样倒掉洗澡盆里的孩子。

在状态4中，随着中国的崛起，文与野的逆反再次发生，将会出现这样的普遍观念：中国的开放必然优于西方的陈腐。这是一种文化自信的必然，也

① 荒木见悟.明末清初的思想与佛教[M].廖肇亨,译.上海：上海古籍出版社,2010:142-159.
② 罗志田.裂变中的传承：20世纪前期的中国文化与学术[M].修订本.北京：中华书局,2019:14-15.

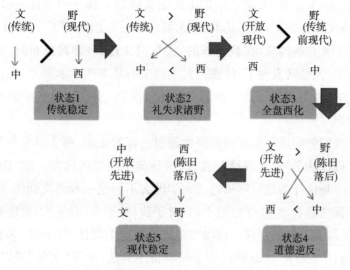

图 3-1　语文观念路径

为进一步观念的转换储存了势能。

于是在状态 5 中达到了新一轮的平衡,中重新优于西;文依旧优于野。可见,人们习惯了二元论下的文优于野的独断意志。语文主流永远大于异端。但是野又可以提供转换、逆反的资源,虽然其很快就会成为新的文;也就是说,传统有可能和现代迅速逆转,成为不同的"文"的含义。当国家现代性提出不可拒绝的要求时,传统的先进性,将一次次被重新挖掘与呈现。

在前现代时间,"分野"的欲望就非常强烈,"分野"的标准为道德观念,所以章太炎才会说:"文乃经纬天地之文,初非吟风弄月玩物丧志之文。"[①]前半句说明了弥纶总括,后半句说明了文的道德标准,玩物丧志之文甚至剔除出"文"的范畴,或者更为准确地说,是甄别出"理想的文"的视野。而到了现代与传统交际的时代,情况就变得颇为复杂,"分野"的趋势固然一直在,但是这切蛋糕的"刀"落在哪里很是犹疑,毕竟蛋糕变大了,连蛋糕顶上的那颗樱桃也经常闪烁不定:熠熠生辉的是新近学术的结果,是言语的规律,是中西文学的经典,抑或中国的传统?

在下面一件往事中可见一斑:1941 年,朱光潜曾明确反对"援西方之例倡文学独立",因为中国传统文学就是不独立的,也没法割裂地研究,"经、史、子

---

① 章太炎. 劝治史学并论史学利弊[N]. 北京大学日刊,1924(24):3.

为吾国文化学术之源,文学之士均于此源头吸取一瓢一勺发挥为诗文"。如果"仅就诗文而言诗文,而忘其本,此无根之学"。① 但是到了 1942 年,朱光潜的观点似乎又有些转变,在教育部的《大学国文选目》即将公布时,他认为经史子集太多,词赋又太少了,他说:"大学国文不是中国学术思想,也还不能算是中国文学,他主要地还是一种语文训练",所以"不应该只是灌输学术思想和文史知识"。②

如果我们赞同语文训练还是语文课程内容的主流,那么语文肯定是一种涉及语言规律的学问,求规律与真理,这是典型的现代思维。而《选目》的起草者朱自清是这样为选目辩护的:"大学国文不但是一种语文训练,而且是一种文化训练。"后者要"使学生对于物、对于我、对于今、对于古,更能明达",这尽管"不是国文一科的责任。但国文也该分担这个责任。"③另外,朱自清在界定这份书目中"文学"的范畴时用了一种折中方法,主张"文学"可以有"广狭之分",所以论现代文学就用狭义,论传统的文学就用广义。所以"文学"是传统的"文"和现代意义上的狭义的"文学"的化合语。④

朱自清也承认"训练"的重要性,但是他将"文化训练"和"语言训练"并列,也将之列入一个新的范畴,这也难怪罗志田认为"被摒弃的传统观念果然以新生的形式重新呈现出来"!⑤

朱光潜和朱自清的观念之争其实在今天也不鲜见,依旧没有得到理论上的解决。不过是"分野"之刃划向何方的问题。"文"和"野"尚未定型,"规则""规律"等现代思维自然可以放入"文"的范畴,那么传统和现代的内容呢? 可以想见,当国家现代性达到一定的程度,文化自信肯定会将传统内容重新归入"文"的范畴,当然这是在现代语境下的划分,会找到某些现代性的要求作为依据,比如开放、先进、自我身份的确定等,所以也会稍带上一部分"先进"的西方文化、文学经典以为附丽。并将大部分的西方的文学,特别是背后的文化扫入"野"的境地。

在这样的大趋势下,要特别注意抵御住整体论大而化之的诱惑,即认为

---

① 朱光潜. 朱光潜全集:第六卷[M]. 合肥:安徽教育出版社,1993:79-80.
② 朱光潜. 朱光潜全集:第六卷[M]. 合肥:安徽教育出版社,1993:124-125.
③ 朱自清. 朱自清全集:第二卷[M]. 南京:江苏教育出版社,1988:18.
④ 朱自清. 朱自清全集:第二卷[M]. 南京:江苏教育出版社,1988:10-11.
⑤ 罗志田. 裂变中的传承:二十世纪前期的中国文化与学术[M]. 修订本. 北京:中华书局,2019:316.

传统是一体的,现代也是一体的。恰如前文在讨论现代性中反复强调,现代性是极多元的,传统也是极复杂的,不能等闲视之,也不能一视同仁。所以笔者对于传统并未照单全收,而是认为唯名论下的"气学转向"可以成为重要的资源之一。之所以选择传统语文中的"气学",是因为其是为数不多的具有唯物气质、拥有"唯名论"现代性可能的,具有奠基性质的传统观念。

二、气学转向的可能

理学的"气学"转向早有传统。自张岱年以来,近代不少学者将气学作为理学最根本的层次。这可以看作一种对其现代性的追求与阐释。但这或许也只是一种美好想象,因为"气学"看上去再怎么唯物,在传统语文的大环境下滋养,也很难突破道德主义的终极追求。

宋明哲学的中心问题是:气、理、心,三者孰为根本?气是物质性的,理是观念性的,心是精神性的。以气为本、以理为本、以心为本,形成三个主要流派。程朱的理学是占统治地位的思想。王廷相、王夫之、戴震等发挥了张载的以气为本的思想,是近古时期唯物论的传统。①

尽管不同于部分学者的唯物论附会,杨儒宾也曾主张"先天型气学"和"后天型气学",前者以张载、罗钦顺、刘宗周为代表,后者的代表是王廷相、吴廷翰、王夫之、戴震、颜元;刘又铭将之分为"神圣气本体"和"自然气本体"。②

就"后天型气学"而言,其代表了"有限人性论"③,他们认为"人性真正的内涵是气血心知,而非天地之性;其发展是向前,而非逆反;是积累,而非遮拨;是气的强化,而非异质的转化;是社会性的全体化,而非超越性的一体化"④。其所展现,因其不再向上追求所谓的终极之道,所以更多是在诗文之中。

曹丕《典论论文》中提及"文以气为"。南朝谢赫提出了绘画的"六法",一样可以用作书法与其他文艺评价,"一曰气韵生动,二曰骨法用笔,三曰应物象形,四曰随类赋彩,五曰经营位置,六曰传移模写"。文徵明传世有行书作品谈及"气韵生动":"学不师古,如夜行无火。"一句气韵生动确实道尽了文韵的风流天然,它是生命之气的自然流淌,是呼吸的节奏律动,如水过石,隐约

---

① 张岱年.张岱年文集·第二卷[M].北京:清华大学出版社,1990:24.
② 刘又铭.明清儒家自然气本体的哲学典范[J].政治大学哲学学报,2009(22):1-36.
③ 杨儒宾.异议的意义:近世东亚的反理学思潮[M].上海:上海古籍出版社,2019:144.
④ 杨儒宾.异议的意义:近世东亚的反理学思潮[M].上海:上海古籍出版社,2019:186.

间水落而石出,意象成矣。

刘勰的《文心雕龙·体性》分文之八体:典雅、远奥、精约、显附、繁缛、壮丽、新奇、轻靡;司空图的《诗品》将诗的风格分为二十四品。这些都是气质之性在文章中的体现。杨儒宾认为:"和诗文书画领域相比之下,宋明儒学开出的气质之性之展现较为单薄……他们会着重气质的强化,而不是美学化;普遍化,而不是风格的特殊化。"①

由此可见,这里似乎有现代性出现的可能。即气学转向,文学化、美学化、特殊化而非普遍化的可能。但是更值得注意的是,宋明儒学寻求的终极之"道",虽然经过"轴心时代"的精致化,但仍然不失神话时代的影子。

"天人合一"这一观念本身就从宗教意识中脱胎。其中的功夫,实在是充满了"神秘主义",或曰"冥契主义"色彩,②身体的悟道过程更常以顿悟的形式出现,其中的艰难与至乐,实不足为外人道也。以王心斋为例,可见这种宗教体验:

> 先生虽不得专功于学,然默默参究,以经证悟,以悟释经,历有年所,人莫能窥其际也。一夕梦天堕压身,万人奔号求救,先生举臂起之,视其日月星辰失次,复手整之。觉而汗溢如雨,心体洞彻。③

明儒邓豁渠在五十九岁时途经广西八十八岭,饥饿疲惫不堪而倒地,意识模糊之际:"当此时,清净宝光,分明出现,曾所未见,曾未有的消息,曾未有的光景,非言语可以形容。此是渠饥饿劳苦之际,逼出父母未生前面目来。"六十七岁那年,寓居修养友人处:"一天早上,闻鸡鸣,却入清净虚澄,悟道一切尘劳如浮云之在太虚,不相妨碍的境界,又次朝,闻犬吠声,湛然澄澈,悟世间原无半点尘劳。从'此渠悟入大光明藏消息也'一语,察知这是他到达终极的境界。"④此番种种,绝非特例,而是一种体察"道"的较为普遍的现象。

在实体化"道"的统摄和要求下,气学化、文学化的转向无疑会步履蹒跚、左右摇摆。如果连"隐喻""顿悟"都性命交关,卡尔维诺(Italo Calvino)所谓的

---

① 杨儒宾.异议的意义:近世东亚的反理学思潮[M].上海:上海古籍出版社,2019:181.
② 林久络.王门心学的密契主义向度:自我探索与道德实践的二重奏[D].台北:台湾大学哲学研究所,2006.
③ 黄宗羲.黄宗羲全集[M].沈善洪,编.杭州:浙江古籍出版社,1985:829.
④ 荒木见悟.明末清初的思想与佛教[M].廖肇亨,译.上海:上海古籍出版社,2010:132.

"文学之轻"也只是沉重肉身所能想象的海市蜃楼罢了。

行文至此，遇到一个较为复杂的情况，还原的重点与终点在何处？是到"后天气学"，这一有着唯物气质的现代性为止吗？因为它也符合语言唯名论转向的潜能，"道"是流动之气，有规律可循，且有可能演化为规律本身，而非实质的心与理。或者继续溯源到更深的层次？以期挖掘出现代性中真正的焦灼与难点，由此避免实在化的倾向。应当选择后者。

当由气还原至情。按照之前提出的关于语文的共识，它是日常生活中的意义的生成与表达，那么它应当回到至少两个基石：一是身体；二是生活。生活自不待言，身体则是一切语文个体发生、发声，以及保持缄默的基石。它是一个被理性淡忘的领域，充满了感性的"情""气"，而这正是语文本体合法性的基石，也是中国语文有别于西方的重要领域，"抒情"是中国诗学的一大传统，而它必须面对现代性的转变。抒情的现代性不仅仅是文学的现代性，也是人的现代性。

> 我叫出来的话就像汪汪的狗的啸号之声，是底，毫无意义的犬吠，立刻消散飘遁在浩浩黑夜之中，存不下一痕一线的踪迹。但是我就是要发泄点什么，爷就是要扯起喉管号叫点什么。这几天爷特别的有这一需要。难道这是想要写回忆录个不成？……此外写回忆录的另一个缺点是，也是拿笔来写作的缺点，一持起笔身来就会不行再生畅所欲抒的狂讲的意欲了，——笔杆因而是用来担碍思想的，而不是藉其孳生思想的。所以、爷现下所说的纯粹都只说给爷自己听——不，不，爷连自己都不要听，爷只单单愿要说说，不，也不是说说，爷只要吠一吠！①

在传统文学中，我们很少看到这样充满原始、苦闷的呼喊的作品，这种呼号，是身体的，也是现代性的抒情。抒情的现代性不仅仅是五四之后的时期，它是压弯的树枝，压迫愈大，反弹愈深。明代汤显祖提出情本论，《牡丹亭》中更是如此："情不知所起，一往而深，生者可以死，死可以生。生而不可与死，死而不可复生者，皆非情之至也。"情可以超越生死，成为一个绝对的超越，有

---

① 摘录部分依照原文，包括一些不合语法处，"破格"处或是他写作"具身性"的直接显现。王文兴.背海的人[M].台北:洪范书店有限公司,1986:2.

情人生,再到《红楼梦》,确实是中国文学弥足珍贵的一脉。

> 天下女子有情,宁有如杜丽娘者乎！梦其人即病,病即弥连,至
> 手画形容,传于世而后死。死三年矣,复能溟溟莫中其所梦者而生。
> 如丽娘者,乃可谓之有情人耳。情不知所起,一往而深。生而不可
> 与死,死可以生。生而不可与死,死而不可复生者,皆非情之至也。
> 梦中之情,何必非真？天下岂少梦中之人耶？必因落枕而成亲,待
> 挂冠而为密者,皆形骸之论也。①

情本论的形上论假设是生机论,是"气"的生生不息。汤显祖的观念源于
他的师父罗汝芳,他的太师父是颜钧,颜山农则是泰州学派的创始人王艮的
弟子,他们都属于"左派"王学。罗近溪认为,生命自身的现象和生生不息的
过程,即宇宙的善,因此他将"生"视为"仁",主张以"生"代"心"。② 秉承生生
不息的气的流转,在文字中则是情感的充沛、文气的恣意,以及遭到实在压制
后的沉郁。这种生生不息、求新求异,蕴含了现代性的诸种可能。

值得注意的是,虽然在中国的语境下,从传统到现代有深刻的断裂,但借
用经济学的话来说,观念深层结构的运动更符合一种"路径依赖"。道路早在
开端,甚至未开始之时已经定下基调。中国语文的传统已经使得它总会自
觉、不自觉地走向既定的路线。每当尘埃落地之时,现代性基本成形后,现代
性原本的更多可能性也消失殆尽。定型后的语文观念,也许可能只是采用了
新的术语来表达陈旧的观念。

我们需要走出某些路径依赖吗？答案是肯定的,如果不这样,专制实在
性会借尸还魂,功利性的旧问题会掺和上计算性的新问题,劣币驱除良币,现
代性最本质的一面,创造力与异质感便会被驱除出观念的自由市场。

"气"的流转也可能与传统中最实在的一面勾连在一起,甚至成为治病救
人的良药。这里的"治疗"可以是一种隐喻,意为语言文字乃至文学成为社会
改良的方剂；也可能是一种真实情境的描述,比如民间流行的"念佛方便法
门"就是：如有极忙的人,或是有病的人……便在早晨或夜间,把手洗干净,向
了西方,或拜一拜,或作一个揖,把双手合拢来,诚心念"南无阿弥陀佛"六个

---

① 汤显祖. 汤显祖集[M]. 北京：中华书局,1962：1093.
② 夏志清. 夏志清论中国文学[M]. 万芷均,等译. 香港：香港中文大学出版社,2016：94.

字,不要记遍数,并不限遍数,只要不快不慢地尽一口气念下去,气长一口气十几声也好,气短一口气几声也好,连念十口气……照这个法子做起来,也一样可以修到西方极乐世界去的。①

故而可知,很多问题的出现不是现代性的问题,而是传统没有得到反思、批判、转化、创造的问题。比如语文教育中的功利主义,它肯定不是现代社会才出现的问题,不是市场经济造成"经济人"心态失衡的问题,而是传统使然。他还是那个浸润在传统观念中的"某一人",而不是理性的"经济人"。

这也迫使我们将视野放得更加开阔,为当代语文寻求源头活水。达尼拉·丽丝(Daniela Riess)在评价当代艺术家徐赫的作品时说:

> 我们在徐赫作品里看到了什么呢? 线条与色彩交织的区域,奔走爆发的色彩,以及停留在绘画中心的空灵:气韵。
>
> 关于"气",在西方的语言里,很难找到与之相对应的词来抓住领会它。情绪、力,或者呼吸、势、自然,甚至风,全可以在文化和艺术作品中细微感受到它的存在。
>
> 在这里艺术家越过了与传统的链接,指向在被摧毁的旧有传统上尝试重新建立当代中国文化精神的企图。仿佛他的当代艺术沿袭了中国一贯的传统艺术风格细节,而同时又在展示西式的表现语言。东西方文化通过徐赫作品显现惊人的一致性,没有刻意的寻找,在这里却被发现;没有文化的生硬嫁接,但以一种相似性,使两种文化贯穿艺术形式抵达相互认知的彼岸。
>
> 于是,人们悟到了中国式艺术的妙不可言之处。
>
> 艺术,作为一种语言,令不同文化气质和历史的隔阂消除成为可能了吗?
>
> 或许,这便是艺术中的"气",它承载转化了这些信息?②

可见,关于"气学"的探讨,走向当代艺术是一个可能的路向。另外,无论是"气"还是"情"也都应当被放置在"身体"的场域进行考量,它们都应当是具体的,而非空洞的。笔者将在下一章中继续进行阐释。

---

① 姚周辉. 神秘的符箓咒语[M]. 南宁:广西人民出版社,2004:28.

② 丽丝. 其实我们说的是同一种语言[EB/OL]. [2015-03-01]. http://artand. cn/article/eRy.

三、气学转向下的"文以载道"

气学本体论既不能当实体意义的气来理解，也不能当先验神秘主义的气来理解，它在文学上只能当风格、气派、气象这样的"后天气学"来理解。它似乎可以从"规则""规律"上来理解，并被赋予现代性，然而，这样的理解是不彻底的，它应当在我们对规则、规律的"气"的理解上向更私人的、更自我的范畴进发。只有这样，语文的多姿多彩才能成为可能。

笔者在第一章谈论"道德旨归"时，不止一次谈到"文以载道"是中国语文传统中最重要的观念之一。这一传统观念直到今天还深深地影响着国人，形塑着语文教育的样貌。然而，如果我们坚持唯名论的观念，那么对于"实在"的"道"应该留有余地，用"文以喻道""文以明道"可能更加妥当。韩愈在名篇《争臣论》里有言："未得位，则思修其辞以明其道。我将以明道也，非以为直而加人也。"修辞以明道，而不以直加人，可见文还是拥有其柔软的一面，按传统的文质之分来说，"直"的"质"反而不能达到"道"。明代杨慎也有这样的著名论断："唐人诗主情，去《三百篇》近，宋人诗主理，去《三百篇》却远矣。"①相对柔软的抒情反而能达到诗三百的精神，生硬的说理则没有办法，可见"喻道""明道"的重要。

在现代社会，"道"也发生了翻天覆地的变化。它已经从社会的道、宗族的道、生活的道走向了私人的道。在世俗社会中，现代家庭的本质已经发生了变化，文艺复兴以来，对法国社会来说，"家庭已经不再是一种重要的制度。家庭的私人化逐步导致了它的非制度化。……与此同时，在家庭内部个人也获得了独立私生活的权利。私人生活因此具有了两种相互关联的形式：家庭的私生活之内又有个人的私生活"②。很多事情成了明显的"私事"，比如阅读和写作，都成了极私人的事情。现代语文教育其实是对这种私人阅读和写作的重新拆解，作文则是写作的公开化、技术化。这也是一种国家意志的体现，语言必须受到规整。从另一个角度而言，私人的阅读与表达如果失去了家庭的避风港，也许将直面政治实在的惊涛骇浪，赤裸裸地暴露出来。当然，也可能是一派岁月静好，泯然众人矣。

---

① 丁福保. 历代诗话续编[M]. 北京：中华书局，1983：799.

② Antonie Prost. Public and Private Sphere in France [M]//Antonie Prost and Gerard Vincent eds. Artuhur Goldhammer trans. A History of Private Life：vol. 5. Cambridge：Harvard University Press，1991：51.

中国现代化社会形成以来,这样的状况也非常明显。过去的宗族意识瓦解严重,在家庭生活中,私生活的隐私也受到前所未有的重视。这就是现代性的凸显,即自我意识的觉醒。在这一过程中国家起到了促进的作用,闫云翔在讨论现代农村私人生活时,认为集体化和其他社会主义实践使得家庭不再承担过去的许多社会功能。结果是类似西方私人生活的双重转型也出现了,家庭内部的个人也更多地获得了自己的私人性。① 在这个过程中,集体的道德话语向个人的道德体验倾斜,道德话语是基于普遍原则以及用抽象的语言就各类价值进行争辩,是普遍通用的标准。② 可见,普遍的规则与标准已经慢慢瓦解为私人的道德体验,实体的"道"先变为规则性的、虚化的"道",再分化为无数个原子类的、慢慢空心的"道"。

小家庭的私人生活其实是双保险,在面对国家、政治、意识形态、经济之物的时候,家庭应当成为海绵,起到缓冲的作用而非加速器的作用。传统的家庭观念过于沉重,所以国家运动确实在一定层面、一定层次上将之瓦解,解放了个人的意识。但是,今天必须重新考量家庭的意义,它或许已经很淡薄了,再也经不起各种坚固之物,包括资本的敲打,应该充分留有自治的权利,以保证私人生活免于侵犯。

如果"道"更多是原子化个人的"道",那么"文以载道"这样的观念就要被重新书写。"文气"就不是指统一的地方风格,而是指全然发自个人的精神气质。现代社会,个人化似乎已经不可避免,现代性的自我激进化已经使个人从家庭、亲属关系、性别、阶级等工业社会中涵盖一切的社会范畴中脱离出来。③ 当然,这样的"脱嵌",在每一个时代都有,但不那么普遍罢了。先觉醒的个人总是痛苦的,李贽为了逃脱宗族的羁绊,选择了削发为僧,当一个假和尚,行真切事。

"气学"转向也为基于个人的"道"提供了更多的便利和可能,毕竟从风格出发,既是对实体的道的消解,也更容易让更具个人特色的风格萌发。也只有在"道"的空心化、私人化意义上,语文的边界既大于语言,又构成了语言。语文气学化,使得语文既沛然于天地间,又散发于斯人的每一个毛孔中,一呼一吸谓之节奏,意象既琐碎又大千。

---

① 阎云翔. 私人生活的变革:一个中国村庄里的爱情、家庭与亲密关系(1949—1999)[M]. 龚小夏,译. 上海:上海人民出版社,2017:22.

② 阎云翔. 私人生活的变革:一个中国村庄里的爱情、家庭与亲密关系(1949—1999)[M]. 龚小夏,译. 上海:上海人民出版社,2017:23.

③ 阎云翔. 中国社会的个体化[M]. 陆洋,译. 上海:上海译文出版社,2016:321.

第三节　脱嵌：还原下的语文现代性

为了回答在现象学还原视角下，语文现代性是什么这个问题，除了探究现象学视角下语文的本来面貌，不妨先回答现象学视角下现代性是什么这个问题。俞吾金认为在现象学还原下，现代性应该在价值观念层面上得以理解：

> 作为现代社会的价值体系，"现代性"体现为以下的主导性价值：独立、自由、民主、平等、正义、个人本位、主体意识、总体性、认同感、中心主义、崇尚理性、追求真理、征服自然等。
>
> 与之相应的是，作为前现代社会，即传统社会的价值体系，"前现代性"体现为以下的主导性价值：身份、血缘、服从、依附、家族至上、等级观念、人情关系、特权意识、神权崇拜等。
>
> 同样地，作为后现代社会的价值体系，"后现代性"则体现为以下的主导性价值：差异性、偶然性、不确定性、碎片性、无序性、游戏性、精神分裂、结构解体、文本互涉、修辞和反讽、躯体和欲望、无中心主义等。①

这样的说法，大致不差，颇符合常识，可窥得现代性的大略，但是依旧存在值得商榷之处，"前现代性""现代性""后现代性"如此泾渭分明，好像现代性所在的历史长河被生生砌出了堤坝，分为三段；此外，现代性自身完全是"正面"价值，美学现代性中诉诸感性的幽暗处全然不见，如果按照这样的理解，现代性自身没有继续分裂、变化的必要，是一条光明的康庄大道。

之所以有这样的结论，是因为站在了"社会现代性"的本位立场，反而让现代性本身遮蔽起来。需要进一步还原。俞吾金已经指出，作为奠基性现象的生存意欲或意志非常重要②，现代性就是一种"求新"的意欲或意志。这种意志是自我逆反的，甚至不能说这是现代性的本质，因为它一旦成为本质，就

---

① 俞吾金. 现代性现象学(续)[J]. 江海学刊, 2003(2): 5-15.
② 俞吾金. 现代性现象学(续)[J]. 江海学刊, 2003(2): 5-15.

会被理所应当地怀疑是不是一种本质主义。所以,现代性是多重而极其复杂的,需要结合具体的情境进行分析。

在"求新求异"下,现代性对自身进行批判,美学现代性得以体现,会走向一种"后现代"的状态,怀疑一切,包括宏大叙事以及形式自觉。但是,这仍然是现代性的延续,1982 年,后现代主义理论大师利奥塔(Jean-Francois Lyotard)将后现代定义为针对元叙事的怀疑态度。[①] 他在《什么是后现代主义问答》中说:"(后现代主义)当然地属于现代主义……诸'辈'前赴后继,一种奇异的加速……一件作品只有当它首先是后现代的,才可能是现代的。这样理解的后现代主义,并不是现代主义的终结,而是它的初生状态。并且,这种状态周而复始。"[②]如果我们再进一步,怀疑这种周而复始的状态,将现代性的一部分特征如元叙事作为需要集中批判的焦点,那么,另外一种特性又会显现出来,即当代意识、当代性。

批判总是想寻求某种共识。布鲁诺·拉图尔(Bruno Latour)将"现代"分类为两类:努力与实践,一种是"转化"(translation),另一种是"提炼"(purification)。所谓转化,就是将新的文化、自然、新事物转化为一个可以理解的混合体,大而化之,是一种联结(networks)。所谓提炼,就是将之区分为两个完全不同的领域,人文的与非人文的、自然的,是为批判立场(critical stance)。拉图尔认为,没有第一方向的努力,提炼就会成为贫瘠和没有要点;而失去第二方向的努力,转化会变得缓慢、受限制甚至停止。[③]

持批判立场是为了寻求现代性的确定性,将实在的归实在,每一个社会领域都有特定的专业规则,这些规则引导人们正确的行动。这和之前提出的源初的"求新求异"刚好构成了反作用,形成了微妙的平衡。它使得现代观念不至于变成一盘散沙。语文情况亦然,它有广阔的地基,语言将新事物联结起来,语言间充满罅隙,这也是人们得以呼吸之所;同时,语言也有自我提炼的要求,它变得越来越专业,它的规律性使它可以脱离实在的专制主义,在唯名论下展开现代性。两种行动互相影响,抵触与融合成极其复杂、多元的整体,或想象的整体:

---

① 利奥塔. 后现代主义[M]. 赵一凡,等译. 北京:社会科学文献出版社,1999:3.

② J-F Lyotard. Reponse a la question: qu'est-ce que le postmoderne? [J]. dans Critique, 1982 (419):365.

③ Bruno Latour. We Have Never Been Modern[J]. Catherine Porter trans. Cambridge MA: Harvard University Press, 1993:10-11.

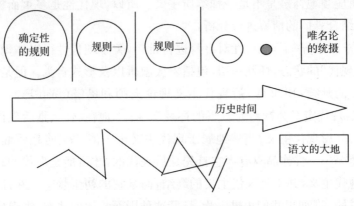

图 3-2　语文的多重现代性

　　一旦开始反思,那么迟早会反思到语文现代性自身:是否真的有这样的现代性? 乃至怀疑:语文与现代性是不是也只是一种想象? 所以,规则的框定非常重要,它是语文得以呼吸的基础,但它也会越来越小,有一种"解放"的趋势,最终会成为彻底的多元,甚至人们不无担忧,它是否会成为实心的、原子论下的无秩序。所以,我们得同时注意"语文大地"上庞杂的、无规则的海量的语文现象,得给予它们某种尊重,它们是诗诞生的摇篮,在此,语言创造力得以可能,语言是有缝隙的。同时,大地是实质的,是有重量的,泥土是有味道的,伴随着芬芳的,也有成熟的腐臭。

　　大部分学者都承认,只能做有限还原,无法无限还原下去。如果不停地"加括号",一直还原,将陷入无话可说的境地。他们认为语言是无法还原的。其实,语言是可以还原的,否则怎么会有缄默? 语文亦然。所以,语文的现代性是可以且必须被现象学还原的。在现代性的不停拷问下,语文的求新、求异是奠基性的且应持续发生。但是这还不足以解决具体情境下的复杂问题,需要将语文本体放置在历史中考量。吉登斯(Anthony Giddens)论及现代性的特征时谈到重要的一个概念"脱域"(disembeding),指的是社会关系从彼此互动的地域性关联中,从通过对不确定的时间的无限穿越而被重构的关联中"脱离出来"。货币与市场经济就是典型的"脱域"。①

　　如何理解这个概念? 这是一种"脱嵌"。首先,它是从原来所属处脱离出来的,并获得了独立的地位。它原本则是一种"嵌入"(embeding)的状态,

---

① 吉登斯. 现代性的后果[M]. 田禾,译. 南京:译林出版社,2011:18-19.

陷入实在的专制主义，所以，它寻求一种非实在的规则。这种"脱嵌"，只有在唯名论基础上才能得到理解。只有这样，语词的自由才得以可能，并获得自足的规则。其次，更应当注意"脱离出来"这个动作。现象学不应当只还原到"脱离"这一状态，更应当看到"出来"这件事情（Event）。"出来"是不断上演的动作，这种"脱域"也是没有止境的。从一个坚硬的实在、固守的规则跳脱出来，新的规则会占据前者的位置，很快，它也会有将人的主体裹挟的可能，形成新的实在。譬如，商业社会带来的人的异化，语词的规律性造成无意义的语言游戏。但是，需要明确，重新"嵌入""沉迷"的危险恰恰不是因为现代性，而是非现代性，这需要我们不停地将现代性作用下去，不停地"出来"。另外，更加值得注意的是，人们对市场、资本、消费、商品等市场经济行为常常持有道德化的批判姿态，而没有意识到商品消费同时就是自身的意识形态，是对现代性的回应，是一种新的想象关系的确立。[①] 批判的泛道德化本身是前现代的产物。

也就是说，每一个"出来"，都必须在前一次的基础上，而不是直接回归初始的混沌状态。譬如，现代性会带来对于神话、宗教的遗忘，这当然会出现新的问题，但是现代性会要求我们不断地蜕化，而不是一股脑又扎回传统中。语文现代性中，求新、求异会一直进行下去，但再也不应该回到上一次的实在专制中。身体、社会、生活、宗教等这些看不清的实在之物，只能作为语文的资源，而不能再成为语文所承载的本体。在这样的前提下，语文不断的"求新求异"就是现代性的不断涌现。

这当然是一种轻装上阵，语文由此可以，也必须进入更广阔的领域，并接受现代性的追问。我们从身体、生活、审美开始，将之放置在现象学的视角下。之所以选择这三个领域，是因为前两者在语文中是奠基性的，美学则代表了超越性维度。并且，它们随着现代社会而变迁，与现代性的产生紧密相连。

① 蔡翔. 何谓文学本身[M]. 沈阳：春风文艺出版社，2006：82.

第四章　回到身体

第一节　何谓身体

　　君子之学也，入乎耳，箸乎心，布乎四体，形乎动静。端而言，蠕而动，一可以为法则。小人之学也，入乎耳，出乎口；口耳之间，则四寸耳，曷足以美七尺之躯哉！古之学者为己，今之学者为人。君子之学也，以美其身；小人之学也，以为禽犊。（《荀子·劝学》）

　　教育，本质上是身体的事情，也是语言的事情。"入乎耳，出乎口"，接受与表达而已。"箸乎心"则关乎知识的内化。内化于身体。"可以为法则"，这里是身体的法则，也是语言的法则，当然也是社会道德的法则。

　　按照现象学的术语，笔者选择"还原"至身体，并承认在"身体"中存在不可还原性。如果继续探寻这种不可还原，那么不可言说和诗性的话语将会产生，但也唯有如此，"裂缝"才会产生，真理或可显现。"可意会，不可言传"，"不可言传，但可身教"，身体、语文与教育构成微妙的共同体，笔者所探讨的语境正是基于这一微妙的共同体，他们是"即（as）"的关系，而非"是（is）"的关系。在这样的语境下，或许可以放语文的确定性概念一条"生路"，而求得观念上可能获得共识的平静。

　　语文回到身体范畴，正是回到事物本身。这基于以下两点判断：首先，不得不如此。如果没有自然身体作为发声或写作的"器具"，就无法有语言功能的产生。其次，身体的范畴几乎涵盖了语文的所有，当然我们接下来将作详尽的阐述。

身体不同于躯体，自笛卡尔身心二元论以降，身体由于和心灵的分离，变得更加科学，是可以操作与观察的。身体告别了神性带来了两种趋势：身体获得了自己的地位，不再依附于心灵与神性；与此同时，身体日渐虚妄，被商业等世俗观念所把持与裹挟，获得虚假的丰沛。这两种趋势都使得身体"躯体化"，前者是神性的祛除；后者有赖世俗的加持。这是一种悖论，身体在获得独立的同时，失去了价值。譬如手术台上的躯体，不再不可侵犯，但得以延续生命。人们常常用医学的治病救人类比教育学，但教育视角下的身体，不会是一具躯体。

中国传统观念中的身体与心灵并非基于二元论（dualism），而是整体论（holism）和两极相关论（polarism），它类似于梅洛-庞蒂（Maurice Merleau-Ponty）强调的主体间性（inter-subjective），但又无须刻意强调其主体性。与其说这是身心关系的理解基石，不如说是中国哲学的基本特征。身体是一个有机的整体，其与心灵"互嵌"，互相影响与互相构成。①

"身"与"体"也不尽相同。先秦的"身"与"体"是两个单纯字。② 对于"身"，儒家与道家几乎都是审慎的、节制的。前者多强调修身、省身，后者常视其为"炉鼎"，需要勤加修炼。"体"则更接近身体的形态与外在表现，按照成中英的说法，兼有真实、自我、练习之意。③ "居移气，养移体"，另一方面，"体"又常有亲身实践之势，如体现、体察、体验、体会、体认。成中英认为，这是使自我成为价值的一部分的历程。④

几乎所有的中国传统观念都认为，身体不仅仅是自然的躯体。杨儒宾曾就儒家的身体观做过详尽的论述。他认为传统儒家理想的身体观应该具备：意识的身体、形躯的身体、自然气化的身体与社会的身体四义。⑤ 如果考虑到人在"生活世界"的处境，我们可以从"自然的身体""社会的身体""超越的身

---

① Roger T. Ames. The Meaning of Body in Classical Chinese Philosophy[M]// Thomas P. Kasulis, Roger T. Ames and Wimal Dissanayake eds. Self as Body in Asian Theory and Practice. Albany：State University of New York Press，1994：160-161.

② 陈景黼. 当代欧美学界中国古代身体观研究综述[J]. 台湾东亚文明研究学刊,2012(6)：183-212.

③ Chung-ying Cheng. On the Metaphysical Significance of Ti（Body-embodiment）in Chinese Philosophy：Benti（origin-substance）and Ti-yong（substance and function）[J]. Journal of Chinese Philosophy,2002(2)：145-161.

④ Chung-ying Cheng. On the Metaphysical Significance of Ti（body-Bmbodiment）in Chinese Philosophy：Benti（origin-substance）and Ti-yong（substance and function)[J]. Journal of Chinese Philosophy,2002(2)：146.

⑤ 杨儒宾. 儒家身体观[M]. 上海：上海古籍出版社,2019：2.

体"三个层面来考察。

第二节　回到身体：自然的身体

自然的身体，又可称为气血之躯，是语文的发生地和母题。陆象山曾言：
吾之与人言，多就血脉上感移他，故人听之容易。① 之所以说是"母题"，因为
身体是柔软的，构成了语文柔软，甚至柔弱的地基。"她"是可以被改变的，或
想象中拥有被改变或"矫正"的可能。

比如，自然的身体包括身体的诸多感官，对待它们，其中大概有两种截然
不同的态度，一种视其为"官"（the metaphor of the senses as officials），另一
种喻其为"风"（the images linking the senses to the wind）。②

就前者而言，荀子有云："耳目鼻口形能各有接，而不相能也，夫是之天
官。心居中虚以治五官，夫是之谓天君。"（《荀子·天论》）墨子有云："三代之
暴王，不缪其耳目之淫，不慎其心志之辟。"（《墨子·非命中》）就喻其风来说，
有"自由"的一面，如庄子所谓："列子御风而行……此虽免乎行，犹有所待者
也。若夫乘天地之正，而御六气之辩，以游无穷者，彼且恶乎待哉。"（《庄子·
逍遥游》）这一游观之姿，但更有"教化"的一面："乐者，圣王之所乐也，而可以
善民心，其感人深，其移风易俗。"（《荀子·乐论》）究其原因，恐怕是对气血激
荡所引发的欲望与感情表示忧虑。荀子所谓："若夫目好色，耳好声，口好味，
心好利，骨体肤理好愉佚，是皆生于人之情性者也。"（《荀子·性恶》）

气血之躯带来的"情"，是语文发生的天然之所。"情"自是天生，娘胎中
带出来的，但也逃不过被节制的命运。孟子在论述其恻隐、羞恶、恭敬、是非
之心这"四端"之前，说："乃若其情，则可以为善矣，乃所谓善也。若夫为不
善，非才之罪也。"（《孟子·告子上》）牟宗三认为这里的"情"是道德意义上的
"情"："情实也，指性之实言，非情感之情。"③

如此看来，"情"可分为"情感"之情和"情性"之情，前者是不稳定而感性
的，后者是稳定而理性的。儒家看来，对于前者需要节制，后者则是善的根

---

① 牟宗三. 从陆象山到刘蕺山[M]. 上海：上海古籍出版社，2001：25.

② Jane Geaney. On the Epistemology of the Senses in Early Chinese Thought[M]. Honolulu：
University of Hawai'i Press, 2002：17-30.

③ 牟宗三. 从陆象山到刘蕺山[M]. 上海：上海古籍出版社，2001：317.

源,需要时时维持,操则存,舍则亡。由此可见在自然的身体外,道德的身体出现了,并且,道德的身体对自然的身体提出了节制的意见与要求。

除了官能和情感,伴随自然身体的还有"气"的贯穿始终。"气",身体一活动,意识一活动就有气的流行,是隐藏的身体作用。[①] 孟子所谓:"我善养吾浩然之气",又说"君子所性,仁义礼智根于心,其生色也,睟然见于面,盎于背,施于四体,四体不言而喻。"(《孟子·尽心上》)这种"践形"观下的身体无疑是道德的身体,但这种道德是隶属自然、社会还是超越的道,恐怕是兼而有之的。

前文提及,有"先天型气学"和"后天型气学",[②]"先天之气"意味着身体走向超越的维度,暂且存而不论。就"后天型气学"或"自然气学"而言,并不是说其中不含道德的观念,而是说其不承认有超越层次的"气"或"道"的存在,其所谓的道德只能在践行中获得,道德本体才能显现出来。这颇有点康德实践理性批判中道德实践的意味,但于中国的传统观念而言,知与行是合一的,所谓"道问学"和"尊德性",或许只是功夫论上的偏差,"道德"在气的一体流行中,在人伦日常、洒扫庭除之中。

自然身体是语文得以产生的基石,是一切可能得以产生的源头,而且,也有别开生面之处,即"后天之气"在诸种文艺作品中的流行。如果我们放宽"文艺"的概念,而转入"生活美学",那应当承认,在生活中,我们和语文以及我们的语文,无时无刻不和身体发生关系。当然,自然身体并不享有特权,也无时无刻不受到另外两种身体的影响。

需要注意的是,在中西语境中身体所皈依的"自然"各有千秋,单从文艺的角度来看,东西方的自然也不可同日而语。

秋夜寄丘二十二员外

唐·韦应物

怀君属秋夜,

散步咏凉天。

空山松子落,

幽人应未眠。[③]

① 杨儒宾.儒家身体观[M].台北:"中研院"中国文哲研究所,1996:49.
② 刘又铭.明清儒家自然气本体的哲学典范[J].台北:政治大学哲学学报,2009(22):1-36.
③ 蘅塘退士等.唐诗三百首·宋词三百首·元曲三百首.北京:华文出版社,2009:62.

树林里幽深的寂静

[俄罗斯]奥西普·曼杰什坦姆

汪剑钊译

树林里幽深的寂静

有它绵绵不绝的音律；

一枚果子从树上跌落，

这响声谨慎而低沉……①

一颗松子落在东、西方大地上，发出了不同的声音。韦应物的这颗松子是属于自然的，虽然这首诗里有"人"散步，有"人"思念，还有"幽人"无眠，但是，我们似乎感觉，这都是属于自然的，都沉浸在这秋天的夜晚，沉浸在这空山之中，至于那一颗落下的松子，算是自然给我们的消息吧，被诗人接收到了。

曼杰什坦姆的松子落在地上，也落在诗人的心上。全诗中没有"人"，但分明感受到了"人"的呼吸声，人的"音律"。自从哲学家康德指出"人为万物立法"的秘密，我们可以更好地理解这诗歌的"秘密"：它们是属"人"的。

对于西方的自然，再看下面一首：

印第安村落遗址

阿尔·珀迪/阿九译

在烂木板、林间乱石和骨头下面……/天花之后，瘟疫带来了另一场劫难/然后，动物们来了：/对腐烂之神而言，/来自任何方面的援助都可以欣然接受……/这边正在生发的春天的子叶/在大腿骨、脊椎骨，还有儿童/精致的钟形头盖骨上/留下了绿色的指纹；/遭过抢劫的月光一分不少地照耀着/遗骨和别的自然之美……

死神此刻肯定不在现场，/至少不是像从前那样/走在夜晚的村子里，/借着狗的嘴巴发出嚎叫——/但所有事物都在褪色/并且摇晃成另一种东西，/季节的循环和行星的节律/也在不觉之中彼此转换；/死者的精魂早已消失，/只有大树还在，/而雪松的出生证里/没

---

① 曼杰什坦姆. 曼杰什坦姆诗全集[M]. 汪剑钊，译. 上海：东方出版社，2008：3.

有关于村庄的任何确切记忆……

  （我发现我自己/也从一个妇人的眼睛里褪色了，/当我站在那边的时候，/连大地也不再意识到/我的存在——）/但我是作为过程的一部分/在黎明的微光中来到这里的，/想着他们是如何消失的/这个多少年来无人想过的问题，/并以某种方式继承着他们——/我还注意到儿童们的影子/仍然在遥远的星球的绿光里/奔跑着/进入旁边的树林——/一百年前/紫罗兰和延龄草/曾经开了又谢的一片树林——/这些棕色人种/毁了又来的村庄——/所有能动的活物/占有着同一个空间，/所有触过和被触的东西/都感激着他们……

  站在一堆没膝的，与泥土打成一片的/失重的白骨之间，/在考古般的阳光下，/这夏日不稳而发抖的电压，/在雨水沉降的水库里，/站在齐腰深的纵横交错的/影子织成的河网间，/在猎户们沉默，女人们/在暗火堆前弯腰的/傍晚的村庄里，/我听见了他们破碎的辅音……①

这里有更原始的自然、历史与人类。这种原始感不是由历史决定的，因为"电压、水库、河网"明明是现代之物，是诗歌编织的"天—地—神—人"场域所致，那个遥远的呼号，回响于历史的涵洞。这里的原始充满了现代性的张力。"但所有事物都在褪色/并且摇晃成另一种东西，/季节的循环和行星的节律/也在不觉之中彼此转换"，这里是一种规则的自觉，一种新规则呼之欲出，这一规则是最原始的语言，是"破碎的辅音"。它几乎是神话的了。布罗茨基在《以撒（ИСААК）和亚伯拉罕（АВРААМ）》中写道：

  是谁？灌木（Куст）。是什么？灌木（Куст）。他不再有根了。
  其中几个字母本身比单词更大，更宽。
  "К"像小树枝，"y"——更像。
  唯有"С"和"Т"在别的什么世界。

① 珀迪.印第安村落遗址[EB/OL].[2024-6-25].http://www.bilibili.com/read/cv13416314/.

"K"中的小树枝有两个枝丫，

而"y"中的小树枝总共只有一个指骨。①

可见，自然的也是身体的，在源初的、神话的、宗教的、语言的、大小写的层面。

第三节　回到身体：社会的身体

社会的身体，在中国的传统观念中可以说是三种身体中最突出的身体观，同样在现代性生活中也经常表现为一种国家身体的凸显。现象学家舒茨（Alfred Schutz）在其著作《生活世界的结构》中指出，人与人的基本交流构成了生活世界的结构。② 人与人的基本交流，正是一种社会身体，包括国家身体在起作用，基于这样的判断，社会身体下的语文构成了生活的基本结构。这一生活也由语文所贯穿，故而，这一维度的语文将构建出语文整体的结构。

人们常说"身不由己"，大概都说的是社会的身体，我们的身体并不属于我们自己，至少不仅仅属于我们自己。"身体发肤，受之父母。"日常的观念源远流长，珍惜自己的身体是以付出身体的所有权为前提的，实在构成了一种矛盾的和谐。当然，社会身体的存有并不仅仅是对自我的压抑，更是一种需要。个人生活在社会组成的网络中，更是存续于子子孙孙无穷匮也想象的脉络中。身体的延续兹事体大，经由子孙的身体扩充到未来，社会身体不仅仅是空间上的人与人连接，更是过去、现在、未来的打通。在此，可以看到其对脆弱的自然身体的弥补，一种对抗"衰老"的方式，而这种又有赖于自然血脉的流通，相辅相成。

祖先或父亲的身体虽有赖于子孙的身体而延续，却有压倒性的优势。不仅东方如此，西方父亲的身体也是禁忌。《圣经》中记载，挪亚在葡萄园中醉酒，在棚帐中赤身裸体地睡着了，他的三个儿子之一的含撞见了，不仅没有为之遮羞，反而告诉他的兄弟。挪亚知道后勃然大怒，诅咒了含的儿子迦

① 布罗茨基. 布罗茨基诗歌全集：第一卷上［M］. 娄自良，译. 上海：上海译文出版社，2019：185.

② Alfred Schutz. The Structure of the Life-world［M］//Richard M. Zaner & J. Tristram Engelhardt Jr eds. Evanston：Northwestern University Press，1973：5.

南。葡萄园的意象有欲望丰饶之意,实在值得玩味。子孙的身体因为其中有社会身体的组成,所以也可以发挥社会道德的功效。较为极端的例子是中国传统中体现孝道的"割股疗亲",就算到了近代依然时有发生,周海婴在《鲁迅与我七十年》一书中回忆许广平曾在鲁迅重病时按照这一传统如法炮制过,①读来让人不禁唏嘘。

社会的身体各部位也是呈等差序列,贵贱有别,《孟子·告子上》云:"体有贵贱,有小大。无以小害大,无以贱害贵。养其小者为小人,养其大者为大人。"何为小体、大体;小人、大人? 孟子又说:"耳目之官不思,而蔽于物,物交物,则引之而已矣。心之官则思,思则得之,不思则不得也。此天之所以与我者。先立乎其大者,则其小者弗能夺也。此为大人而已矣。"其所思、所得并不是我们现在理解的知识,而是和社会道德联系在一起。

帛书《五行篇·经二十二》:"耳目也者,说声色也者;鼻口者,说犨味者也;手足者,说彻余者也。〔心〕也者,说仁义者也。之数体皆有说也,而六者皆为心役,何〔也〕? 曰:心贵也。有天下美声色目自此,不义,则不听弗视也。……耳目鼻口手足六者,人□□,体之小者也。人,人□□,人体之大者也。"②

身体不仅是血肉之躯,更隐藏着社会的功能与特征,和社会功能产生比对,这也是大体、小体之分的表现。《春秋繁露·天地之行》:

> 一国之君,其犹一体之心也:隐居深宫,若心之藏于胸;至贵无与敌,若心之神无与双也。其官人上士,高清明而下重浊,若身之贵目而贱足也。任群臣无所亲,若四肢之各有职也。内有四辅,若心之有肝肺脾肾也;外有百官,若心之有形体孔窍也。亲圣近贤,若神明皆聚于心也;上下相承顺,若肢体相为使也。布恩施惠,若元气之流皮毛腠理也。百姓皆得其所,若血气和平,形体无所苦也。无为致太平,若神气自通于渊也。致黄龙凤皇,若神明之致玉女芝英也。君明,臣蒙其功,若心之神,体得以全。臣贤,君蒙其恩,若形体之静,而心得以安。上乱下被其患,若耳目不聪明,而手足为伤也。臣不忠而君灭亡,若形体妄动,而心为之丧。是故君臣之礼,若心之与

---

① 周海婴.鲁迅与我七十年[M].海口:南海出版公司,2001:355.
② 庞朴.帛书五行篇研究[M].济南:齐鲁书社,1980:60—62.

体。心不可以不坚,君不可以不贤;体不可以不顺,臣不可以不忠。心所以全者,体之力也;君所以安者,臣之功也。①

社会于身体,甚至有直观的显现。道家典籍《老子中经》中记载:

> 经曰:吾者,道子也。人亦有之……常以四时祠吾祖先。正月亥日鸡鸣时祠郊庙,亥日祠社稷、风伯、雨师……郊在头上脑户中,庙在顶后骨之上,社在脾左端,稷在大肠旁……(第十二章)②

各种仪礼大事都可以在身体中举行,身体中也分为不同的州郡。③ 身体的内世界是世俗社会的内嵌,在这里是整体而自足的。

社会身体在某种程度上甚至可以成为自然身体的代替。孟子有云:"诗云'既醉以酒,既饱以德',言饱乎仁义也,所以不愿人之膏粱之味也,令闻广誉施于身,所以不愿人之文绣也。"(《孟子·告子上》)为了彰显身体的社会性,掩盖自然身体,服饰无疑是最具代表性的"附丽"。明儒王心斋曾按《礼经》制五常冠、深衣、大带、笏板,服之。曰:"言尧之言,行尧之行,而不服尧之服,可乎?"④像王心斋这样的理学家在传统社会并不是少数,同样可以想见,既然社会的身体可以对自然的身体进行规训与约束,衣服和配饰已经被社会所符号化,那么袒胸露乳、放浪形骸似乎就可以看成自我对礼仪和社会道德的反抗。

社会的身体会给自然的身体带来改变,之前提到孟子的"践形观"就是一例。杨儒宾认为,"金声玉振"在《孟子》中的用法如果是比喻的话,那么孟子后学则认为当学者充分实践他们的身体后,身体会显出一种光辉。⑤

社会身体是语文的基本结构得以构建的基础。人的交流必然是社会行为,这也构成了基本的语文结构。当然,反之亦然,交流的有效性,也是社会构建的基础。孟子曾评价北宫黝、孟施舍、曾子三人的养勇理论,三人分别是

---

① 董仲舒.春秋繁露[M].张世亮,钟肇鹏,周桂钿,译注.北京:中华书局,2012:634.

② 施舟人.中国文化基因库[M].北京:北京大学出版社,2002:115.

③ Kristofer Marinus Schipper. The Taoist Body[M]. London: University of California Press, 1994:105.

④ 黄宗羲.黄宗羲全集[M].沈善洪,编.杭州:浙江古籍出版社,1985:829.

⑤ 杨儒宾.儒家身体观[M].上海:上海古籍出版社,2019:55.

"恶声至,必反之""守气"和"守约",三者呈递进关系。孟子又有言,"我知言,我善养吾浩然之气。"(《孟子·公孙丑上》)知言,是守气和守义的前提,是社会得以良好运转的基石。

孟子还在此章中提到告子的"不动心",评论道:"不得于心,勿求于气,可;不得于言,勿求于心,不可。"韩儒丁茶山注释道:

> 得于言,谓言有所跲;不得于心,谓心有不慊。告子以为言有所跲,便当弃置,勿复求其于吾心,所以自守而不动心;心有不慊,便当弃置,勿复求其验于吾气,亦所以自守而不动心也。告子之学,盖不问是非,惟以不动心为主。[①]

由此可见,告子的语言论是工具论的,不合手就可以弃置了。

但是,语言是难以弃置的,不仅仅在于人的交流,而且营造了一种存在状态。如果人类孤独一人置身荒岛,语言这一存在的家确实是不需要构建了,除此,自出生起,地基已经打下。所以说,如果说语言是工具,也是极其特殊的工具。在孟子那里,语言因与志、气、心相勾联,成为一体,因此也享有了其特质,变得异常重要。但是,这种重要性也并不牢靠,毕竟不是将语言视为自给自足的存在,所以如果心和志需要,隐含语言也是可以置换的假设。反而在告子那里,言与心气相分,成为独立的工具,其客观价值反而易于显现。

由此可见,社会身体下的语文基本结构,即人与人的交流,既不能脱离存在的场域,又要保持其独立的运转与价值,是何其艰难的事情。这种艰难,在下文要讨论的"超越的身体"维度中会得到更鲜明的体现。

第四节　回到身体:超越的身体

人处于世界上,身体在世于(embodiment)鲜活的世界(lived world),按照梅洛-庞蒂的说法,并不仅仅是在世界之内(in the world),而是属于世界的(of the world)。并且它也构成了一个内在世界,与外在世界比其复杂性不遑多让。身体包含超越的实体,或者说超越的实体在身体中得以显现,是一个

---

① 杨儒宾.儒家身体观[M].上海:上海古籍出版社,2019:202.

可以理解的形而上的"诱惑"。人们借助于超越身体的存在,完成了对于语文的终极想象。

一般认为,中国宗教中并无西方基督教"道成肉身"的观念,但确实有"大道在我"的理念。《老子中经》中有云:

> 经曰:道者,吾也。(第三十九章)
>
> 经曰:吾者,道子也。人亦有之……(第十二章)
>
> 经曰:元阳真人,太一也;元阳太君,中太一也;元阳子丹,已吾身也;
>
> 元阳玄光
>
> 玉女,道之母也。(第四十四章)①

这里,居然有圣父、圣子、圣灵三位一体的观念。虽然在儒家的观念中,这种人格神是不存在的,但"内外一体、物我冥合"的状态确是修身的目标,甚至如王心斋所言,"身与道原是一件"。如何才能达到"道"的显现? 如何体道? 或涵养或察识,朱子与陆象山各有所执,在此不论。但他们都是主静、主敬的,而且皆肯定一种先验的"气"的存在与流行。杨儒宾阐释先天之气如下:

> 人身除了后天的、解剖学式的五脏六腑系统以及气—经脉系统的身体结构外,另有一种更精微的"先天"之身体图式,这种先天的身体图式之内容就是性命之学所说的"先天之气",一般认为它的储存之所与任、督二脉以及丹田等更精致的身体构造关系很深。此种修炼气息浓厚的气如果更细致地区分,即是所谓的元精、元气、元神,它与生理性的形—气—神之构造恰好构成互相对应的表里关系。……最重要的,气也可以有形上学的含义,形上之气指的是一种动而未动的存在之流行,这是一种更严格意义的先天之气。先天之气漫天盖地,它实质的内涵乃是"体用如一"、"承体起用"的"用"的含义。②

---

① 施舟人.中国文化基因库[M].北京:北京大学出版社,2002:115.

② 杨儒宾.异议的意义:近世东亚的反理学思潮[M].上海:上海古籍出版社,2019:147-148.

超越的身体能通达天道,于穆不已;与万物同体,鸢飞鱼跃,妙不可言。刘宗周曾如此描述:

> 至哉独乎! 隐乎! 微乎! 穆穆乎! 不已者乎! 盖曰心智所以为心也。则心一天也,独体不息之中,而一元常运,喜怒哀乐,四气周流,存此之谓中,发此之谓和,阴阳之象也。①

杨儒宾认为这里的"喜怒哀乐"脱离了私人性的情感之意,是一种超越的觉情,是发于天理之正的情在超越层面上的存在样态。② 笔者倒是觉得此情未必要分出超越义来,"致中和"才是自然的身体一跃而为超越身体的重点。中和,就是顺天道而使得自我意义彰显。程颢《定性书》中有云:"天地之常以其心普万物而无心,圣人之常以其情顺万事而无情。"《中庸》中有"喜怒哀乐未发之谓中,发而皆中节谓之和"。未发之谓中,正是一种先验身体观的体现。其中的功夫,实在是充满了"神秘主义",或曰"冥契主义"色彩,③身体的悟道过程更常以顿悟的形式出现,其中的艰难与至乐,实不足为外人道也。上文提及王心斋之"梦中悟道",可见超越的身体是如何显现。

虽然就理学家看来,有超越性的含义的"道"常常"百姓日用而不知",但如果不满足于此,想要一窥其面目,有所"知",则无异于一场身体的冒险之旅。超越身体的显现恰如"显灵",在这样的求索之路上,自然身体的损害即疾病的侵袭因思虑过重而起,实在是常有之事。

当然,大可以说,超越的实体并不存在,即没有超越的"道"的存在。正如上文所述,就"后天型气学"而言,超越的气是不存在的,"气"是非超越的、经验的气,它要么在道德实践中,要么在文学风格中。我们也可以放宽"超越"的概念,不一定如康德所谓"物自体"的把握与认知,而可以是一种"内在超越",对俗世生活的自我反省与道德躬行,对文学世界美的规律的追求与践行,大都可以算在内。上文所提及的"通达天道,于穆不已;与万物同体,鸢飞鱼跃,妙不可言",正是人们想象的文学的至高境界。

由此可见,三种身体观念都对语文提出了自己的要求,自然身体提供了

---

① 刘宗周.刘宗周全集[M].台北:"中研院"中国文哲研究所,1997:160.
② 杨儒宾.异议的意义:近世东亚的反理学思潮[M].上海:上海古籍出版社,2019:169.
③ 林久络.王门心学的密契主义向度:自我探索与道德实践的二重奏[D].台北:台湾大学哲学研究所,2006.

语文的基石,并要求一种百花齐放的风格;社会的身体则随着时代的变化对语文提出不同的要求;超越的身体更是将语文推向一种想象的极端。那么,必须要问:它们三者本身在这个世界上又是如何作为的呢? 这里需要强调"情"这种流转于身体气脉之间的问题,即抒情可以是血肉的、社会的,乃至超越的,抒情的现代性是传统文学现代性重新发现与创造的问题,当然也是语文的问题,人在日常生活中时刻面临抒情。

于是,我们会遭遇这样的论断:"中国文学的荣耀不在史诗;它的光荣在别处,在抒情诗的传统里。……以字的音乐做组织和内心自白做意旨是抒情诗的两大要素。中国抒情道统的发源,《楚辞》和《诗经》把那两大要素结合起来,时而以形式见长,时而以内容显现。此后,中国文学创作的主流便在这个大道统的拓展中定型。所以,发展下去,中国文学被注定有强劲的抒情成分。在这个文学里面,抒情诗成了它的荣光,但是也成了它的局限。"①

由此可见,"道统"意识已经深入论述的骨髓,荣光与局限或都拜其所赐。情意是可以追求内在超越的,是基于多重身体的;上文提及,诗亦有两点基本特征,一为节奏,一为意象。这两点甚至构成了语言,亦有所超越;传统文学的美学典范是内化的超越,可以超越社会价值与仪礼。这也是一种创作的方法,有学者认为:"抒情美典是以自我现时的经验为创作品的本体或内容。因此它的目的是保存此一经验。而保存的方法是'内化'(internalization)与'象意'。"②

如果这种"内化"之"事情"能够符合某种非道德化的规律,那么它是作者整合内心的秩序以安排经验,有待被读者所开启。按照柯勒律治(Samuel Coleridge)的话来说:"诗等于以最佳的秩序布置最佳的字词。"③如果所有社会共同体都能默认这样的规则,则是文学之幸事。也难怪有学者称,这实为"免于迫害的技艺"。④

---

① 陈世骧. 陈世骧文存[M]. 沈阳:辽宁教育出版社,1998:2.

② 高友工. 中国文化史中的抒情传统[M]//刘东. 中国学术:第十一辑. 北京:商务印书馆,2002:212-260.

③ 陈国球,王德威. 抒情之现代性:"抒情传统"论述与中国文学研究[M]. 北京:生活·读书·新知三联书店,2014:738.

④ 陈国球,王德威. 抒情之现代性:"抒情传统"论述与中国文学研究[M]. 北京:生活·读书·新知三联书店,2014:698.

第五节　相互作用：混沌的整体

自然身体、社会身体和超越的身体这三者构成了一个混沌的整体。同时，我们又需要将之与"自然""社会"和"超越的道德与宗教"区分开来，它们始终是在身体的范畴内显现的，并未超越身体的边界，它们是身体这一整体与自然、社会和超越的形而上之间分别的缓冲或加速带。

以社会的身体为例，它可以起到社会对身体要求的缓冲作用，自我消化或消磨社会的要求，这常常体现在社会运动中的"磨洋工"，在生活中"奇装异服"；另外，它也可能成为加速器，加速对自然身体的形塑要求，统一着装与姿势，投入社会的洪流。

在明了身体与社会和道德、宗教的分野之后，我们需要理解，三种身体之间的关系又是极其微妙的。

首先，"你中有我，我中有你"。其表现为互为因果与功能。凭借血肉之躯能实现社会与道的要求或追求；社会的身体如仪礼身体观，在"后天气论"那里本身就是道的显现；道又是自然身体的"开口"。并且三者间互相又成为对方的"势能"，以血气激荡所致的"情"为例，汤显祖在《牡丹亭》中对情的描写，情是可以有超越义的。这和西方基督教所谓爱的救赎异曲同工。肯定"真情"的超越，否定"形骸论"，其实也是对"道"和"理"的求索，所以有学者认为《牡丹亭》还是体现了汤显祖对孔孟之道的追求。汤显祖师从泰州学派的罗汝芳，而近溪提倡的"赤子之心"对其肯定有所影响。干净而纯洁的肉体，本身就是道的显现。

其次，三者互相激荡，并常体现在社会、超越的身体对自然身体的压抑和对方的反弹上。"沉重的肉身"正是这个意思。沉重肉身是对道的妨碍，也是社会身体对其压抑的后果，所谓不能承受之重。在极端的情况下，自然的身体是可以被舍弃的，"杀身成仁"。

这种反抗或纠正又会以一方走向极致而结果，并有可能带来整个身体的毁灭。"自暴自弃""丑怪身体""酒神精神"无不说明了自然身体如压弯的树枝一样的反弹。三者构成一个平衡的整体，一方的缺失都有可能导致平衡的打破，肉身的反抗最直接的方式就是自戕，以身殉情或殉道。但极致的后果还有可能是变形。"支离疏者，颐隐于脐，肩高于顶，会撮指天，五管在上，两髀为胁。挫针治繲，足以糊口；鼓策播精，足以食十人。上征武士，则支离攘臂于其间。上有大役，则支离以有常疾不受功。上与病者粟，则受三钟与十束薪。夫支离其形者，犹足以养其身，终其天年，又况支离其德者乎？"（《庄子·人间世》）

最后，三者常因果错置。常在一极上做足文章以获得对另外两者的解决。自然的身体上出了问题表现为"病痛"，社会道德的身体上出了问题也是。"人有病，天知否？"同样，"道术为天下裂"的时候，个人自然的身体也要承担责任。一个强健的体魄，不仅代表个人健康，更是社会蒸蒸日上的象征。笔者参观过诸多"百年老校"的校史馆，如扬州中学、锡山高级中学、震泽中学等等，发现"体育"在建校之初都被放在了极重要的地位。盖因一个刚健的体魄在积贫积弱的 20 世纪初的中国，显得无比紧要。然而，有效社会制度的缺失，公共道德的沦丧常常要求私德的扩张与弥补，"吾日三省吾身"，并且要求别人也这般，人与人的关系陷于紧张，解决的方法或许就是"伪道学"，人前一套以维护社会身体，人后一套满足自然的身体，至于超越的身体，早就消解在人伦日用的庸常之中了。

当然这种错置，也可能是一种应激反应，不得不如此。《牡丹亭》中杜丽娘因情得病而殁，柳梦梅恰也因病而入梦与其相会。得病的身体正是自然身体虚弱之时，却也同时意味着社会身体的虚弱，只有如此，才能从世俗和礼仪的藩篱中钻身而过。

回顾三者的错综复杂的关系，有一个最大公约数需要肯定，就是它们应当不以过度伤害其中一方为基本前提，这是一种人道主义的前提。受伤害的一方，又常常是自然的身体，因为社会、道德的要求必然通过社会身体和自然身体的作用而加诸自然身体的形塑上。但是，"形塑"这一外在诉求是对自由意志的否定，而自然身体的消亡，又是一切意义终结的必然。我们当谨防这一行为的出现，正所谓要"明哲保身"。

第六节　回向身体观念的语文

正如上文所言，回到身体的语文，回到自然身体、社会身体、超越身体组成的微妙的整体，其实就是回到语文本身。三种身体构成了语文的基础、结构乃至想象。尊重这三种身体，也对语文提出了应有的要求。

第一，语文也应是整体的，是自然、社会、超越三种身体的同时作用，而这一同时作用，又是以自然的身体为基石。如果后两者的身体已经完全凌驾于自然的身体之上，那么，不仅是作家的不幸、文艺工作者的不幸，也是我们所有在世的普通人的不幸，乃至文化的大不幸。

当然，没有荒岛之上的语文，日常生活的交流要求我们在世界中表达自我，这种表达无不是这三种身体的发声。只用自然的身体说话，那多是呓语；沉迷于社会身体，则语文容易庸常；超越的身体可以对社会和自然身体作"警钟"之鸣，但如果只是听它的，则或了无生趣。

第二，我们要充分意识到语文的在世性。语言不仅仅是一种自然身体造就的工具。它是自然身体、社会身体、超越身体在世界的总和。查尔斯·泰勒（Charles Taylor）将语言观分为两种，一种以 HLC，即霍布斯（Hobbes）、洛克（Locke）和孔狄拉克（Condillac）为代表，他们认为语言是一门经验性、理性的工具；另一种语言观以德国浪漫主义人物 HHH，即哈曼（Hamann）、赫尔德（Herder）和洪堡（Humboldt）为代表，他们认为语言还与艺术、图像、音调、动作等相关，人类的语言在意识和身体间无边界地发生。①

从泰勒所谓的第二种语言观出发，语言构建了人存于世的意义和价值，基于日常交流的那部分意义，正是语文的范畴。当我们认为语言是一种工具时，语文的范畴是远大于此的；当我们认为语言构建了一种在世的意义时，语文的范畴就几乎与之重合。语文的存在性需要在日常生活交流的视角下来理解，从自然身体到社会身体再至超越的身体，人有参与的行动和意识，也多有在世的不得已之处，抒发、表达出来，就是语文。

在世性还体现在时间与空间上。这特别在现代化的进程中得以凸显，首先是可计量的、钟点式、片段式的时间对身体和语文的影响。绵延的时间观被现代化的时间观所取代，语文被分割成特定时间段需要完成的事情，以适应现代分科体系并符合更高的知识获取效率。在空间上，黄金麟认为："制度化的空间可以成为规训身体的细小监狱单位，这个问题在福柯探讨监狱、医院和人文知识等的诞生时，已经有清楚的交代。身体的行动可以在某些特定的场合里，改变原有的空间部署，将物理性空间改变成为一个深富政治教化与文化含义的斗争场域。使集体意识在其中获得激情的宣示和落

---

① Charles Taylor. The Language Animal：The Full Shape of the Human Linguistic Capacity [M]. Cambridge：The Belknap Press of Harvard University Press，2016：1.

实,这个面向在五四的学生运动中已有清楚的证实。"①

在这里,社会的、超越的身体引导、教唆或要求自然的身体突破边界,影响社会、政治乃至意识形态。由此,基于身体的语文也会有这样的趋势,这特别会使得语文成为运动过程中的一种极"上手"的工具,甚至沦为"大棒"乃至"帮凶"。这不得不引起人们警醒。

第三,我们相信语文世界是自足的。就自足而言,回到身体本身意味着给附丽于身体上的因素打上括弧,我们需要"明哲保身",而非舍"身"取义,因为社会与超越的身体已经在身体其中了。这里可以对照王心斋的"淮南格物说":

> "反己"是"格物"的工夫。"其身正而天下归之","反己而物正"也……道尊则身尊,身尊则道尊,故轻于出则身屈而道不尊,岂能以济天下……"知身与道原是一件,则能以身任道,特立于流俗之中"矣。……黄梨洲曰:先生"以天地万物依于身,不以身依于天地万物。""圣人复起,不易斯言。"②

身与天下国家,难说一物,但身体的自足保证了其可以在内在世界中得以自在,不需仰人鼻息。语文亦然。

这种自足性更体现在语文本身就有其超越性。"此曲只应天上有",它不需要借助于其他形而上的指挥棒而得以演奏。这种超越更应显示其美学而非道德的维度。道德会随时对基于三种身体的语文提出约束和要求,以求得中庸。但是,如果我们秉承"后天气学"的观念,语文,特别是文学作品当追求极致的超越性,当追求风格的极致。对于自然、社会、超越身体的深刻描述,是文学作品中审美成功的关键。另外,所谓的深刻,无不包含了对三种身体反思、观照的极致。身体不能承受之重或轻在文学作品中都可以淋漓尽致地展现出来。

在文学作品中身体的毁灭是可以接受的,并有悲剧之美伴随其中,而这恰恰是源于对现实生活的深刻体察与表达。其所追求的,并非事实的"真

---

① 黄金麟. 历史、身体、国家:近代中国的身体形成(1895—1937)[M]. 北京:新星出版社,2006:227.

② 王艮. 王心斋全集[M]. 陈祝生,等校点. 南京:江苏教育出版社,2001:3,75,97-98.

实"，而是事理的"真实"，甚至是对"真实"的反讽与反抗。超越与社会的身体更是常常以夸张的形式凌驾于自然的身体之上，自然身体的放荡与妖冶更是被描写得动人心魄，它们之间的冲撞与破碎掷地有声，比比皆是，不胜枚举。多元的"风格"，又有什么可以被苛责的呢？

语文因为整体、在世和自足而丰饶，但它也有其一亩三分地，不能不常常反省它有没有越过边界。自然、社会、超越之道，都在语文中显现，但是语文并不能代替它们各自的功能和混淆自身与它们各自的规律。有理由相信，试图通过改变文风来济世的观念都是一种"错置"和"越俎代庖"。

基于以上三点，语文教育也应当有其理想状态。如何达到这一微妙的整体？如何理解在世？如何享受自足？凝视、谛听与悠游这些行为，或可达到回向身体的语文课程这一理想状态。

不同于实证主义、计算主义、功利主义的观察，凝视与谛听是一种更传统的身体行为。前文曾提及王阳明此言："你来看此花时，则此花颜色一时明白起来。"如果不从心理主义上来理解，那么这种"看"就是凝视，"明白"就是智性的通透，是三种身体皆打通的明彻。"看"，在许多情境下就是手搭凉棚地看，"真理"之光太过刺眼，从柏拉图的洞穴中走出的人类或许难以直视。从这个意义上说，"遮蔽"也是一种功夫论。

"凝视"与"谛听"提醒我们需要警惕现代科技对语文、对教育的潜在伤害，人们不再面对活生生的人，身体与身体间不再感受到温度，充斥其中的是碎片化的信息群。"悠游"则是具体的课程行动，是教育者需要意识到的身体一维。教育如同旅程（Education as Journey）。[①] 恰如课程论学者青木（Ted Aoki）所力行的徘徊（lingering），[②] 徘徊于课程这一嫁接人与世界的桥梁之上，慢慢走，欣赏之、赞美之、嗟叹之，应该成为一种教育生活的常态。青木认为教学有三个层次：表层，如黑箱一般理解教学；中层，理论并科学地理解教学；核心层，技艺地、策略地、技术地理解教学。[③] 这里的技术和技艺并不是指工具主义，恰恰相反，是指"手艺活"一般的"庖丁解牛"。

---

① Louise M. Berman. Toward Curriculum for Being: Voices of Education[M]. Albany: State University of New York Press, 1991: 7.

② Ted T. Aoki. Curriculum in a New Key: the Collected Work of Ted T. Aoki[M]. New Jersey: Lawrence Erlbaum Associates, 2005: 2.

③ Ted T. Aoki. Curriculum in a New Key: the Collected Work of Ted T. Aoki[M] New Jersey: Lawrence Erlbaum Associates, 2005: 188-192.

他提出，理解意味着也需要听到"无声之声"（the silent voice）。无声之声是语文的纯粹在场。"大音希声"，超越的身体才能听见对方和自我对在世的倾诉，这不也正是语文教育应有的理想状态吗？当然，这一状态必须不断受到现代性的质询，并不断被打破，这才是当代语文应该有的觉醒意识。

第五章　回到生活世界

第一节　生活与生命的语文

一、何谓生活世界

回到生活世界，不仅是语文教育的应有之义，更是整个人文学科转向的可能道路。背后则隐含了一种生活态度和世界观的转换。胡塞尔在其著名手稿《欧洲科学的危机与超越论的现象学》中，提出生活世界是科学的奠基所在。回到生活世界就是回到人类文明的奠基之处，自有源头活水。

什么是理想的生活？理想的生活拥有一种智性生活的无限可能性。理想的"生活"，如古希腊的"生活"，"本身承担着未来无限的视界——一代又一代的人们在观念中发现持续不断的精神更新，直至无穷"[①]。胡塞尔反对的，正是这种对于"无穷性""无限可能性"的"背叛"："由于自己的专业化已经放弃了理论兴趣的普遍性。在此，原始的自然态度与理论态度在对有限目标的追求中走到一起来了。"[②]有限的目标正是功利主义的重要特征，它当然是蕴含于生活的，也是科学理论所立论的基础，但生活不仅于此，还有着对此的超越可能。

对于课程而言，如果说现代课程理论的源头是管理主义的流行，那么它或多或少也正患了一种"现代病"：将课程视为规划、设计的客观的产物。自

---

① 胡塞尔.欧洲人的危机与哲学[M]//胡塞尔.胡塞尔选集:上.上海:上海三联书店,1997:950.
② 胡塞尔.欧洲人的危机与哲学[M]//胡塞尔.胡塞尔选集:上.上海:上海三联书店,1997:957.

20世纪70年代"概念重建主义运动"诞生以来,课程理论一个重要的路向就是对此的"反动",将教育看成体验的、即兴的、主观的、艺术的。于现代语文课程而言,一方面,它四处碰壁,在对"高效率"这一"科学性"的追求上,收效甚微,早在1987年,吕叔湘就提出了著名的"吕叔湘之问":"十年的时间,2700多课时,用来学本国语文,却是大多数不过关,岂非咄咄怪事!"①另一方面,它具有天生的回到生活的冲动与得天独厚的条件,因为传统中国的语文观念就是"弥纶总括"与"道德旨归"的。它从来就是生活世界的产物,我们希望"课程"是其美丽的外衣,而非枷锁。

在讨论生活世界之前,首先需要对何为生活世界有较为精准的认识。语文教育界不乏对语文需要"回归生活"的共识与呼吁,顾黄初曾提出语文"三生观",指出"生命""生活"应当成为语文教育的基础。② 甚至有一线教师将自己的语文教育主张称为"生活语文"。这些呼吁和实践大多出于一种素朴的认识,即生活是语文教育的源头活水。但是我们更需要明白,回归生活这一态度并不必然使得我们放下包袱,轻装上阵。同时,回归生活世界则意味着我们将直面生活的晦暗以及不可言明处。

"语文教育应当回到生活"中的"生活"与本书所论述的"生活世界"不尽相同,"生活世界"的一个重要维度是"世界性"。从宏大叙事的角度来看,世界的样子是不断变迁的,生活世界有其兴起的历程,就现代性而言,传统中国甚至面临从"天下"到"世界"的转变。而就微观视角来看,则着重但不限于,个人对世界的经验与体验。

海德格尔在早期弗莱堡讲座中曾经提出过"前理论的东西"(das vortheo-retische Etwas)和"理论的东西"(das theoretische Etwas)的概念:"惟当历史性的自我从自身中走出来,出现了体验过程时,理论的东西才存在。""当脱弃生命时,才有概念。"③可以想见,与科学世界相比,生活世界更多的是"前理论"的东西。

---

① 吕叔湘.吕叔湘语文论集[M].北京:商务印书馆,1983:337.

② 顾黄初.生命·生活·生态:我的语文教育观[J].湖南教育·语文教师.2006(8):4-7.

③ 关于这段话的记载,摘自布莱希特(Franz-Jo-sef Brecht)的听课笔记,笔记标明的日期为1919年4月8日。中译本见孙周兴编译《形式显示的现象学:海德格尔早期弗莱堡文选》(同济大学出版社,2004年版)一书,第16~20页。关于"东西",有学者翻译成"某某",参见汪文圣.从"原初理性"生成"原初语言"来谈文化的再造:从海德格早期的讨论出发来看[J].哲学与文化,2016(7):5-25。我们更愿意采用"东西"的说法,因其所指涉物体的在场不仅有空间性,也有时间性。通泰方言圈中称"东西"为"呆子",日出明亮为"呆"。殊为有趣。

在同一份讲座的笔记中,海德格尔用"世界性",即"前世界的东西"(vor-welt Etwas)和"世界性质的东西"(welthaftes Etwas)继续细分了"前理论的东西"。世界性是基于"客体性"而言的,是体验、经验的。① "前世界的东西"虽然是不能体验的,却是"生命最高潜能的指标"。② 由此可知,在我们讨论的范畴里,生活世界首先蕴含着"前理论的东西",其次,它还包括体验的、经验的,即具有"世界性"的东西,也包含所谓"生命最高潜能的指标"所"指引"的"前世界性"的东西。后者,无疑是先验或超验的,可以看作"道"的流行。

必须承认生活世界中某些"前世界的东西"的存在,因为其或许是解决胡塞尔所认为的"科学危机"的方法,也是对现象学"回到事情本身"呼吁的最好回应。胡塞尔认为,现代西方的知识理论从根本上出了问题,真正的科学应该并非基于经验,而是基于对意义的直觉。③ 这种"本质直观"的"看",与日常生活的经验的"看"不同,日常生活的"看",在某些方面,已经被计算的、功利的世界所影响。对象化的物体是沉没世界的。对象化,即客体化、经验化,也就是说我们如果按照老方法看待这个世界,将永远无法达到现象本身,我们自己就先行沉溺于世界中。如何才能保证对于世界纯粹洞察的可能性,需要回到"前世界的东西",生命力最旺盛处去探寻。

二、语文的基本结构是生活交流

构成生活世界结构的不是"我",而是"我们"。主体间性是生活世界得以展开的必要条件。他人即同胞(fellow-men)。

舒茨在其著作《生活世界的结构》中指出,在日常生活中人们将下面几点视为理所当然:(1) 他人的肉身存在;(2) 这些身体所具备的意识能力和我的意识能力相似;(3) 外部世界中的事物在我的视界和别人视界中一样,并拥有共同的基础意义;(4) 我与别人相关并可以进行互动;(5) 基于几点,我可以使他们明了我的意思;(6) 分层社会和文化世界对于我和他人都是给定的,并构成了我们的参照系,这也是我们视为理所当然和自然而然的;(7) 所以,在

---

① 海德格尔.形式显示的现象学:海德格尔早期弗莱堡文选[J].孙周兴,编译.上海:同济大学出版社,2006:18.

② 汪文圣.从"原初理性"生成"原初语言"来谈文化的再造:从海德格早期的讨论出发来看[J].哲学与文化,2016(7):5-25.

③ Richard A. Cohen. Forward to the Second Edition[M]// Emmanuel Levinas ed. The Theory of Intuition in Husserl's Phenomenology. Illinois:Northwestern University Press, 1995:xiv.

任何情况下,由我所决定和创造的极其有限。① 基于这样的认识,可以认为人与人的交流自然而然构成了语文的结构。正所谓"不以文害辞,不以辞害志"(《孟子·万章上》)。这是语文活动的一项基本要求,但是也不应就此忽略"隐喻"的作用,而直取最"经济"的直白交流。因为,在与他人的相处中,在"沉重"的肉身面前,"辞"与"志"自身都可能是模糊的,自我与他人之间没有透明的脐带。

在舒茨的社会现象学中,语言虽然是基于"我们",但它是从个人的、即时的交流中剥离出来,形成了一个模糊的但相对固定的场域。这类似于索绪尔对"语言"和"言语"的两分中对"语言"的定义。其实就日常生活而言,这一场域的基质或许固定,但样态绝非唯一。小说、戏剧、电影、电视、舞蹈等都是其可能样态。叶圣陶曾言:"作者胸有境,入境始与亲。"(《语文教学二十韵》)正是这种亲缘状态,使得读者或作者能够进入语文行为所创造的意义境界。之所以有亲缘,就是因为他人与我们自己是气血相通的。

事实上,他人甚至是先于经验认识的,是一个先验的假设。萨特(Jean-Paul Sartre)认为,我和他人的关系首先从根本上来讲是存在与存在的关系,而不是认识与认识的关系。② 他者首先不是我自己,"他人即地狱",落于我视线之内的他人是不可知的,视线尚且无法穿过自己的身体,遑论他人? 在他人的目光下,我们常有不自在感,这种"羞耻感"在原初时使得亚当夏娃选择了另一种形式的"遮蔽"——穿起衣裳。如果我们仅仅看到这点,他人是"原罪"的,与他人交流也是有"原罪"的,时时刻刻面临对"自我"沉重肉身的"救赎",或许会出现这样一种"唯我论"假象:没有他人的注视,我是自在而自为的。在语文领域,似乎也能看到一种表达与交流的"原罪",自己的作品被他人盯视,多少会有些不自在。读者意识的阙如,与其说是技术上的缺失,不如说是人类原初体验一个侧面的反映。

所以对他者的不信任与警惕,理应得到尊重。"学以为己",表达也可以如斯。这是祛除了功利主义的自我发声,屏蔽了他人的耳朵与眼睛。就笔者的亲历来说,王栋生老师在作文课上讲评学生作文时总会询问学生的意愿:"我可以读出来吗?"这就是一种对"羞耻感"的保护。

---

① Alfred Schutz. The Structure of the Life-world[M]. Richard M. Zanner & J. Tristram Engelhardt Jr trans. Evanston:Northwestern University Press,1973:5.

② 萨特. 存在与虚无[M].陈宣良,等译. 北京:生活·读书·新知三联书店,2007:297.

三、可交流性：走向"我们"

需要指出的是，与其说这种"羞耻"来源于他人，还不如说是因为存在的情态本身，况且，之所以"羞耻"，正表明了我与他人的"亲缘"关系，我们不会在没有生命的物体和缺少存在意识的动物面前感到"羞耻"。基于此的先验的亲缘性是超越日常视线的。

> 他人不是对象。他在他与我的关系中保持为人的实在，他用以决定在存在中的我的存在，就是他的被当作"在世的存在"的纯粹的存在——而且人们知道，应该在"常去"(colo)"居住"(habito)的意义下，而不应该在"偶然出现"(insum)的意义下来理解"之中"；在世的存在，就是纠缠着世界，而不是粘在上面——而且它正是在我的"在世的存在"中规定着我。我们的关系不是一种面对面的对立，而毋宁是一种肩并肩的互相依赖。①

有趣的是，从"面对面"到"肩并肩"，视线再没有了交集，这或许就是最贴切的与他人关系的譬喻。虽然视线不交集，我却能感受到他；或许一旦视线相交，彼此处于对方的目瞪口呆中，"羞耻感"挥之不去。

> 而且我之所以把握了他人，恰恰不是因为对他能以我的活动造成的东西有清楚的看法，而是因为一种把我的一切可能性体验成情绪矛盾的恐惧。他人，就是我的可能性的隐藏起来的死亡，因为我体验到这种死亡是躲藏到世界中的。……于是，当我把握到他人的注视时，在一阵激动我的突然颤栗中，就有这样的事发生：突然，我体验到我的一切可能性被安放到远离我的地方，它们与世界的对象一起没于世界，而且微妙地异化了。②

我们虽然有亲缘性，但是，我之为我，正是因为我不是他人，一道深刻的裂缝在其中隐现。其实这种对他人的感觉，一种冰冷的亲缘性、深刻的孤独

---

① 萨特.存在与虚无[M].陈宣良，等译.北京：生活·读书·新知三联书店，2007：310-311.
② 萨特.存在与虚无[M].陈宣良，等译.北京：生活·读书·新知三联书店，2007：332-333.

感,没有什么比用里尔克著名的诗作《严重的时刻》来阐释更恰当的了。

> 此刻有谁在世上某处哭,
> 无缘无故在世上哭,
> 在哭我。
>
> 此刻有谁在夜间某处笑,
> 无缘无故在夜间笑,
> 在笑我。
>
> 此刻有谁在世上某处走,
> 无缘无故在世上走,
> 走向我。
>
> 此刻有谁在世上某处死,
> 无缘无故在世上死,
> 望着我。①

在语文中,我们无时无刻不遭遇他者,这构成"我们"的场域。需要注意的是,语文世界中的意向常常是单方向的。我投向一本书中主人公的视线是单箭头的,他并没有注视着我,我不会感觉到羞耻或骄傲,从这个角度看,我在他的世界中充当了上帝的角色。我可以洞悉他的一切,只要我愿意。我可以达到一种熟稔,在他的命运面前,我是完整的,这又反射到我的真实世界中,以对抗不可预知和破碎。

同样,语文作品中主人公投向我的视线也是单箭头的,因为感受不到我的视线,他绝不会因为我的存在而感到羞愧。他与我就算有对视,也算交错的,并非同时抵达对方。从这个角度讲,他是自在而自为,是另一个层面的上帝。他同样也是完整的,并以怜悯的目光望着我,甚至望向遥远的作者。我因他所感触到的快乐、忧伤、悸动、安宁都不在主人公的考虑范围内,他就是这么冷冷地看着我。

---

① 里尔克. 里尔克诗选[M]. 北京:中国文学出版社,1996:10.

"我们"在语文中互为上帝,这恰是因为包括文学在内的艺术代替了神学的地位,艺术之于生活世界,其重要性将不言而喻。但是正因如此,我们不得不反思"我们"会不会是对"我"的牵制,那个自在、自为的我是否在"为他"的陷阱中沦陷。同样,没有"他者"的牵制,"我"是否会滑入"唯我论"的境地。

第二节　新说法与新看法

一、童心说

孩子和艺术家是最初的现象学家,因为他们"看"世界的方式和他们感触世界的心灵。李贽提倡的"童心说"可以提供某些启发。"夫童心者,真心也。"现在通常将之理解为"赤子之心",即纯粹的道德之心,所谓不忘初心的"初心"。其实不然,"初心"已然是道德化、立志之后的心。李卓吾的"童心"是在对传统"童心说"的否定上建立的。① 当时流行的看法是这样的:

> 童心最是作人一大弊病,只脱了童心,便是大人君子。或问之,曰:凡炎热念、骄矜念、华美念、欲速念、浮薄念、声名念,皆童心也。
>
> 童心,俗态,此二者士人之大耻也。二者不脱,终不可以入君子之路。
>
> 嬉游(之心)之在人也,曰童心。凡摴蒲博弈、臂鹰蹴鞠,喜豪饮、爱冶游、悦郑声、喜怒不常之类,皆是也。及其长,而不知反其正心。
>
> 饥而欲饱,寒而欲暖,劳而欲休,此人之情性也。饥见长而不敢先食者,将有让也。劳而不敢先息者。将有所代也。让、代则善,不让、代则恶。……赤子得环,取之则号,携持黍焉,不分于人,此之谓童心。②

李卓吾则认为人需要直面这样的"童心",这只是一种欲望与情感,无善

---

① 沟口雄三. 李卓吾·两种阳明学[M]. 孙军悦,李晓东,译. 北京:生活·读书·新知三联书店,2013:170.

② 吕坤,洪应明. 呻吟语·菜根谈[M]. 吴承学,李光摩,校注. 上海:上海古籍出版社,2000:25.

无恶。嬉游之心人皆有之；饥而欲饱，寒而欲暖，劳而欲休，这才是人性。是尚未被道德规训的人。是儿童之心，而儿童成为大人，并非说要将此心教化成大人模样，知道礼义廉耻，而是以此心为开端，成长为大人。李卓吾服膺于同为泰州学派的罗汝芳，他是这么说"赤子之心"的：

> 某引证孟子曰："大人者不失其赤子之心也。大人与天地合德，某固不敢当，至如赤子我却不是做了许久来耶？"邵康节诗云："耳目聪明男子身，洪钧付与不为贫。"今日在会诸友，谁不耳目聪明，谁不洪钧付与，又谁不可承受付与一个大圣人哉？[①]

李卓吾在罗汝芳"赤子之心"上更进一步，不仅将其从大人之心上还原出来，更将其还原至"生活"，乃至"前生活"的状态，那里有尚未被道德所裹挟的先验生活维度。在李卓吾看来，好货、好色、多积金宝、多买田宅等"世间一切治生产业"都是大家"共知而共言者"，是"真迩言"。这些在语言唯名论下都应当是可以理解的。

有童心并不是说让人放浪形骸，而是坦陈内心，说出自己的欲望，不做"假道学"，言与行脱节。生活中的闲言碎语、家长里短都可以是一种"真言"，成为"纯粹的语言"。生活中"纯洁"的语言，那只能是"假语"。如果这一观念诉诸文字，那就会打破我们心中的一些成见，譬如文学应该"来源于生活、高于生活"这一看似没有问题、被普遍接受的观点。笔者以为，语文不高于生活，生活是语文的大地与天空。"真言"让我们反思话语、文字、语言、文学、语文这些已经习以为常的概念得以成立的"成见"，并反其道而行之，构建与之不同的景观。

二、换一种说法

林白的小说《妇女闲聊录》和朱天心的《巫言》都可以看成这样的文学景观。朱天文在谈论《巫言》时说："在只去不回的线性时间上，我一再被细节吸引而岔开，而逗留，每一次的岔开和逗留都是一个歧路花园，迷恋忘返。所以岔开复岔开，逗留再逗留。所以离题又离题，离题即主题。所以我繁衍出自

---

① 罗汝芳. 罗汝芳集：上[M]. 方祖猷，梁一群，李庆龙，等编校整理. 南京：凤凰出版社，2007：332.

己的时间,不断地离线,把时间变成空间。这不就是巫术吗？对于使用文字(咒语)的书写者,这是技艺,也是本心。"①如果说《巫言》是从结构上怀疑文学叙事规则,那么《妇女闲聊录》则是从言语本身着手。当我们面对这样的"文学"时,一种讶异感油然而生,这就是现代性。细读这些文字,我们会发现"闲言碎语"其中的"真言"。

第二十五段　学校都空了

我就想,大西北不是没学校嘛,把我们四季山的学校移到大西北多好,四季山的学校空的,盖了没几年的楼,就这么浪费了。没人上学,人挺密的,都上中心小学,不是中心小学就空了。远一点的也空不了,我们六个组的,都上,马连店的学校,所以四季山的学校就空了。真的空了,没有老师,没有学生,就一个老太太,在那看着,四组的老太太。搬到大西北多好。

到了初中上学的就更少了,念完初三就算不错的了。有一个孩子,比七筒还小,他已经打了两年工了,13岁就去了,他妈妈带他到广州去,好像是穿珠子,衣服上的珠子。能挣点钱。

第二十六段　上到六年级,加减法还不会

七筒真是念不了书。他念到六年级,加减法还不会。更不用说乘除了。字倒是认得一点。他还想念呢,他念不了,什么代数,他更不行了。有一次,我弟弟跟我说:细姐,你还让他读什么呀,刚才我出题,加法,让他做,他都做不了,你还读么事呀,把钱给浪费了。我就说:让他玩去呗,让老师看着,他才那么小。……

第二十七段　有个女的只会数单双数

我大舅从小抱来养,准备长大当媳妇的一个女孩,我听我妈说,她不会数数,让她数鸡,只能数单的和双的,要是给她的时候是单数,她就知道,再数的时候如果是单数就没丢,就算是丢了一双,那数了也是单数,那就是没丢,反正是单数。给她是双数吧,要是丢了一双,也是没丢,要是来了一双吧,也是没丢。后来都说,太苔(傻)

---

① 朱天文、毛尖. 关于《巫言》:与朱天文对话[N]. 东方早报,2008-09-22.

了，没要，送回去了，那还了得，我大舅是什么人。我大舅现在在北京，是个特级工程师，他女儿在外企，每月工资两万多元。

后来那个大舅妈在哪教书啊，就在黄岗高中。①

可以从中看到关于教育状态和语文状态的"真相"。有教育漫长的细节，譬如非中心校的现状、辍学、老师的功能、识字计数、想象中的名校、学习评价，甚至是同伴互评……结论是那么荒诞和现实。当然，为什么要"细读"和"发现"呢？这个行为本身就非常不现代，还是预设了一个超越文本之上的目标，而忽略了普遍的"文气""生活气息""呼吸"的流转。可能最得当的就是暂时保持沉默，当其为过眼云烟也好。有趣的是，林白在这本书的扉页写下如此诗性的字句：

> 为什么要踏遍千湖之水/为什么要记下她们的述说/是谁轻轻
> 告诉你/世界如此辽阔

是的，诗和闲言碎语是一样的。妇女之间和城市游牧者们的家长里短与自言自语也可以成为"文学"，那什么才是文学呢？捷克汉学家普实克(Jaroslave Prusek)主张，任何对晚清及民国文学的研究必须跨越文类。② 之所以如此，是因为观念上实在的松动造成了文体的解放，当然这种解放并非主动寻求，而是从"成见"与"定见"的罅隙中逃逸出来的。怀疑文学本身，是一种现代性的体现，是真言的自我暴露。

坦然面对生活世界，以一颗童心说真话，表达本身就是一种反思。波普艺术的代表人物安迪·沃霍尔(Andy Warhol)用丝网印刷创作了大量的艺术作品，如《金宝汤罐头》《玛丽莲·梦露》系列。这些类似商业印刷的形式，突破了人们对于绘画乃至艺术本身的成见。在面对商品与消费市场时，他说，"我从不崩溃"，"因为我从不整合自己"③。整合自己是一般意义上我们面对艺术品应该有的态度，人们追求完整的宁静，抛弃刻意的"宁静"，至于未来是什么，交给偶然性与非永恒性吧。

---

① 林白. 妇女闲聊录[M]. 北京：北京十月文艺出版社，2017：33-35.
② 王德威. 被压抑的现代性：晚清小说新论[M]. 宋伟杰，译. 台北：麦田出版社，2013：56.
③ 沈语冰，张晓剑. 20世纪西方艺术批评文选[M]. 石家庄：河北美术出版社，2018：208.

三、换一种看法

这种"看",在第三章谈论现象学的"看"时已经有所论述,这里再做阐发。它更接近于"纯粹的凝视",并趋于"凝思"(pure contemplation)。凝思是有构造性功能的。有别于科学探究的"反思",纯熟的凝视没有功利性,目光摆脱了在世的羁绊。郁振华认为,纯粹的反思与凝视是西方传统存在论的基础,其对应的是"好奇"(curiosity),理论的思考对应的则是"惊异",它的下一步会被列入科学的规划当中,被科学规律联结在一起。① 但是,从纯粹的凝视到"本质直观",可能还是要有"危险的一跃",这一跃在笔者看来,可能更接近于美学。

"看"不仅仅是为了意义的开显。"手搭凉棚"为"看",为了阻止太阳的直射,从这个角度而言,"看"是从"遮蔽"开始的,而且是凭借"肉身"的"遮蔽","遮蔽"刺眼的"阳光"本身也是一种"明见",而非现象学一直强调的"解蔽"。正所谓"知其白,守其黑"。

"看"之所以能够达到事物的本质,还因为其意向行为是一种强大的生命力体现,在这一点上,有别于胡塞尔在本质直观中对情感的漠视,笔者更愿意相信在海德格尔所设定的"前世界的东西"这一范畴中,存有回到事情本身的可能。"看"本身就是肉身的看,这一点无法被悬置。"看"的另一面则是"表达",其中隐含了一个他人的存在。这个他人,可以不限于文学家,但一定是一位表达着的人。每个表达的人,对于存在,正在亲身示范。

为语文找到其在生活世界的奠基:生命的凝视与表达。

首先,奠基源于亲缘。不同于科学世界,生活世界是原初和尚未理论化的世界,它关注意义以及意义得以显现的可能。语文不是文学,也不是语言学,文学、语言理论与思想并不能构成语文的主体和骨架。语文的边界和主要内容应当是主体间的交流和意义的生成,亦是前理论化的东西,语文必然会充盈于生活世界中。

其次,凝视与表达是语文的基石。不可否认,生活世界中充满了世俗化的看法与表达,日常生活中的闲话(Gerede)正表明了一种没于世的境况,是对存在的消解。有学者认为,在谈话中包含这四种要素:(1)我说;(2)某某事物;(3)对谁说;(4)对应特定的已发生的事情。在闲谈中,其余三个要素都不

---

① 郁振华.人类知识的默会维度[M].北京:北京大学出版社,2012:122.

存在,只余要素(2)。① 即闲言碎语中无具体事物和"我"存有,但是,笔者以为,这种消解会带来意向内容的消失,意向行为却成为一种纯粹的形式得以保留,反而会是存在最好的注解。譬如,身处异乡的游子对母亲絮叨的怀念,絮叨的内容已经不那么重要了;多年后回望朋友之间的欢娱,内容已然忘记,但"胡说八道"这没有意义的行为,却沉淀下来,也就有了北岛的那句"杯子碰到一起,都是梦破碎的声音"②。

意向如果具有方向性,大部分闲话的意向性的方向就是发散的。它并不具有特别的针对性,几乎谁都可以成为对话的对象,比如祥林嫂的抱怨。对话的双方都甘于成为对方谈话的客观化了的"对象",以此沉沦于日常之中。也有一些闲话意向性的方向是彼此双方的,就如妻子、母亲的絮叨,看似是单方向的,但从丈夫或子女那里发出的意向也许要到若干年后才会被把握。在这些闲话中,彼此并不是对象化的存在。

也就是说,在日常的表达中隐含了超越的可能,甚至更进一步,经由日常的表达来反思超越这件事情。庄子所谓:"以卮言为曼衍,以重言为真,以寓言为广。"(《庄子·天下》)卮言、重言、寓言都可以是日常话,却能"得道"。通常而言,日常生活是可能的,是可以言说的;超越的世界本体是难以触碰的,但是,如果我们坦陈日常生活的混沌乃至晦暗,或可看见超越的"道"露出峥嵘与微光,恰可能"和以天倪"。日常生活本身也无法用语言全尽,甚至如果试图"全尽",日常生活反而失去了生命力,"去蔽"反而会成为另一种"遮蔽"。正是在诸种可能与不可能之间,语文的边界得以确定。

再次,凝视与表达是具身的。语文行为也当基于具身,身体并非无垢的身体,并非躺在手术台上的冰冷的、客观的、可以任意解剖的躯体。艾略特在《普鲁弗洛克的情歌》中有这么几句:

> 那么我们走吧,你我两个人,
> 正当朝天空慢慢铺展着黄昏
> 好似病人麻醉在手术桌上;③

---

① Jan Aler. Heidegger's Conception of Language in Being and Time[M]// Joseph J. Kockelmans ed. On Heidegger and Language. Evanston:Northwestern University Press,1972:53-54.
② 北岛. 蓝房子[M].北京:生活·读书·新知三联书店,2015:96.
③ 艾略特. 艾略特诗选[M]. 赵萝蕤,等译. 济南:山东大学出版社,1999:11.

"我们"行于世,远处的天空却反射出时代的冰冷境况,形成绝妙的互文。在这里,笔者并非乞灵于笛卡尔之前神性的身体,因为摆脱神性,恰恰也是身体得以解放的根源;也不是臧否科学的身体观,因为"灵——肉"两分,恰恰使身体成为身体得以可能。我们只需要达成这样的认识底线:身体是有温度的、活生生的身体。同样,语文的表达得让人感受到温度和活力。

完成这种新看法的转变,绝非易事。难处在于,需要主体回到身体、回到生活世界,却又对已经熟悉的自己、他人、生活、景观的习惯"看法"说"不"。它最大程度上类似于艺术的、审美的"看",但又不完全相同。不同处在于这种看必须保持对艺术、审美本身的审视。主体在主体性高扬的同时又时刻保持对主体性的警惕。可以从基础的地方做某种"练习",比如先区分出不同的"视角":"科学的"抑或"生活的";再从"生活视角"中甄别出不同的目光,"读者的""作者的""普罗大众集体无意识的投射"等等。这样的"练习"素材在语文文本中比比皆是。

四、三重视角的转换——以《大卫·科波菲尔》为例

文学作品中经常可以看到不同视角的转换与交叠,这也是生活本身的叠加。了解并理解它们,作为读者的我们,也会更加了解自身。下文就以高中语文教科书选择性必修中的《大卫·科波菲尔》为例,看一看作者是如何在多重视角间转换的。

读狄更斯(Charles Dickens)的文字很过瘾,故事情节跌宕而脉络清晰,人物、景致描写细致入微,读者体验颇为轻松又若有所得。这本小说也是,读这段节选,可以注意全文首尾两句:"如今,我对世事已有足够了解,因而几乎对任何事物都不再引以为怪了。""可是我毫不怀疑,当我重返旧地时,我好像看到一个在我面前走着,让我同情的天真而富有想象力的孩子,他凭着那些奇特的经历和悲惨的事件,创造出了自己的想象世界。"①

从这两句话我们还能看到三重视角。其一是孩子时的"我",其二是现在的"我",其三则是此刻的作者。作者的眼光并不完全是现在的"我"的视角,而是统摄了前两者的视角,在这两者之间来回跳跃。

狄更斯之所以能在这两种视角之间转换得如此游刃有余,是因为这本身

---

① 　中华人民共和国教育部.普通高中教科书语文选择性必修 上册[M].北京:人民教育出版社,2020:56-66.

就是一部自传体小说。与科波菲尔一般,10岁的狄更斯来到伦敦贫穷的郊区,过着朝不保夕的生活。如果有人带他回"真正的城市",他会喜出望外,传记作家约翰·福斯特(John Foster)写道:

> 尤其是到修道院花园或河滨一带,他尤其高兴……他被圣·贾尔斯(应该插一句,当时的圣·贾尔斯是臭名昭著的罪犯贫民窟)令人厌恶的景象深深地吸引着。只要他能够说服那个带他出去散步的人带他走过一个叫"七街口"(早期散文中写到过)的地方,他就无比高兴。"天啊",他大叫道,"我在这里看到了一个由罪恶、贫穷和乞讨组成的多么光怪陆离的世界!"①

这简直是附和了撰写《恶之花》的城市歌颂者先驱波德莱尔的话:"啊,我爱你,臭名远扬的首都!"当然,这也说明了伟大的作家都是孩子。于是,当科波菲尔穿过谋得斯通-格林比货行所在的黑衣修士区时,他眼中的破旧与污秽就都是可以被原谅的了。一来,孩子眼中,这些都不算什么,还有猎奇之意。另外,作者说:"凡此种种,在我的心里,已不是多年前的事,而是此时此刻眼前的情景了。它们全都出现在我的眼前,就跟当年那倒霉的日子里,我颤抖的手被昆宁先生握着,第一次置身其间时见到的完全一样。"其实,历历在目者,恐怕也难以完全一样,少了几分童稚,又多了几分劫后余生的快慰。

狄更斯对于城市的热爱和熟悉,保证了孩子眼光中的那份真实。"上帝创造了乡村,人类创造了城市。"狄更斯的才能是属于现代的,狄更斯生活于城市,乡村于他只是度假之所。评论家菲利普·柯林斯(Philip Collins)比较他和同时代的英国大诗人丁尼生(Alfredlord Tennyson)说:"丁尼生对落叶松上一缕缕粉红色的绒毛感兴趣,而狄更斯从来没有这种兴趣。"②狄更斯的视角从来都在城市的角落梭巡,观察精微处令人叹服。这种本领显而易见,他在世时已经享有盛名,小说甫一写成就驿马传递,无数读者翘首以待。他去大教堂、大礼堂举办作品诵读会,人山人海。他是那个时代英国乃至西方世界的文学巨星,泽被四方。

如果说作者的视角是导演,现在的"我"的视角类似于画外音。每当现在

---

① 柯林斯.狄更斯与城市[M]//赵炎秋.狄更斯研究文集.南京:译林出版社,2014:239.
② 柯林斯.狄更斯与城市[M]//赵炎秋.狄更斯研究文集.南京:译林出版社,2014:238.

的我发表感慨之时，读者就能接受到这种颇为调皮与可爱的安全感，我们好像看到了水面上的航标。现在的"我"的视角，给予了某种确认感，我们从一开始就知道了故事必然有一个快乐的结局。这个隐藏的幸福的基调一直在，作者是打了包票的。哪怕中间的故事情节再凄惨，世事再艰难，读者也不至于伤心欲绝，狄更斯真是体贴他的读者。从这个角度看，狄更斯极具读者意识，我们看这篇小说，对于一位成功人士的回望视角不能不察。许多豁达，是因为历经苦难终究成功后的释然，为苦难涂上了一层玫瑰色的保护色。

相比于前两个视角，孩子视角则是当之无愧的主视角。并且，孩子的视角也渗透了作者视角，互相成就，否则，我们又该如何理解那位对着乞丐和贫民欢呼的少年狄更斯？那一声欢呼回荡在科波菲尔的眼眸深处，为全文定调。

所以，我们看到了一个个鲜明的小人物，他们让人过目难忘。这是孩子的眼光，一种类似于漫画的速写，我们会迅速记住"粉白·土豆"，人如其名，起绰号实在是一种原始的恶趣味。我们总是用特征概括某物，并将它拉进我们的话语体系，实现一群人对此物的共同占有。这是一种孩子气。这个世界在科波菲尔眼里，是一个又一个特征鲜明之物、事与人所构成。苦难本身也由此特征鲜明并有斜逸之态，比如米考伯夫妇的遭遇以及对待这些遭遇的态度。

在孩子眼里，他们情绪跌宕，怨天尤人又不出口伤人；既典当家具，又要维持不得已的体面；既不安贫乐道，又能处之泰然：实在是可爱多过可怜。在对米考伯夫妇的描写中，如果说有讽刺，那也是淡淡的戏谑，是漫画型的人物。人们对于有趣的漫画角色，又有什么苛求呢？他就在这个城市中，是我们周围中的一分子，某种意义上也是我们自己。不过分苛责自我，是一种生活智慧。他们对待小科波菲尔是平等的，是他的朋友，让小科波菲尔产生了被需要的感觉。从孩子的视角看，他们也是孩子。我们来看科波菲尔看到米考伯夫妇的第一眼，他们是两幅处处充满矛盾又和谐统一的肖像画。米考伯先生虽然衣服破旧，但装了一条颇为神气的衬衣硬领；虽然拿着很有气派的手杖，衣襟上还挂着单片眼镜，但又仅仅是装场面的。这种"虽然……但是……"式的行文是环环相扣的，随着读者的心理预期不停地小小地反转，诙谐感随之而来。这同样也体现在米考伯夫人在科波菲尔的第一眼中，憔悴的女人和喂奶的女人是反差，一个婴儿和双胞胎是反差，同时存在的双胞胎和总有一个婴儿在吃奶又构成细微的讶异。

孩子视角的运用，同时解释了为什么评论家会对狄更斯漫画般的人物素描褒贬不一，有人认为这样能突出人物特点，有人却认为有失真实。在孩子的眼光中，这样的米考伯夫妻，才是恰如其分的真实，让我们暂时悬置那些成人的视角吧。略加变形后的鲜明就是最大的真实。孩子的视角是整体性的，它贯穿文本始终。

这就应和了狄更斯对城市的态度，他虽然有埋怨，但内心深处是爱着伦敦这座大都市的。他对于穷苦人、游荡者，还是文学化的、孩子般的态度。监狱，这么一个沆瀣一气之所，在狄更斯笔下竟然有某种自治般的乌托邦气质。课文中最后一段写道："当年在霍普金斯船长的朗读声中，一个个从我面前走过的人里，有多少人已经不在了！"课文限于篇幅，删除了米考伯先生给下议院起草修改法律的请愿书这一情节。当时，霍普金斯船长给进房间签名的"犯人"一个个念请愿书，大声而认真。小科波菲尔记得，每当他念到"集会于议会之议员诸公""为此请愿人谨向贵议院提出请求""仁慈陛下之不幸子民"等词句时，声调洪亮悦耳，仿佛这些字眼是吃在嘴里的东西，味道鲜美可口。这时，米考伯先生则一面带着几分作者的得意之态，侧耳倾听着，一面（不太严肃地）望着对面墙头的铁蒺藜。这实在是一幅栩栩如生的漫画。这哪里是囚徒，分明是一位高贵的绅士！但米考伯先生的得意与不严肃，消解了群体中乌托邦似的行为，诙谐是乌托邦的天敌。

话又说回来，这又形成了一个新的文学理想国，那里的城市和子民，终归是无害的。当然，我们也可以说，他厌恶城市的肮脏与苦难，却能写得很好，这意味着美学化的处理，就像经过孩子的眼睛与想象，它被过滤了，铺陈在读者面前，我们能看到什么？三重视角构成了"这一个"孩子，那时代的读者可能看到了他心中的善良，看到了被集体吐槽的城市，而吐槽伦敦以及天气可能是当时市民见面寒暄的一部分。

当然，他们，还有我们，都能看到"这一个"孩子的力量，看见勃发的生命力。这些将鼓舞大众。狄更斯无疑知道他的读者想看到这些。

第六章　回到审美世界

第一节　对庸常生活的反思：走向美学？

基于身体，又回归到生活世界，美学的"看"，因其纯粹无功利性，似乎就是"超越"的可能，是人在语文生活中所需要的那种"看"。语文教育艺术化，或者树立一个超越的目标，也许就是我们摆脱功利、应试生活的方法。但是，在做出这样的论断之前，先简要回顾现代生活世界形成的历程。它并非原来就在那儿的。

其兴起是世俗世界从宗教、宗教世界的压制中翻身的过程，也正是现代化的进程，其中极为关键的因素是科学的兴起。专业化的、有限目的的劳动被认为是使得生活获得尊严的基础。

> 所有符号中，没有比从成果中获得的东西更确定或更高贵的了。因为成果和作品是哲学真理的发起者和担保者。如今，从古希腊人的所有这些体系和它们通过具体科学的分支中，经过这么多年日月穿梭，几乎不能举证出哪怕一个倾向于改善和有益于人类状况的实验，并且实际上找不出任何一个肇始于思辨和哲学理论的实验。[①]

---

① 泰勒.自我的根源：现代认同的形成[M].韩震，王成兵，乔春霞，等译.南京：译林出版社，2001：321.

这就带来第一个反思：科学之"看"是不是生活世界兴起的对立面？这似乎在告诉我们，两种"看"，都是必须的，科学的反思让我们警示"凝视"与"表达"的独一，或许正是摆脱"唯我论"的一条可行道路。也正因此，我们不能反对语文中的科学视角，科学的、理论的研究也是语文得以发展的重要原因。当然，哈贝马斯认为，审美现代性中的"审美抵抗"（aesthetic resistance）对于日益自动运转、使人异化的经济和行政系统，可以形成有益的对抗。从审美现代性可以走向文化现代性，继而可以完善社会现代化。① 当然，这种现代性下形式自觉式的审美有软弱之虞，它对于现代性的制度是一种补充而非批判。恰如马尔库塞（Herbert Marcuse）所言，艺术的自律性从一开始就是自相矛盾的，单个的作品或许对社会进行批判，但个人审美的一部分是期待社会和谐的，所以这种对社会负面的批判就会沦为对社会缺点的理智补偿，实际上是对所批判的内容作了肯定，甚至是艺术性的背书。② 形式上的可接受性，饱满的读者意识，会削弱批判内容的强度。

另外，第二个反思是：中国社会中若无神学因子，其生活世界重要性的依据何在？当然在我们的传统观念中，有类似将日常生活提高到较高地位的理据。儒家对日常仪礼的重视，宋明理学中强调的"日用即道"，正是认为生活世界中也能完成对道德的体认与践行。但是这种"内在超越"毕竟不同于"外部超越"，"道统"极易受到"政统"的影响，日常生活中的道德也时有可能成为控制的工具。语文在其中亦是如此，保持童心，说真话何其难也？仅以文学作品论，成为政治工具这一情况不胜枚举。

在查尔斯·泰勒看来，日常生活重要性的凸显不仅仅是因为宗教改革，还根植于基督教传统。他用基督教和斯多葛派的比较来说明："对斯多葛派来说，如果被放弃的东西是被正当的放弃的，那么根据这一事实，被放弃的东西则不是善的组成部分。对基督教来说，被放弃的东西则被肯定为善。"③也就是说，首先一种德性的存在是被赞颂的，就算我们舍弃日常生活，也不是因其不善，而是有更大的善，同样也因为被舍弃之物是善的，那么所追求的更是至善。

---

① Jurgen Habermas. Modernity-an Incomplete Project［M］// Charles Harrison, Paul Wood eds. Art in Theory, 1900－2000: an Anthology of Changing Ideas. Victoria: Blackwell Publishing, 2014:1124.

② 比格尔. 先锋派理论［M］. 高建平，译. 北京：商务印书馆，2002:6.

③ 泰勒. 自我的根源：现代认同的形成［M］. 韩震，王成兵，乔春霞，等译. 南京：译林出版社，2001:330.

这样就有了第三个反思:是否儒家的观念适合用于建构生活世界的基石?美学可以取而代之吗?不同于道家与释家,儒家虽然也有"杀身成仁",但是它与基督教类似,是舍小仁而就大仁。不过我们同样需要注意,在"我们"的仁中,"我"的消亡,"身体"的消失是压制产生的第一步也是最后一步。我们是否还能坚持,在生活世界中,超越的"道"是多元的?这也是笔者特别肯定杂多的"前世界的东西"的原因,丰饶与尚未被完全定义,蕴含多种超越的可能。有学者认为,儒家的观念虽然可以融入当代国家主义的建设中,但不能成为构建现代世俗社会的基石,中国采用了更激烈的世俗化进程。[①]

美学取代宗教的呼唤在"道术为天下裂"时代更加彰显,它可以超越功利的生活世界,超越客体的定式,超越理性的压制,超越生命与感性的脆弱……不仅如此,它还有一定的社会功能,其人文关怀蕴含了教育的力量。蔡元培在1917年,首先提出了艺术代替宗教说。他认为在中国现代化进程中,文艺应当先行。[②]

回到身体与生活世界是使得语文获得源头活水的可行之路。语文应当关注生活世界中意义的产生与内容,求真求实,与他者的交流构成了语文的结构,也暗含了超越的因子。同时要审慎地意识到,艺术性等其他暗含超越功能的属性在语文中所拥有的独特地位。在暗夜里,要小心地看护这团生命之火。

第二节　语文与艺术的现代性

一、作为艺术的语文产品

语文与审美有千丝万缕的关系。从中国传统来说,文即纹,有审美的一面;从现代性来说,现代性有审美现代性的维度,自是密不可分。现代社会转型之际,从宗法社会走向世俗世界,美,似乎可以满足人们内在超越的需求。

谈及语文课程的上位学科,大都会想到文学、语言学,很少会关联到艺术、美学。然而得承认,从美学的角度,无论是形式美还是对此的批判,一篇

---

① Peter van der Veer. Is Confucianism Secular[M]//Akeel Bilgrami ed. Beyond the Secular West. New York:Columbia University Press, 2016:117-134.

② 蔡元培.以美育代宗教说[M]//蔡元培,高平叔.蔡元培美育论集.长沙:湖南教育出版社,1987:46.

文学作品也是一件艺术作品,自然受到审美力的批判。鲁迅在名篇《摩罗诗力说》中写道:

> 由纯文学上言之,则以一切美术之本质,皆在使观听之人,为之兴感怡悦。文章为美术之一,质当亦然,与个人暨邦国之存,无所系属,实利离尽,究理弗存。故其为效,益智不如史乘,诚人不如格言,致富不如工商,弋功名不如卒业之券。特世有文章,而人乃以几于具足。……严冬永留,春气不至,生其躯壳,死其精魂,其人虽生,而人生之道失。文章不用之用,其在斯乎? 约翰穆黎曰,近世文明,无不以科学为术,合理为神,功利为鹄。大势如是,而文章之用益神。所以者何? 以能涵养吾人之神思耳。涵养人之神思,即文章之职与用也。①

文学或语文的"不用之用",以求生命的直觉性体验,正是艺术的特征。说句题外话,鲁迅在这篇作品中汲取了大量日文文学理论,参照了九种日文著作,②可见,语文的源初诚不以民族、国籍论。

当然,作为艺术作品的语文,也面临着现代性的迷思,"作品"本身就意味着是隶属于某一观念集合的,是受各种权威、权力所影响的。是谁、凭什么赋予作品成立的权力? 这背后一定指向各种体制。无法摆脱单个作品来言说其背后的句法规则。它是生产出来的,至于生产者为何、何以生产、何以大规模流行、何以成为消耗品和废品,这些可以再商量、再讨论、再批判。姑且认为作为艺术的"语文产品"是可能的。

艺术与美术也是文学的扩充。诗是纯粹的语言,其实,如果说语文有语言所不能完全涵盖的,譬如上文曾经提及的,帕斯所谓的节奏和意象(形象),前者是动、后者是静,自然有无法言说的节奏和意象,就不得不用美术、音乐、雕塑等艺术形式。因此,语文理当从艺术处获得更多的资源与自由。

早期现代社会的诞生催生出了大量具有现代性的艺术作品。在中国,一些史学家认为这段时间是"一段夹在 16 世纪晚期、17 世纪时愈益商业化、货币化、城市化,与 19 世纪晚期、20 世纪时急速工业化浪潮之间的时期",16 世

---

① 鲁迅. 鲁迅全集:第一卷[M]. 北京:人民文学出版社,2005:102.
② 崔文东. 青年鲁迅・文学理论・文学批评:《摩罗诗力说材料原考》[J]. 文学批评,2003(5):89-97.

纪的江南可以作为典型,这亦伴随着一种新的消费模式,"创造新的奢侈品种类及广泛的流通渠道、将文化当作商品的概念、各种著作对奢侈消费细节的描述、朝廷禁奢之控制的疲弱,以及认为如此奢侈的缴费具有正面益处的想法"①。

吉登斯认为当时的江南扬州与现代性概念相联系:一为"对抽象系统的信赖(例如邮政与金融系统)"以及"空间与地点的脱节"②。所谓对抽象系统的信赖,与之前反复强调的最高价值的唯名论转变相符,一种去道德化的规则至关紧要;而空间与地点的脱节意味着艺术商品的迅速流动,人们不再满足于千篇一律的风格,开始求新、求异。现代性由此产生。

有趣的是,文人画的出现、流行也意味着对观者的选择,提高了门槛,不再面向普罗大众,观者自动成为一种共同体。当然,这种对艺术的身份自觉在现代艺术中常常被怀疑,现代艺术家们越来越挑战既有的认识,包括艺术自身。这里,就出现了个非常重要的问题:该汲取怎样的艺术审美? 当代艺术审美与中国传统艺术之间的碰撞也许是我们更需要关注的。

通俗来说,就是"怎么看"的问题。该怎么观察这个世界? 回到生活世界,是因为对科学主义、功利主义的反拨,笔者相信生活世界是源初而广阔的。但是,它同样也是所反对、反抗的视角的诞生之所。审美是无功利的,是想象力的飞翔。但是,现代审美意识恰恰源于对一切成见的拒绝与批判。如果我们欣赏波普艺术,那么会为它的商业化感到惊叹,哪怕它的初衷是对资本主义的反讽——反讽的对象与反讽者形成共谋的关系,实在值得玩味。更宽广地来说,商业是和现代性相向并行的,而非适得其反。至于想象力,笔者愈发感受到一种想象力的"暴政",一种想象力是对其他千万种想象力的遮蔽。

二、新"看法"何以实现

理想的"看"类似一种审美的看。在当下语文生活中,其实内含充满异质性的看。东方审美与西方审美相遇之时,彼此都是异质,现代性由此产生。不论是大格局,还是技术方面皆是,它们看待世界的视角是不同的。以中国山水画为例,采用移步换景,如长卷与散点取景、多重地面的立轴。"在二维

---

①　乔迅.石涛:清初中国的绘画与现代性[M].邱士华,刘宇珍,等译.北京:生活·读书·新知三联书店,2018:24-25.

②　乔迅.石涛:清初中国的绘画与现代性[M].邱士华,刘宇珍,等译.北京:生活·读书·新知三联书店,2018:23.

绘画上,当空间进入绵延的时间中,空间秩序服从时间秩序,即空间在时间中变形。""中国绘画已经解决了纵向的景深与横向的视点移动之间的矛盾(即历时性与共时性的矛盾)。"①

所以说,中国山水画是时间性对空间性的胜利,或许是基于农耕文化的。"消失点透视是城市现象,或者说是建筑现象。在人工建筑的城市中我们才意识到消失点,山水之间不存在消失点,山水画可以不需要消失点透视,也能画出无尽的空间。"②有趣的是,西方现代艺术也开始意识到消失点透视的缺陷,并试图将不同时间看到的同时呈现出来,这就有了拼接、蒙太奇等多种新的艺术形式。当城市文明到来的时候,我们一边走出农耕文化,一边又不停怀念之,这种心理可能不限于绘画,而是整体文化的。

审美地看,是否就是现象学所谓"本质直观"?这可能还要细查之。只能说,不是所有的审美都是本质直观。从方法论上,本质直观更接近"顿悟",或者说更接近实现"顿悟"的过程,是对事物本来样子的一次次接近。作为贾科梅蒂(Alberto Giacometti)的模特,洛德这样说:

> "他画头部,"洛德追叙说,"画了一遍又一遍,画几笔,看看我,又画几笔,一边牢骚不断。并且,有时候情形仿佛变得远离现实。头像作为头像已经不再具有任何意义,甚至作为绘画它也不能说明什么。惟一具有其自身生命和意义的,是贾克梅蒂的绘画行为和视觉语言,为表现在瞬时间与我的头部相吻合的一种对现实的直觉而进行的不懈斗争。要达到这一点显然是不可能的,因为一种本质上抽象的东西是不可能既被具体化又不被'变质'的,但是他命中注定要去进行这种尝试。有时候看来,这就像是西西弗斯的使命……"
>
> "艺术只是一种'看'的'方式'",贾克梅蒂说,"要了解你所看到的东西,必须试着做到仅仅只是把它摹写出来。必须准确地画出你眼前的东西。最难的就是摹写你所看到的……"③

如何能达到这种本质直观的"看"并将之运用于对事物的临摹,这是一个语文方法论的重要问题。如果去看贾科梅蒂的素描,就会发现无数条笔迹形

---

① 韦羲.照夜白:山水、折叠、循环、拼贴、时空的诗学[M].北京:台海出版社,2017:75-77.
② 韦羲.照夜白:山水、折叠、循环、拼贴、时空的诗学[M].北京:台海出版社,2017:105.
③ 许江,焦小健.具象表现绘画文选[M].杭州:中国美术学院出版社,2002:157.

成的"痕迹",这是一种对抗与行动。在这里,常识是不可靠的,因为我们的视网膜经验与心理经验不足以仰赖。

让物象从日常的成见中摆脱出来是第一步,也是关键。视网膜经验与心理经验不可能凭空消失和被悬搁,自由想象就成了必要的训练手法,可以将之看成中间步骤,呈现出的物象是中间状态。日本画家东山魁夷有这么一段思考,可以看作视角的转变的具体过程,颇具启发。誊录如下:①

> 我们假设这里有一座可以从旅馆看到的山,离旅馆不远。假设这座山只是一座普通的杂树林的山,没有风景画所需要的远景、中景和近景,就是孤零零的一座山。要是以前的我,对这种东西连看也不会看,立刻就认为它根本就入不了画。假如它是夏天的山,一片郁郁葱葱,像这类题材的确是不好处理。不过,假如我们仔细观察一下,就会发现它是有节奏的,是各种各样的形状的重叠。这样,在我们的眼里,同样的一片绿色也就会因为树种类的不同,而显现出其叶子色彩的微妙变化。通过在适当的位置发现这微微可见的变化和繁茂枝叶的略有不同的形式,我们会在这单调的一座山里感受到复杂的意味。而且,它们在和天空的关系中,伴随着时间、气候的状态的变化,会为我们显示出其无限的风貌。事实上,在清晨,在傍晚,山有时会在一瞬之间显得十分美丽。另外,我们还可以变换一下观察的角度,譬如将现实中的山的低俗的绿和墨糊糊的树阴的色彩变换成群绿色和群青色看一看,将天空变换成为略带粉红的灰色,或者变换成带有橘黄色的灰色,看一看它们和山的协调和对比如何。我们还可以把所有的一切都涂成墨色,看一看它们的效果如何。总而言之,我们可以按照自己的愿望,去变化同样的对象。我们的兴趣也就会随之而涌现出来。

物象仍受日常世界种种先在观念的影响,需要在长时间实践,掌握本质直观的方法后,不带任何成见地"看"并描述事物本来的样子。以物观物,除了某种诗学语言,似乎找不到更好描述这种状态的办法了。

---

① 东山魁夷. 我的窗[M]. 于荣胜,译. 石家庄:花山文艺出版社,2001:91-92.

　　我们要有冬天的心
　　去观看冰霜
　　和厚盖白雪的松枝；

　　我们要冰冻很久
　　才能观看壮松带冰，
　　松枞在一月阳光遥射中的粗糙；

　　而不去想
　　风声和叶声中的
　　任何悲愁，

　　这也是大地之声
　　吹着相同的风
　　在裸露的老地方吹着

　　为雪中聆听的人而吹，
　　那人，虚静无虑，观看
　　无中生有和无众生无。①

　　这首《雪人》正说明了理想的"观看"方式，本质直观于物体，最终才能抵达寂静之所。抵达事情本身，使事情的本质用语言的方式呈现出来，比如郭勇健认为，史铁生的《务虚笔记》通过"想象的自由变更"，让"命运"的本质呈现出来。② 如此说来，文学中有大量新的"观看"这个世界方式。笔者看来，同样是运用想象，《尤利西斯》要比《追忆似水年华》更符合理想的"看"，因为前者有明显的"悬搁"状态，对世界的信仰被搁置起来，对现实世界暂时不做讨论，意识流更为私人、混乱、不可理喻。这是一种艺术的对抗。
　　艺术给我们的不止于方法论上的更新，艺术史的发展也可以带来启发。

---

　　① 程代熙. 现象学·美学·文学批评[M]//米·杜夫海纳. 审美经验现象学(上). 韩树站，译. 北京：文化艺术出版社，1996：36-37.
　　② 郭勇健. 现象学美学史[M]. 北京：社会科学文献出版社，2018：49.

我们可以借用艺术史的分期,将语文分为古典语文、现代语文与当代语文。古典语文寻求对事物、事情的再现,它或服务于神学与道德等超越之物,或服务于政治与经济等世俗之业;现代语文则强调语文的自我意识,它有自己的规则,它是祛魅的,祛除政治、道德、社会伦理的。在个体的表达上,它寻求特异性,语文作品风格的别具一格,让读者获得讶异的体验。

当代语文则在自我意识不断加强的路径上越走越远,反思一切定型之物。一方面寻求人的解放,不再在乎作品的风格,乃至反思所谓的文学性,只追求自我情感的精准表现,而作品可能极其粗糙;另一方面对语文本体进行反思,以商业化、政治化、伦理化的新形式介入社会。甚至走得更远,试图对传统实在进行某种现代意义上的"招魂"。

在现代化的语境下,尤其需要注意功利观念的影响,这并非仅仅指应试教育带来的机械训练,现代八股文的还魂,而是在更上位的观念上,在民族忧患意识的指引下,认为语文可以作为一种救国治弊的工具。恰如中国现代艺术史上,在对于汲取西方现代绘画写实派还是现代派的争论中,以徐悲鸿为代表的写实派占据了统治地位,且达五十年之久。他极度厌恶塞尚、马蒂斯、莫奈,并掀起了激烈的论争。李毅士的观点极具教育的普遍性:"假如说我的儿子要学他们(现代派)的画风,我简直要把他们重重地打一顿,禁止他学他们","即使徐悲鸿先生的话不确,塞尚和马蒂斯的表现,都是十二分诚实的天性流露;但我还是觉得要反对他们在中国流行,万一不利于社会的种子。因为我以为在中国现在的状况下,人心思乱了二十多年,我们正应该用艺术的力量,调剂他们的思想,安慰他们的精神。像塞尚、马蒂斯一类的作品若然盛行在中国,冲动了中国的社会,我知道这祸患不浅哩!"①

这段话里如用语文、语言、文学代替"艺术",一点也不违和。20 世纪 30 年代,曾经兴起又很快消逝的中国现代派诗歌亦是同等命运。"写实""入世""救亡"这样的观念长时间笼罩在中国人的心头,几乎成为某种共识。这极易和当代艺术思潮中提倡的介入社会所混淆,唯一能够区分的只有一个大写的"人"字。当然,在我们重新反思何以写实主义在 20 世纪初压倒现代主义时,不能不看到某种必然性。首先,写实主义无疑更能让普通受众接受和理解,现代主义带着更多的精英主义倾向,对读者的要求更高;其次,写实主义和科学经验联系在一起,是社会现代性的显现,而现代主义更多是美术现代性,是

① 李毅士.与王少陵谈艺术[M]//徐悲鸿.徐悲鸿论艺.上海:上海书画出版社,2010:96.

对前者的反思。在当时的中国,无疑前者更具有说服力。尚未领略到现代社会目眩神迷的人们,又凭什么反对它呢?

无须讳言,当代的语文多是各种社交软件、自媒体、流媒体里的语文,它解放又消解着人,人们比任何时代都要渴望传统语文带来的整体感、安全感,那些遥远的语词或境界,对于当代生活,是异质的,是充满现代性可能的。同时,当代语文不停对传统语文进行消解,它不会满足一个中心的形成,而是会形成若干个亚中心、亚亚中心,不断分裂……在这些无数个中心中,多元表达才得以真正实现,语词本身的、原始的、被遗忘的、沉默的、种种可能会被唤醒,又迅速消解。

在这个过程中,传统会与现代产生激烈的碰撞,就像两个气泡碰在一起,也许会形成一个大的气泡,既是也不是原来的气泡了。但也许无法融合,是失败的尝试。美学地看,不是看到美,而是看到龃龉。假若有理想的基于美学的看,"叩其两端而执其中",类似佛家龙树的"中道",在 A、B 的两端画一条线,中道之点不在线的中间(中庸之道),而是落在另一个维度上。① 是的,超越之美的终点与生活不在一个平面,只有龃龉、裂缝才能让其凸显出无聊的平面。

下节以"荒原意识"为例,运用一些现代美学的观念,探讨传统与现代融合的可能。

第三节 现代性举隅:荒原意识

一、什么是荒原意识

荒原意识不仅体现在现代文学中,在现当代艺术领域也成为独特的景观。谈论"荒原",绕不开下面这首诗:"四月是最残忍的月份,哺育着/丁香,在死去的土地里,混合着/记忆和欲望,搅动着/沉闷的根芽,在一阵阵春雨里。"自 1922 年艾略特的《荒原》刊行以来,"荒原"这个意象就反复出现在现代诗歌的世界里,并漂洋过海,在东方扎根。新月派诗人在 30 年代对此诗进行

---

① 吴汝均. 龙树中伦的哲学解读 [M]. 台北:台湾商务印书馆,2022:12.

了翻译并引进,由此在中文诗世界产生广泛的影响。① 何以如此? 因为中国一样面临《荒原》中所显露出的现代世界、工业世界的某些重要本质。当然,在此之前、之后,"荒原"并不因这首诗显现或湮没,荒原并非孤峰,只不过好像诸多河流汇集于此,形成漩涡,被世人所见,被世心所见,成了后世对此言说绕不过的关口。

何谓"荒原意识"? 对诗人而言,或在诗行中自觉地运用荒原的诸种意象,或直接对荒原进行描述,以达到对世界的描述。这个营建的诗国是荒原,姑且认为其拥有"荒原性"。有学者以为,"荒原意识"是指诗人对现代社会进行整体性的思考与判断。② 也有学者认为,"荒原意识"多指涉情欲与死亡这样的现代文学母题。③ 孙玉石则直截了当指出,荒原意识,是在 T. S. 艾略特《荒原》的影响下,一部分现代派诗人中产生的对整体人类悲剧命运的现代性观照,和对于充满极荒谬与黑暗的现实社会的批判意识。④

由此可见,首先,荒原意识与现代社会息息相关。荒原意识是"舶来品"。30 年代诗坛出现过一股"荒原冲击波",⑤并对后期新月派产生了巨大的影响,荒原意象给都市生活的描写带来了前所未有的景观,被朱湘、孙大雨等人所借鉴。⑥ 1936 年,赵罗蕤注译的《荒原》由上海新诗社出版,邢光祖在《荒原》书评中写道:"我相信谁也不会否认:凡是艾略特(T. S. Eliot)所写的一切,不论是诗,还是文评,都是值得仔细推敲和体会的。在诗中,他奠定了一种新的作风,在他自我的抒写里隐含着整个时代的反映,例如他的《荒原》(The Waste Land)可以说是廿世纪人们心理的 epic。"⑦

其次,荒原意识是个人对存在基础的怀疑乃至绝望。只有如此,"世界是荒原"这一命题才可能成立。此心理特别容易发生在"道术为天下裂"的时代,"自我—世界"连续性的链条断裂,反求诸己,内视亦是一片荒凉:"我是否真的存在?""世界是否真的存在?""我从何处来,将去何处?"无不逼迫荒原意识的诞生。

---

① 艾略特. 荒原:艾略特文集·诗歌[M]. 汤永宽,裘小龙,译. 上海:上海译文出版社,2012:79.
② 张新. 20 世纪中国新诗史[M]. 上海:复旦大学出版社,2009:326.
③ 胡希东. 新感觉派"荒原"意识试论[J]. 社会科学,2014:(3):179-185.
④ 孙玉石. 中国现代主义诗潮史论[M]. 北京:北京大学出版社,1999:176.
⑤ 张松建. 现代诗的再出发:中国四十年代现代主义诗潮新探[M]. 北京:北京大学出版社,2009:35.
⑥ 黄昌勇. 新月派诗论[J]. 文学评论,1997(3):75-86.
⑦ 邢光祖.《荒原》书评[J]. 西洋文学,1940(4):486-489.

可以说,"荒原冲击波"之所以能够实现,源于心理攻同,无论多么不愿意,现代社会终究是到来了,并给人们带来巨大的冲击。对之进行诗学反映,做出应激反应——荒原,这一新的世界图景正在急促变化的社会中形成。这无疑是现代性的一种。

另外,不限于现实原因,荒原意识得以流行还在于新的诗学主张的流行。赵罗蕤阐述自己翻译《荒原》的原因,不仅在于此诗的节律、风格、内容和别人不同,更在于她强烈感受到新诗过去的境遇和将来的期盼:"正如一个一个垂危的病夫在懊丧、懈怠、皮骨黄瘦、色情秽念趋于灭亡之时。看见一个健壮英明而坚实的青年一样。这个青年的性情如何,还是比较复杂的一件事,但是我感到新生的蓬勃,意念意象意境的恳切,透彻和热烈,都是大的兴奋。"①由此可见,新诗学的诞生与蓬勃建立在过去社会的崩塌之上,遑论那个青年的性情如何,他是"新"的就好。这种心理蕴含了两个假设:其一,"新"的就是"好"的;其二,"一个新"必然会带来"样样新",新的诗学必然会带来崭新的社会,至少是其预兆。

虽然新诗的诞生于"白话文运动"的大潮中,但在用语言策略来解释荒原意识之余,更应该回到生活本身。一方面,新旧生活的断裂感需要新的语言内容与形式,旧体诗,虽然从内在肌理上有此潜力,但形势紧迫,已经无法担当这一责任。在当时,求新、求异是压倒一切的。至于旧体诗与西方现代诗隐含的一致性,则被忽略了,并成为后来者喟叹与想象的源头。另一方面,至关重要的是,中国现代诗,特别是现代派诗歌自诞生之初就和"国耻家仇"联系在一起,现代化生活充满了最极端的情境——战争笼罩在诗人身心之上。强烈的历史感、民族意识是其坚实的诗歌底座。

二、荒原意识的基本特征

寂静与沉默,这是荒原的基本表征,越来越成为文学的一种态度。"不论沉默的原因是什么,也不论它采用什么样的形式,它已经成了文学的一种态度,也成了我们这个时代的一个事实。"②这种寂静与沉默是现代人生存的基本状态之一,是孤零零的存在的见证。按照现象学的说法,我们每个人都是被抛掷于世界中(throw into the world)。并且,我们是活的,是具身的,我们

---

① 张松建. 现代诗的再出发:中国四十年代现代主义诗潮新探[M]. 北京:北京大学出版社,2009:35.

② 哈桑. 后现代转向[M]. 刘象愚,译. 上海:上海人民出版社,2015:69.

拥有鲜活的体验(lived experience)。① 故而,"我说不出话,眼睛也看不见,我/不死不活,什么都不知道,/注视光明的中心,一片寂静。/凄凉而空虚是大海"②。

需要强调的是,此处的静寂和古代汉诗中的寂静是不同的,奚密在评论废名的一首诗歌时说:"寂寞在传统意义上是诗人寻求知音而不得的结果。然而,就废名而言,寂寞源自他在现代物质条件下深陷于某种矛盾而感到的困惑,这种矛盾在于,外部世界的挤迫和喧嚣灌注于他的只是深深的孤独和无助而已。古典诗人之寂寞背后的宁静和自在,在这首现代诗中是看不到的。"③在大时代面前,难以获得自我认同的诗人,则如穆旦的这首诗中描述的那般凄惶:

> 从子宫割裂,失去了温暖,/是残缺的部分渴望着救援,/永远是
> 自己,锁在荒野里,
> /从静止的梦离开了群体,/痛感到时流,没有什么抓住,/不断
> 的回忆带不回自己。④

荒原意象,一再地在穆旦诗中出现,如《在旷野上》《哀悼》《春》《荒村》《沉没》,等等。⑤ 诗人展现了都市、现代生活、战争给人带来的心灵和肉体的磨难,没有什么是可以依靠的。值得注意的是,静寂不是一开始就达到的,而是以一系列反面的情绪铺陈而至。它经由反自身到达自身。《荒原》中有:"在山岭里甚至没有寂静/但听得无雨的干雷徒然地轰鸣/山岭里甚至没有远离人寰的幽寂/只有那发红的愠怒的脸庞/从一间间泥土剥落的茅屋门口向你咆哮和嘲笑。"这是荒原中涌现的景况,是达到静寂的必由之路。这种挣扎,在现代派诗人的笔下比比皆是。

寂静与沉默有许多同义词,都可以放在这里使用,它所塑造的景观是荒

---

① Peter Costello, Licia A. Carlson. Phenomenology and the Arts[M]. Lanham: Lexington Books,2016:5.

② 艾略特. 四个四重奏:艾略特诗选[M]. 裘小龙,译. 南京:译林出版社,2017:71.

③ 奚密. 现代汉诗:一九一七年以来的理论与实践[M]. 奚密,宋炳辉,译. 上海:上海三联书店,2008:3.

④ 张松建. 现代诗的再出发:中国四十年代现代主义诗潮新探[M]. 北京:北京大学出版社,2009:229.

⑤ 穆旦. 穆旦诗精编[M]. 武汉:长江文艺出版社,2014:18,31,41,143,200.

芜,难以言说或不愿言说的。"我低头向自己内部的深处窥探/果然是预期的样子/片瓦无存"①;"礁石阴沉地裸露着,不见了/枯黄的透明的光泽、今天/暗褐色的心,像一块加热又冷却过/十九次的钢,安详、沉重/永远不再闪烁"(根子,《三月与末日》)。

这种寂静与沉默带有强烈的反叛性质,表达了诗作对现代社会纷繁、喧嚣的控诉与决裂。寂静与沉默是诗境结束的地方,而非开始的地方。有学者认为,《荒原》是描述 20 世纪前期脱序的都市生活的史诗,充斥着万花筒式的一系列支离破碎的声音。② "静"与"碎"并非此起彼伏,而是双方旗鼓相当、愈演愈烈,直至诗境的轰然崩塌。当然,"崩塌"可以看作"过去时""将来时",乃至"现在时"。所以它的意象选择除了偏爱冬天,如穆旦晚年的《冬》,更体现在对"进步""光明""生命"等诸多"正面"意象的厌恶,尤其是太阳与春天。厌恶常是开宗明义的,并直接以咒骂的形式出现。这种反叛无疑比《冬》这样的"正面"抒情来得更有冲击力,更富有荒原精神。

> 三月是末日。
>
> ……
>
> 我是人,没有翅膀,却/使春天第一次失败了。因为/这大地的婚宴,这一年一度的灾难/肯定地,会酷似过去的十九次/伴随着春天这娼妓的经期,它/将会在,二月以后/将在三月到来。③

这首诗通过对美好事物摧毁的诗学策略,几乎涵盖了荒原的所有情绪:绝对的孤独、孤绝的反抗等。"礁石阴沉地裸露着,不见了/枯黄的透明的光泽、今天/暗褐色的心,像一块加热又冷却过/十九次的钢,安详、沉重/永远不再闪烁。"④这些语词比比皆是。这是一种近乎病态的呐喊,它首先是心理层面的大宣泄,而非一种荒原意识的先行,是生生地"造境",也是生疼。这样的诗境也在后来者的诗歌中反复出现,譬如海子的那首《春天,十个海子》:"在春天,野蛮而复仇的海子/就剩这一个,最后一个/这是黑夜的儿子,沉浸于冬

---

① 艾略特. 四个四重奏:艾略特诗选[M]. 裘小龙,译. 南京:译林出版社,2017:69.

② 张松建. 现代诗的再出发:中国四十年代现代主义诗潮新探[M]. 北京:北京大学出版社,2009:192.

③ 根子. 根子诗二首[J]. 诗探索,2008(2):201-209.

④ 根子. 根子诗二首[J]. 诗探索,2008(2):201-209.

天,倾心死亡/不能自拔,热爱着空虚而寒冷的乡村。"①

又譬如痖弦的名诗《深渊》,可以看到:

> 冷血的太阳不时发着颤,/在两个夜夹着的/苍白的深渊之间。
>
> ……
>
> 在三月我听到樱桃的吆喝。/很多舌头,摇出了春天的堕落。而青蝇在啃她的脸,/旗袍叉从某种小腿间摆荡;且渴望人去读她,/去进入她体内工作。而除了死与这个,/没有什么是一定的。生存是风,生存是打谷场的声音,/存是,向她们——爱被人膈肢的——/倒出整个夏季的欲望。②

太阳、三月、春天、樱桃、女人、夏季,这些都是正面、希望,乃至丰饶的形象,而诗人偏偏要用其来反衬其对面的冷血、苍白、深渊、堕落、青蝇、打谷场、欲望,这也是《荒原》中常见的笔法。有学者指出,痖弦的"深渊",不仅实指胯腿间所构围成的世界,也暗示西方的文明、科技高度发展,产生了沉沦与道德崩离、精神世界为感官、物欲占据,更寓意人类在物质生活不断提升下,信仰的阙如与不见光明的景况。可见,这首诗是荒原意识的集中体现。洛夫在晚年长诗《漂木》中,更是直接提出了历史时间的虚无:

> 我一气之下把时钟拆成一堆零件/血肉模糊,一股时间的腥味/嘘!你可曾听到/皮肤底下仍响着零星的滴答/
>
> 于是我再狠狠踩上几脚/不动了,好像真的死了/一只苍鹰在上空盘旋/而时间俯身向我/且躲进我的骨头里继续滴答,滴答……③

需要注意的是,荒原意识在台湾诗人的笔下,更是一种集体的"孤岛意识",特别是一批出身军旅的诗人,如洛夫、痖弦、商禽、周梦蝶等人,它们营造的空间图景有浓烈的荒原意象。譬如洛夫的《石室之死亡》体现一种地窖式

① 海子. 海子诗全集[M]. 北京:作家出版社,2009:540.
② 痖弦. 痖弦诗集[M]. 桂林:广西师范大学出版社,2016:213.
③ 洛夫. 漂木[M]. 台北:联合文学出版社股份有限公司,2014:202.

升降,痖弦诗中大量出现的死亡航行、商禽的囚禁空间意识。他们从艾略特的《荒原》处继承的更多是其智性的表达,是观念先行。这与覃子豪、纪弦等人的现代诗论战客观造成的现代诗普及作用,是分不开的。

观念先行不仅体现在创作之前自身对荒原意识等现代精神的体认,更体现在创作时自觉运用一些诗学策略来体现人与环境的疏离、自我的碎片化与孤独。比如上文所举《漂木》之例中蒙太奇手法的运用。又比如在《深渊》中大量出现的主语、宾语的倒装,"冷血的太阳不时发着颤,/在两个夜夹着的/苍白的深渊之间"。正常的符合汉语语法逻辑的应该是:"在两个夜夹着的苍白的深渊之间,冷血的太阳不时发着颤。"采用现在的语言形式,将凸显主体的荒谬性。

不能忽略这一时期诗人在诗学策略上的努力和40年代早期诗人的同源性。且都在汉诗写作的探索过程中拓展了汉语言新的可能。洛夫曾说:"我也像其他现代诗人一样,早年由于不满'五四'以来白话诗语言的粗糙和散漫,以及那种有闻必录,有感必发的表现方法,曾经一度效法唐僧玄奘,求经于异域,希望从西方文学中吸收营养。"[1]也就是说,当年的早期现代派诗群的创作,除了内容上对荒原意识的认同,在语言形式上,也是一种自觉的尝试。这一点在现代派诗人那里,一脉相承。当然,就洛夫个人而言,这也是特定历史、空间现状的结果。

除了中国台湾地区,早期现代主义诗人到中国香港和东南亚的部分地区的着实不少。他们通往荒原的流亡常常饱含一种关于南方的想象,这又和传统儒家观念中的"道不行乘桴浮于海"相通,要去那多雨水的南方,是对空间边缘、碎片化的反抗,隐含一种重建中心的心理预期。"风向针定定的指向东南/云沉沉的压着大桅小墙……突然远处传来一声钟声/不知那一条船又要出港。"[2]这一"纵的继承"——"指南录"精神,在19世纪末已然开始,有一种"遗民"心态。[3]

但是,有学者论断,大陆和台湾地区的现代诗之间,同质性高于异质性。[4]

---

① 洛夫.镜中之象的背后:《洛夫诗歌全集》自序[J].创世纪,2008(156):23.
② 齐邦媛.中国现代文学选集·诗[M]台北:尔雅出版社有限公司,1983:49.
③ 高嘉谦.遗民、疆界与现代性:汉诗的南方离散与抒情(1895—1945)[M].台北:联经出版事业股份有限公司,2016:26.
④ 奚密.现代汉诗:一九一七年以来的理论与实践[M].奚密,宋炳辉,译.上海:上海三联书店,2008:3.

可见作为华人,同根同种,面临现代性的拷问时,有太多一致性了。

三、启示录精神与纪念碑性

这里将用更多的艺术术语,如"纪念碑性""反纪念碑性"来反思荒原现象。反历史的时间观,这是荒原得以呈现的重要条件。现代的历史是线性向前,而荒原的时间是绝对的,是对历史进步时间的对峙与反对。荒原景观并不发生在历史的序列中,它是超验的,也是历史瓦解之后诞生的,它发生在当下的每一刻,却不是这"每一刻"。在资本主义现代性中,时间是滴滴答答,拆分成物理时间以秒计算的,但现代性的裂缝就在这摔碎的声响之间。

反历史的时间遑论过去与未来,永恒的是寂静的现在。"那本来会发生的和已经发生的/都指向一个终点,终结永远是现在。"[①]正是由于对过去、未来的否定,"现在"成为福尔马林,诗人由此扼住了现代性的喉咙。"没有什么现在正在死去,今天的云抄袭昨天的云。"[②]获悉绝对的时间这一前提,我们就不难理解荒原意识在诗中所表现出的巨大的压抑和对救赎的渴望,同时,救赎又意味着对"现代性"的背叛,由此产生的张力足以成为现代诗取之不尽的源泉。在这里,不是深渊,不是死寂,是力的涌动。

恰如在阐述荒原特征时所说,荒原中的"现在"并不是静态的,而是源于激烈的地壳运动,所以诗人们可以认为这片云就是那片云,他们表达了对轻飘之物——云的某种不屑,他们更中意风。

生存是风,生存是
打谷场的声音。(痖弦,《深渊》)

有时因为风,风是我们唯一的家
梦从来不是,梦是堕落的起点(洛夫,《漂木》)

这个时辰
世袭的大地的妖冶的嫁娘

---

① 艾略特.四个四重奏:艾略特诗选[M].裘小龙,译.南京:译林出版社,2017:69.
② 痖弦.痖弦诗集[M].桂林:广西师范大学出版社,2016:213.

　　——春天，裹卷着滚烫的粉色的灰沙

第无数次地狡黠而来，躲闪着（根子，《三月与末日》）

　　"风"是"气体"，是运动的，是背反的，是激荡的。这可以成为荒原精神的一个有趣注脚。荒原并非真空中的荒原。反历史的时间发生在生活中，它可以发生在所有人的每天生活中，正是这种体验的普遍性，荒芜与破碎感才成为一种普世情绪。艾略特的《荒原》发生在现代社会的每一刻，什么是虚构、什么是真实都无关紧要，因为它是反历史的。在这么一个横截面，病理切片被诗人们敏锐地洞穿，他们看到了血、三月、黑夜、光秃秃的礁石和十字架。重要的是，"我仍活着"，每天重复着荒原。

　　坦诚面对这些怪异之物，或许得承担对畸形的迷恋，但它们是难以得到救赎的。"如果时间永远都是先泽，所有的时间都不能得到拯救。"① 所以，这造成了我们要进一步探讨的启示录精神。

　　这是荒原可能的归宿之一，也是荒原形成的内驱力之一，《荒原》因此可以称为"史诗"，是对宏大叙事的迷恋，尽管这种迷恋以反抗开始。美学的现代性不可避免地走入了自己的反面，那是她得以诞生的子宫，也是她反叛的源泉，但最终或许要皈依于此。这同样也是对社会现代性的反叛，吊诡处正在此，对敌人（现代社会）的攻击反而造成了自己的死亡，走入了前现代（宗教救赎）。荒原具有某种预见性，这就是诗人作为先知所预设的场景，并留下得到救赎的豁口。

　　什么才能救赎永恒的现在？惠特曼曾指出千年至福王国的圆满就在现在：

　　过去从来就没有比现在更多的开端，/也没有比现在更多的青年或老年，/将来也不会有比现在更多的圆满。②

　　救赎之前是末世景象，叶芝在一首充满启示录精神的诗中描述道：

　　再也保不住中心；/世界上到处放纵着混乱无序，/血色暗淡的

---

① 艾略特. 四个四重奏：艾略特诗选[M]. 裘小龙，译. 南京：译林出版社，2017：187.
② 哈桑. 后现代转向[M]. 刘象愚，译. 上海：上海人民出版社，2015：43.

潮流奔突汹涌······①

《荒原》中亦有："山中甚至没有宁静/只有干打的雷,没有雨/山中甚至没有孤寂/只有阴沉通红的脸庞在嘲笑与号叫。"这是荒原中涌现的景况,是达到寂静的必由之路。接着是弥赛亚或先知的登场,在艾略特的《荒原》中,诗人即以先知的形象示人,"我,铁瑞西斯,有着皱纹密布的乳房的老人/看到了这一幕,预言了其余的——"这是荒原意识留给诗人的诱惑。其端倪,在痖弦的《深渊》中亦可看到:

> 那一夜壁上的玛丽亚像剩下一个空框,她逃走,找忘川的水去洗涤她听到的羞辱。②

需要指出的是,耶稣和玛利亚的意象本身就是非透明的,其中孕有俗世的悖论。玛利亚未婚先孕自不必说;有神学家甚至认为"上帝死了"这个著名命题就发生在耶稣诞生那一刻,并以耶稣复活结束。站在俗世的角度,他竟然是弑父者!③

我们不必失色。恰如上文所论,美术的现代性必然走向前卫的精神,这也是荒原得以诞生的开端,对一切应许之物的厌恶与反抗。用现代艺术的说法,这是一种"反纪念碑性"(anti-monumentality)。纪念碑是宏大叙事的,是传统的、图腾的,让人静穆。反纪念碑性则是对此的戏谑与反抗。

这是荒原在启示录精神之外的另一可能走向,是对《荒原》"史诗"抱负的反动。在当下的情境中,我们甚至可以将传统视作纪念碑。现代诗希望从传统诗歌汲取营养,这一念头本身或许就是对纪念碑的臣服与景仰。信仰反纪念碑性的诗人则以纵火者而非盗火者的形象出现,他们使用西方那里光秃秃的语言,生生在废墟上又凿起了丑陋的月亮!

有意思的是,他们为了增强火势,常常诉诸形式感(visuality)与戏剧性(theatricality)。④ 我们在《三月与末日》《深渊》中都读到强烈的形式重复,根子武断地重复了"十九次";痖弦反复强调"我们活着,我仍活着"。笔者更愿

---

① 哈桑. 后现代转向[M]. 刘象愚,译. 上海:上海人民出版社,2015:63.
② 痖弦. 痖弦诗集[M]. 桂林:广西师范大学出版社,2016:217.
③ 哈桑. 后现代转向[M]. 刘象愚,译. 上海:上海人民出版社,2015:69.
④ 巫鸿. 走自己的路:巫鸿论中国当代艺术家[M]. 广州:岭南美术出版社,2008:111.

意将它想象成一种自我强化,因为敌人太过强大,"当他们的眼珠黏在/历史最黑的那几页上"。可是,这样一来,诗人就很容易走到自己的反面,他们不是天生的盲者,却也自愿走入堡垒。这是理念的固化,救赎的二次发生,我们管这叫实在或神迹。

或许正是启示录精神与反纪念碑同时存在的矛盾性,造成荒原意象的多义,造成了寂静和沉默下那奔腾的死火与血,这首先表现在自我的呈现上。"我"是否在荒原之内?诗人是弥赛亚还是施洗者约翰?是创世者本人抑或旁观者?"我"的身体内是否也住着一片荒原?它是弥漫一切的全部还是可以反复把玩的模拟失乐园?它是先验的还是体验的?它是西方独有的吗?这迫使我们追根溯源,沿着它所反对的道路,即历史的时间观,探寻是否有另一种中国诗学的可能,它又将如何呈现?

得其道者如周梦蝶。这世界可以是美的:"这里的气候粘在冬天与春天的接口处/这里的雪是温柔如天鹅绒的/这里没有嘤骚的市声/只有时间嚼着时间反刍的微响";"这里白昼幽闃窈窕如夜/夜比白昼更绮丽、丰实光灿/而这里的寒冷如酒、封藏着诗和美";"过去伫足不去,未来不来/我是'现在'的臣仆,也是帝皇"。① 然而,走入宗教这一路向,在缺乏宗教氛围的传统与现实中,全凭个人悟性与造化,几乎是不可模仿的。

第四节　传统的对抗和勾连:语文中荒原意识的形成

传统诗歌中描写荒原的篇目非常之少,却有丰富的与"废墟"有关的诗歌,即怀古诗。年代久远的名篇,譬如屈原的《哀郢》,有学者认为这是中国第一首"废墟诗"(ruin poetry)②。荒原得以通过废墟来显现,是后废墟之物,因为几乎所有的废墟诗都有一个与荒原意识相对的主题,即对历史感的迷恋。

一、观念先行与心理体验下的废墟意识

可以说,我们是由废墟走向荒原的。"前不见古人,后不见来者,念天地之悠悠,独怆然而涕下。"(陈子昂,《登幽州台歌》)诗人面对荒废的古迹,时间

---

① 周梦蝶. 刹那[M]. 北京:海豚出版社,2010:10.
② 巫鸿. 废墟的故事:中国美术和视觉文化中的"在场"与"缺席"[M]. 上海:上海人民出版社,2012:17.

感油然而生,孤独感源于时间感,而非舍弃之。怀古诗也同样面对时间的诘问,希望把握时间流淌背后的东西。这种东西,恰恰是一种深厚的历史感。这是荒原需要迈过的地方:

> 伤心秦汉经行处,
> 宫阙万间都做了土。
> 兴,百姓苦;亡,百姓苦。①

只有当历史感消亡之后,荒原的虚无感才会产生。这只能发生在天崩地裂的年代,个体体验无比强烈的时刻,它甚至有赖于市井社会的形成与既有世界观的崩塌,如清末明初之时。《桃花扇》中的结局体现了历史感的虚无造成的大悲哀,换言之,这是没有答案的答案:

> 渔樵同话旧繁华,短梦寥寥记不差。曾恨红笺衔燕子,偏怜素扇染桃花。笙歌西第留何客? 烟雨南朝换几家。传得伤心临去语,年年寒食哭天涯。②

有意思的是,虽然传统诗词中没有太多荒原意识,但是中国传统画中有。朱良志认为金陵画派的龚贤画作极有现代面目,是荒原意识的体现。何以如此? 他认为龚贤的丘壑是真性的山水,并作了以下判断:

> 半千一生与佛教有很深的因缘,他援引禅家的话头,要说明的是他关于"丘壑"的根本看法:山水画就是看山看水,山水与人是分别的,人为世界立法,世界即丧失了真实。山水被人"物化"(利用之对象)、"形式化"(相对之物体),这样的"山水",并不是山水本身。③

我们赫然发现这样一个现象,西方诗学与艺术念念不忘的"真实""理念""回到事情本身",在中国传统画理论中曾被严肃思考,并在其诞生之初就得到力行,而这恰在中国诗学中付之阙如。

---

① 蘅塘退士,等.唐诗三百首·宋词三百首·元曲三百首[M].北京:华文出版社,2009:399.
② 孔尚任.桃花扇[M].谢雍君,朱方遒,评注.北京:中华书局,2016:432.
③ 朱良志.南画十六观[M].北京:北京大学出版社,2013:425.

　　这是一种观念的先行，即笔下的真实并非肉眼的真实，类似于西方美学的"再现(representation)理论"，虽然在历史的不同时期，艺术家对于"真实"的理解是不同的。18—19世纪末是写实(realism)；19世纪末至20世纪上半叶是抽象(abstraction)；20世纪60年代至今是观念(conception)。[①] 这种先验的观念，使"荒原"这一纯粹观念化的景致在中国画中得到体现。与之相对，中国传统诗学是一种"心理"的铺陈。龚贤同样也是位诗人，他的怀古诗远不如他的画作得天独厚，却也展示了诗人面对故国断井残垣的心理波动与兴亡之叹。譬如其有诗《北郊》："十里旧倡家，空留几片霞。野田埋战鼓，山鬼种桃花。暂触兴亡感，翻为古今嗟。吾身多不遇，此地最繁华。"[②]心理的伤痛在传统诗行到达极点也是节制的。"破魂一两点，凝幽数百年。峡晖不停午，峡险多饥涎。树根锁枯棺，直骨袅袅悬。树枝哭霜栖，哀韵杳杳鲜。"(孟郊，《峡哀》)这哀愁凝固且新鲜，但也在年月的范畴之内。

　　抒情得以可能，一来是诗人心理情绪的发展，二来则是天地万物心理的联系。"是以诗人感物，联类不穷；流连万象之际，沉吟视听之区；写气图貌，既随物以宛转；属采附声，亦与心而徘徊。"(《文心雕龙·物色》)有学者认为，刘勰的"徘徊反应"(lingering response)是中国文学理论的一个恒久主题。[③]

　　由此，我们给出这样的判断，中国现代诗的荒原意识，有两个源头，一是观念再现；二是心理铺陈所致。前者多是西方的，因为现代性并非原生；后者则多从面对废墟开始，只有当"道术为天下裂"时才会出现历史的虚无感，而符合永恒的现在这一荒原成立的必要条件。阅读痖弦的《深渊》时，我们能够感觉到那个前置的理念，并保留在全诗最后：

　　　　在刚果河边一辆雪橇停在那里；/没有人知道它为何滑得那样
　　远，/没有人知道的一辆雪橇停在那里。[④]

　　当我们阅读根子的《三月与末日》时，则会感觉到这一体验是心理模式的，并且是激流的徘徊。从这个意义上，相比于《深渊》，根子的《三月与末日》更容易被忽视，却有着更纯粹的荒原意识。因为它是以传统的技法表达了现

---

① 高名潞.西方艺术史观念：再现与艺术史转向[M].北京：北京大学出版社，2016：555.
② 乐继平.龚贤及其诗歌研究[D].南京：南京师范大学，2011：40.
③ 宇文所安.中国传统诗歌与诗学[M].陈小亮，译.北京：中国社会科学出版社，2015：9.
④ 痖弦.痖弦诗集[M].桂林：广西师范大学出版社，2016：218.

代的故事,它没有被那个先在的理念束缚。它容易消散,但就是破坏力本身。这破坏力如此之大,几乎让我们相信,只有这样的心理冲动才能让废墟的时间感暂停,露出荒原。这也印证了之前提出的荒原的沉默这一基本特征,人只有在狂喜和愤怒中才说不出话来。

在废墟中,可见走入荒原的道路,可见历史慢慢或突然地消亡。这可以是心理的,也可以是理念的,更多则是两者交融。恰如洛夫在《瓶中书札之四:致诸神》中引用尼采的话:"上帝之国绝不是一个人可以期盼的,它没有昨天,也没有明天,在一千年内它也不会降临。它是内心的一种体验,它无所不在,但又不在任何地方。"①同样,詹明信也指出:"在现代主义的经典作品中那种看起来好像是纯粹主观的内心转变实际上从来不是纯心理的;它总是包含了世界本身的转变和即将来临的乌托邦的感觉。"②

这两种方法是可以互为设问与答案。心理的问题经由观念的答案而解决;观念的疑惑因为心理的体验而得到印证。"大道隐去,而非丧亡。"(洛夫,《漂木》)得其道者则如周梦蝶,这世界竟然可以是美的:"这里的气候粘在冬天与春天的接口处/这里的雪是温柔如天鹅绒的/这里没有嬲骚的市声/只有时间嚼着时间反刍的微响";"这里白昼幽阒窈窕如夜/夜比白昼更绮丽、丰实光灿/而这里的寒冷如酒、封藏着诗和美";"过去伫足不去,未来不来/我是"现在"的臣仆,也是帝皇"。③ 不得者,在大时代面前找不到自我认同者,则如穆旦的这首诗中描述的那般凄惶:

> 从子宫割裂,失去了温暖,/是残缺的部分渴望着救援,/永远是自己,锁在荒野里,从静止的梦离开了群体,/痛感到时流,没有什么抓住,/不断的回忆带不回自己。④

二、现代性创伤中的废墟

中国现代诗的荒原意识常离不开中国的废墟,这造成和加剧了诗人的断裂

---

① 洛夫. 漂木[M]. 台北:联合文学出版社股份有限公司,2014:204.
② 詹明信. 晚期资本主义的文化逻辑[M]. 陈清侨,等译. 北京:生活·读书·新知三联书店,1997:295.
③ 周梦蝶. 周梦蝶集[M]. 台南:台湾文学馆,2008:16-17.
④ 张松建. 现代诗的再出发:中国四十年代现代主义诗潮新探[M]. 北京:北京大学出版社,2009:229.

与惶惑。因为原生性的现代性于我们是缺乏的,废墟的哀歌是历史的,并且是他者的,夹杂着民族性的幽灵于其中徘徊。这是农耕文明和现代文明的碰撞与破碎,形成的理念或观念是模糊与犹疑的,或者说,是更有现实、政治情境的。

1980年,诗歌朗诵会参加者爬上圆明园遗址的石柱,用类似行为艺术的方式,向废墟致敬,其中杨炼有诗《自白——给一座废墟》:

> 在灰色的阳光碎裂的地方/拱门、石柱投下阴影/投下比烧焦的土地更加/黑暗的回忆/仿佛垂死的挣扎被固定/手臂筋挛地升向天空/仿佛最后一次/给岁月留下遗言/这遗言/变成对我诞生的诅咒①

年轻的诗人在巨大的历史感及其带来的撕裂面前是矛盾的。他一方面想潜入历史,成为历史,但必然不能承受其重;另一方面又想抽身而出,但不能或不想剪断脐带,这脐带关联新生的希望,并有意无意扩大了诗人的神性。这就是"诅咒"的诱惑,因其首先成为等量齐观的对手或敌人,才有资格被诅咒。诗人在自大与自卑间徘徊,荒原意识甚难出现。荒原只有经过这一阶段,出现在无我、无时间之时。当然,这种痛感本身也是巨大的资源,它可以内化成个人史的一部分,经由心理的铺陈,动人心魄。这毫无疑问也是现代性的体现,因为只有觉醒的个人才能内化那庞大的历史感。

> 野草和庄稼让出了一块空地/先挖出城墙和鼎,然后挖出/腐烂的朝廷……我第一次看见甲骨文就像看见我死去多年的父亲/在墓室中,笨拙地往自己的骨头上刻字/密密麻麻,笔笔天机/——谁都知道,那是他在给人间写信②

雷平阳的这首《清明节,在殷墟》是个人史和历史的废墟感妥帖的糅合,荒原意象被一个个挖出并得以消解。另外,痖弦的诗歌中一再出现中国传统文化的图腾,可以看作其避免通往荒原之航行的锚。前文所列的晚年洛夫的长诗《漂木》中也可以看出这样的努力。当然,还可以师法西方,陷入类于"哲思"的"沉思"状态中:"我们站立在高高的山巅/化身为一望无际的远景,/化

---

① 巫鸿. 走自己的路:巫鸿论中国当代艺术家[M]. 广州:岭南美术出版社,2008:199.
② 雷平阳,陈先发,李少君,等. 五人诗选:雷平阳·陈先发·李少君·潘维·古马[M]. 上海:华东师范大学出版社,2017:62.

成面前的广漠的平原,/化成平原上交错的蹊径。"①如果再次比读那首陈子昂著名的《登幽州台歌》,就能发现这种"登高怀古"主题的转向:自我内化了历史。

随着90年代的到来,废墟更成为一种常见的景象。人们第一次面临如此庞大的城市废墟,这造成了历史上少有的景况,它们不代表遥远的历史,而是近在咫尺的过去;它们不涉及宏大叙事,勉强算是宏大叙事的残余,它们本身就是工业时代的产物,是二次弃婴,是不值得留念的。但是,城市那边又是冰冷的、按部就班的、现代的,这就给废墟某种虚假的"温情",一种置身其中的边缘的收留感。

当尚未是艺术家的荣荣骑车进入暂居的北京东村,他的感觉是这样的:

> 今天晚上,我又骑车带着妹妹回家,东三环的施工夜以继日地进行,震耳欲聋,申奥的彩绸在北风中翻舞,辉煌大道笔直地伸向前方似乎不会有尽头,但我们到长城饭店得右拐了,不一会儿,路越来越黑,又传来狗叫声不断,我突然感到,这里有一种地狱般的感觉,而一回头,那边燕莎、昆仑、长城饭店……那是另一个世界,像天堂里的灯光……②

可以想见,这样的废墟感在当代中国更有普遍意义。心理铺陈更容易达到一种似是而非的荒原,因为破碎感前所未有和巨大,我是孤独的,但自我很难抽身而出,实现永恒的现在这关键一步。东村的实验艺术被终结后,荣荣回到南方的老家,躺在童年的床上,开始写诗:

> 我走不出我自己,一切都将逝去/即使图片的凝固,又能诉说些什么?/我不明白,我摄影,我偏偏摄影/我想丢掉一切,一切,把自己也抛掉,空空的……/我不该来,爸爸、妈妈/这个世界,不是我的世界/荣荣,你距生活很远、很远/现在我睡在我来到这个世界的床上!③

---

① 冯至.十四行集[M].北京:解放军文艺出版社,2000:16.
② 巫鸿.荣荣的东村:中国实验艺术的瞬间[M].毛卫东,译.上海:上海人民出版社,2014:25.
③ 巫鸿.荣荣的东村:中国实验艺术的瞬间[M].毛卫东,译.上海:上海人民出版社,2014:144.

历史给我们带来一个前所未有的局面，现实是如此复杂，政治的、经济的、社会的，林林总总，千头万绪；心理和观念产生了背离，两边都是幽暗艰难，两头不靠岸，更何况又非要黏合在一起。当代诗人遇到的困境或许在于：观念是外生而陌生的；传统诗学一脉的心理铺陈多是复杂而含蓄。更进一步，需要反思，这种困境是否源于语言本身？汉语言的现代化是否就会面临深刻而无法弥补的裂痕？这种裂痕带来痛感，而痛感是否会刺激荒原意识的诞生？这些都是值得思量的。

行文至此，做一番总结。荒原意识统摄在反历史的时间观之下，其特征是不妥协的寂静与沉默；并且，它的启示录精神与反纪念碑性互相矛盾，启示录指向救赎，反纪念碑对此进行再破坏，这使得整个荒原意识保持着一种巨大的现代性张力。在此张力下，以中国现代诗而论，又有"再现的观念"和"演绎的心理"两种路径，当然路径本身也是互相对立与交缠的。这也符合这个世代的现状——废墟无处不在，荒原无迹可寻。

最后，本节以描述一位行为艺术家的表演结束。笔者想借此表达语文艺术产品的当代特征。谷文达历时 12 年于 2004 年完成了《碑林——唐诗后著》。这件大型艺术品（包括之前的拓印过程，完成品类似睡卧的墓志，而非树立的碑林）包括 50 块碑，每块碑上刻有一首著名唐诗的多种不同形式。一、刻在碑左方的是唐诗原文和以"意译"方式翻成的英文。二、刻在碑中心的主碑文是以"音译"方式把之前的英文唐诗重新翻成中文，艺术家选择了近似英文发音但具有特定意义的汉字，使其具有一定的阅读性。书写的汉字也是改造过的汉字，显示了模棱两可、似是而非的特性。三、刻在碑左方的是以"意译"的方式将主碑文重新翻译的英文，并实现了具有明确语法规则和文学意味的文学写作。[①]

以王维的《相思》为例。原文是："红豆生南国，春来发几枝。愿君多采撷，此物最相思。"译文是：

> When those red berries come in springtime,
>
> Flushing on your southland branches,
>
> Take home an armful, for my sake,
>
> As a symbol of our love.

---

① 巫鸿. 走自己的路：巫鸿论中国当代艺术家[M]. 广州：岭南美术出版社, 2008：107-118.

对此的转译是：晚作诗来得拜睿寺，客目迎斯颇令叹，妇乐形昂犹，受似搅得菩兰妾色。太阔泓岸啊！暮赋而福迈赛珂，爱思啊，心波翱浮，讴舞而乐福。

再次转译为英文：Come to Bairui Temple for poetry reading at dusk, welcomed and appreciated guest, gleeful lady, high spirited feeling, like having orchid and sensual concubine. Vast heaven oh! deep shore, poetising at dusk is a higher blessing jade，oh! love, floating and soaring waves of the heart，sing and dance my happiness.

第七章　彷徨与出路

第一节　裂缝：身体与世界之间

一、裂缝的不可避免

"回到身体、回到生活、回到美学"并不意味着语文的现代性已然完成，它只是还原的第一步。需要警惕在语文教育中对"身体、生活、美学"的庸常理解与实践：既然回到身体，那么就恢复传统时代对经典文本的集中大量吟诵；回到生活，就是"来源于生活、高于生活"，从生活中提炼出优秀的文学经验；回到美学，就是要无时无刻不有一双发现美的眼睛。这些庸常化的理解，不仅无助于语文生活的提高，而且因为其忽略了身体、生活、美学本身的复杂乃至矛盾性，甚至产生有害的效果。身体、生活、世界并不是一个整体，其中充满了裂痕，窦唯有一首歌的歌名是《语虚何以言实》，真是一语中的，透明的语言如何能够言说沉重的本体？

人们开口说话，语言必然是基于肉身的。这不仅是显而易见的常识，也是语言的源头使然。柯林乌（R. G. Collingwood）在其著作《艺术的原则》中指出，所有语言都是一种身体姿势的特殊形式，舞蹈是一切语言之母。[①] 我们在日常生活中一次次不经意间回到语言的原乡——手舞足蹈。我们所出发的地方，正是孜孜不倦想要到达的终点，按照海德格尔所言，我们与其他存在早

---

① Hwa Yol Jung. Heidegger's Way with Sinitic Thinking[M]//Graham Parkes ed. Heidegger and Asian Thought. Honolulu：University of Hawaii Press，1990：224.

已被抛掷于世界,抛掷(throwness)是对世界最早的解蔽。① 可见,语言,烙印于我们抛掷于前的身体上。

之所以说身体是沉重的,是因为此身是沉没于世的。从肉身的角度而言,我们不甘于它的限制,怀疑它带来的欢愉和不堪忍受它带来的病痛,它是有罪的。从超越肉身的角度,身体又是社会、道德的身体,它甚至不受我自己的控制,身不由己。在至高的层次,它甚或是可以被舍弃的,杀身成仁。这种舍弃不在于放弃对肉身的保全,更是一种"非我"的可能。《约翰福音》中说:"道成了肉身,住在我们中间,充充满满地有恩典有真理。"身体一旦成为信仰的对象,或成为至高的理性(logos),抛却肉身的属性只余社会和超越的特征,那么也就不成为其本身了。

对于身体,语言看似是无法穷尽的,身体是深渊。一来,人们无法用语言描绘出身体的全部,无法完全表达出基于身体微妙的情态,不及于舞蹈远甚;二来,身体常常不受我们使唤,人们常有这样的体验:说出口的话并非真正要表达的;脱口而出与深思熟虑后的表达也常常截然相反。

同时,身体需要语言能够明澈、通透自身。从生存的角度,人们需要语言能够沟通彼此,能够"以言行事""以言取效",当然语言的使用在这样的要求下并非全然是明晰的,相反,模糊与隐喻可能达到更好的效果。从超越生存而生活的角度,人们需要语言能够抒发、表达自我。表达在最初遵循经济原则,呐喊、哭号几乎是人类儿童时期最初且最经济的表达,用最少的音节表达最强烈的情绪。这种表达在若干年后还会在人们的心头响起遥远的共鸣,倘若诉诸文字,也是赤裸裸的。

最原始而野性的语言,"吼一嗓子",恐怕是最符合经济学原理的,其机会成本是最小的:在同样的时间里,没有比这个更能抒发自我的了。然而,这一经济原理随着自我走出"蒙昧"状态,几乎很难被所有人公约了。每个人都有最适合自己的表达,人们赫然发现,语言要穿透所有人的身体是何其困难。机会成本对每个人都是不一样的,同样一番话、一篇文字,有人因此醍醐灌顶,有人却竹篮打水。当然,这也造就了表达的多样性和丰富性。就个人而言,很难说某种表达就是符合语言的经济原则,是机会成本最小的表达。经

---

① Martin Heidegger. Contributions to Philosophy (of The Event)[M]. Richard Rojcewica and Daniela Vallega-Neu trans. Bloomington: Indiana University Press, 2012:356-358. 亦可见:Gert-Jan der Heiden. The Truth (and Untruth) of Language: Heidegger, Ricoeur, and Derrida on Disclosure and Displacement[M]. Pittsburgh: Duquesne University Press, 2010:18-19.

济学假设的是"理性人",人在文学上则是感情的动物。吊诡的是,最原始的、"蒙昧"状态下的表达反而是最经济的;功利的、理性的表达则有可能言不由衷、大话套话、形式主义。可见,由肉身发出的语言,让我们"沉没"于世界中。人们必须对"语言能否达到世界的本质?"做出回应。

语言在身体与世界之间徘徊。基于身体的语言能够到达世界的本质吗?

二、沉默的意义

语言经由身体试图达到世界本质,难度显而易见:语言与身体的差异、身体与世界的差异使这一努力尤为艰难。从共时和历时两个角度来看,这种差异可以分为主体与客体的差异和主体在社会变迁中的差异。差异造就了深深的、不可避免的裂缝。

就主体与客体间的裂缝来说,语言见证并加深,而非弥合了它。语言的产生首先是主体的彰显,高扬的主体观照了客体,世界的意义显现出来,所以,语言使世界得以解蔽。但是,如果承认有一种前语言(pre-linguistic)状态存在的话,那么过去这种圆融混沌的状态就一去不复返了。主体与客体产生了割裂,并且,主体只能照耀一部分客体,所以,语言伴随着客体的消失与遮蔽。①

主体与客体的差异还在于一个主体与另一个主体的差异,即自我与他人之间裂缝的不可避免性。交流、沟通是语言的最主要功能,这一能力的养成也是语文教育最重要的目的。但是,语言只是桥梁,并不能填补裂缝本身。他者首先不是我自己,"他人即地狱",落于我视线之内的他人是不可知的,视线尚且无法穿过自己的身体,何况他人。

在生活的大地上,我们都是异乡人。虽然与他人不都是形同陌路,但与子同衣、与子同袍也难以实现。只有在时间面前,这种裂缝才能消弭,那就是死亡。语言是生命的回光返照:人之将死,其言也善。在死亡面前,在无尽的深渊面前,语言会显示其本质,成其自身。

> 当天神召唤大地,在召唤中世界予以回应,这回声如同人类的此在显现,如此,语言会历史性地出现,词语构成历史的基石。

> 语言与本有(das Ereignis)。声音直抵大地,世界得以回响。冲

---

① M. C. Dillon. Ecart & Differance: Merleau-Ponty and Derrida on Seeing and Writing[M]. New Jersey: Humanities Press International, Inc, 1997:5.

突,根植其中的是裂痕,也是所有裂缝产生的本源。这是开放之地。

语言,无论说话或沉默,看上去都代表了存在最初和最大程度的人性化。

但是,语言又其实是人类最原始的去人性化过程。主体性显现,活生生的生命被客体化,概莫如是。因此,这构成了此在的基础,且存在的去人性化得以可能。

语言基于沉默。沉默是尺度最隐秘的把握者,它把握了尺度,在这个意义上其断定了尺度。语言正是在最内里和最大程度上断定了尺度,是某物匹配、某事参与,即本有必然发生的渊源。语言是此在的基础,同样也是世界与大地冲突的基石,所以可见此在的缓和。①

语言的本质在于裂缝。裂缝是源于自我与世界的冲突。如果我们将眼光放长远,可以清晰地看到自我彰显的时代正在我们身后的不远处,并延续至脚下,形成未来的道路。没有什么比现代性更能体现这种自我彰显与裂痕的产生,没有什么比这一历史进程更加影响我们的生活世界。

这是最贫瘠的时代,也是最富饶的时代。

这一神明缺席的状态并非简单的是基督教上帝的缺失。相反,神灵依旧无处不在,不过是不在教堂中罢了。他们藏于最不被认可的结构化中,在不断变化的真实与非真实的信仰形式里。信仰的缺席,是存在的历史化使然,随着从"缺乏贫乏"的贫乏中逃离而兴起。这种逃离是存在者放弃存在的宿命(也是从意志到欲求的宿命)。从意志到欲求的时代没有所谓的贫乏……然而,这种对贫乏感的缺失,是对最大的贫乏的隐匿。存在者对存在的遗忘使得这最大的贫乏中最不该忘记的被遗忘:存在对存在者碎片化和组织化的不断反动,正因此,存在者被呈现为:事实、现状与动态。②

---

① Martin Heidegger. The Event [M]. Richard Rojcewica and Daniela Vallega-Neu trans. Bloomington:Indiana University Press,2012:401.

② Martin Heidegger. The Event[M]. Richard Rojcewicz. Bloomington trans. Indiana University Press,2012:74.

这也是身体与语言最贫瘠和富饶的时代。现代性的裂缝造就了身体的撕裂,语言是作为受害者和护佑者同时存在的。特别是现代性于我们而言,完全是外生之物,不仅需要忍受现代性自身演化中的困境,更要忍受原初的生生嫁接的疼痛。无论是"大传统"下的道德文章,还是"小传统"下的纯文学都在做出努力,甚至被认为是现代社会转型成功与否的关键。当人们一次次呼吁"纯文学"时,并非不明了文学应当对社会做出回应,恰恰是太明白了,甚至可以看作深受实在之物对语文的伤害后的应激反应。作为"大传统"下统摄的"小传统",语言更多走向内敛,纯文学作品走向破碎的心灵,希望可以修补一二,重新回到圆融通透境界。钱谷融曾提出的从人民的文学走向人的文学,正可以看作语言和文学的自我修复及对世界本源的回归。

陈先发有诗《黄鹂》于《裂隙九章(组诗)》中,誊录如下,可见文字是如何穿越裂缝,无论它有个什么名字,是黄鹂抑或其他。

黄鹂

用漫天大伙焚烧冬末的/旷野/让那些毁不掉的东西出现

这是农民再造世界的经验,也是/梵高的空空妙手/他坐在余烬中画下晨星/懂得极度饥饿之时,星空才会旋转

而僵硬的死讯之侧/草木的弹性正恢复/另有一物懂得,极度饥饿之时/钻石才会出现裂隙/它才能脱身而出

她鹅黄地、无限稚嫩地扑出来了/她站不稳/哦,欢迎黄鹂来到这个/尖锐又愚蠢至极的世界①

人们得让语文回到身体与生活,得允许沉默围绕、填补、扩充种种裂缝。但这又是极其艰难的,首先这些裂缝可能成为"禁忌",只能被掩饰;其次人们很难捕捉到有意义的沉默。高明的语言就像半透明的果冻,透明性是因为语言不能遮盖它所指涉的事物,否则人们将无法交流;但好的语言又能让语言

---

① 雷平阳,陈先发,李少君等.五人诗选:雷平阳·陈先发·李少君·潘维·古马[M].上海:华东师范大学出版社,2017:173.

本身彰显出来,让人琢磨"遣词造句",故而是半透明的。碰一下它,它就会往后缩一缩;手拿开,又会反弹回来。它是如此难以把握,更何况沉默呢? 沉默是一种潜藏的势能,是"缩一缩"又"回弹回来"的动能,是那个"笨拙"的从蛋壳中站出来的"黄鹂"。它极度饥饿、极度脆弱,但又极度具有生命力。

第二节　身体、生活与美学的两难

一、从回到身体到回到整体

裂缝虽然不可避免,传统却有其特有的方法来规避、粉饰它,使"回到传统"这一解决方案变得极具诱惑。面对社会诸多深刻的裂痕,回到个体身体的表达,很可能最终其实是又一次回归实在的整体。

对于一个绝对价值的追求,是中西方思想的共同"固执"。然而这个绝对价值落在何处却各有千秋。我们的传统落在了伦理道德之上。它是整体论的和交互主体性的。这种整体论更多是一种"遍中整体论",即不仅仅是一个中心,而是承认有许多中心,每一个个体身份的意义总是可以立基于某些别的事物中,总是有两可性的、可变的并且是工具性的。

也就是说,前文反复提到的"即"的关系,或许不止于"相即",而是同一事物的不同指称。这也是"道德背反"现象的一种可能解释,其得以发生,因为所有对原价值的质疑,都不曾怀疑到最终的设定,即绝对价值的存在,这种质疑自然没有想象中那么艰难。并且,如果相反的一对价值内在有一种"既是/又是"的关系,并形成人们普遍的常识,那么,在特定环境下,迅速转换成原有价值的反面就很容易理解了。

在这样的大环境下,语词是没有独立价值的,它统摄于最终的价值。当陈述语词变成隐含的道德所向,语词的价值也仅仅在工具论的价值上体现。这一以道德为最终价值的整体论取向,在伦理关系上,是交互主体性,而非个体性。钱穆曾提及其精要,有必要誊录于下:

> (西方思想)其转入哲学,则常为一种个人主义之二元论,其症
> 结即在此。中国思想,则认为天地中有万物,万物中有人类,人类中
> 有我。由我而言,我不啻为人类之中心,人类不啻为天地万物之中

心。而我之与人群与物与天,则寻本而言,浑然一体,既非相对,亦非绝对。最大者在最外围,最小者占最中心。天地虽大,中心在我。然此决非个人主义。个人主义乃由分离个人与天、物、人群相对立而产生。……个人乃包裹于天、物、人群之中,而为其运转之枢纽。中心虽小,却能运转得此大全体。再深入一层言之,则所谓中心者,实不能成一体,因其不能无四围而单有一中心之独立存在。故就体言,四围是实,中心是虚。就用言,四围运转,中心可以依然静定。中心运转,四围必随之而全体运转。①

钱穆虽从体用上来讲,但也可看出遍中整体论下的个人并非个人主义的,而是嵌于整体的,这很可能使得"回到身体"变成"回到整体"。身体,不再是个人的,而是被某种实在之物统摄的一个非主体的个体。观察今天在各种媒体、社交网络上存在的身体,虽然相对于几十年前,"附丽"其上的配饰与服饰有了翻天覆地的变化,看上去更多姿多彩,但这也是高度同质化之物。它们无不服膺于资本与意识形态的力量。是资本、商业、规训的基本逻辑塑造了人们理想中身体的样子。语言也是,社交网络上的语言呈现幼稚化笼罩的多元化。多种挪用、假借的原因不是旧词无法表达新意,而是所出现的根本谈不上是新意、新事物,但用新词来妆点会使之更便捷、迅速地流行,并在流行中将意义消耗殆尽,变成一个个空洞的符号。

这迫使我们寻找绝对的他者,而他者,如果固守传统,将内在于想象的整体并形成若干空心。现代性的逼迫也似乎很难走出这一循环。如果无法正视裂缝的存在,那么语词的流动就可能变成一种纹饰,一种对"道"的纹饰,文过饰非。

二、从回到生活到回到自我

"回到生活"同样面临这样的悖论,我们要回到一个怎样的生活世界? 解决现代社会的裂缝与困境,其方法是去往一个整体性的社会? 但这一社会又曾是坚固传统并禁锢了真正的个人主义,被禁锢的恰恰是现代性最基本的要求。如何在交互主体性和主体性之间找到微妙的平衡,获得主体创造性又不限于主体的谵妄? 或者这一平衡本身就源于人们对最高价值的想象? 似乎

---

① 钱穆.中国思想史[M].北京:九州出版社,2012:5-6.

只有自己是可以把握的,回到生活的努力很容易滑向形如孤岛的自我。

> "真正的生活是不在场的",但我们却在世界之中。形而上学即
> 出现于这一不在场的证明之中,并于其中得以维持。它转向"别
> 处",转向"别样(的维度)",转向"他者"。因为,在它于思想史中所
> 采取的最一般形式下,它一度显现为一种运动:从一个我们所亲熟
> 的世界……出发,从我们所处的"家"出发,向着一个陌异的他乡、向
> 着一个彼处而去。①

列维纳斯(Emmanuel Levinas)涉及一个我们都面临的问题:他人的地
位。他人的面容是不可还原的,只显示他们自身。列维纳斯说:

> 他者越出他者在我之中的观念而呈现自身的样式,我们称为面
> 容。这种方式并不在于(他者)在我的目光下表现为一个主题,也不
> 在于(他者)将其自身展示为构成某一形象的诸性质的集合。……
> 它并不是通过那些性质展示自身,而是"据其自身"显示自身。它自
> 行表达。②

"君子所性,仁义礼智根于心,其生色也,睟然见于面,盎于背,施于四体,
四体不言而喻。"(《孟子·尽心上》)哪怕"睟然见于面",我们也不能因此对他/
她进行还原。是睟然自显。语言在这样的情境下,获得独特的地位。语言的
本质是一种呼唤(l'interprellation),是呼告(le vocatif)。③ 在呼唤中,面容得
以启示,"启示者与被启示的内容在面容中的一致",这是语言的另一本质:
"启示"(la revelation)。

在列维纳斯这里,伦理学先于存在。个人只有在个人关系中才能被理
解。对于语文而言,如果伦理是一切的底座与背景,如何走出唯我论和无我
论之间的困境?我们应当先从一元论、绝对价值的桎梏中逃逸出来:存在者

---

① 朱刚.多元与无端:列维纳斯对西方哲学中一元开端论的解构[M].南京:江苏人民出版社,
2016:27.

② 朱刚.多元与无端:列维纳斯对西方哲学中一元开端论的解构[M].南京:江苏人民出版社,
2016:70.

③ 列维纳斯.总体与无限:论外在性[M].朱刚,译.北京:北京大学出版社,2016:44.

也应当是先于存在的。从这个意义上看，列维纳斯对于海德格尔的存在主义有批判性，认为其虽然提及人，却非真正关注人。[①]

我与他人的断裂，是主体的第二次高昂。第一次是主体对客体的断裂。"物以类聚、人以群分"，走向了"人与人分"。这对于习惯了"群居"的中国传统尤其艰难。要在语文的语境下实现，更是不易。但首先，我们得正视而非睥睨。

三、从回到美学到自我束缚与消解

对语文教育走向美学的道路，特别是回归传统儒学的美学观念应抱以审慎的态度。这不仅是理论探索层面的态度，更是基于语文教学实践的谨慎考量。

回到之前提到的"吕叔湘之问"，如果将这样的追问放在百年语文教育的视角上来思考，就会发现它不仅涉及语文教育的现状，更是源于现代化历程的阵痛。"通天地绝"在现代社会已成为一种奢望，艺术似乎由于其独有的创造力获得了"通天地绝"的能力，足以填补超越性的空缺，如神学留下的空虚，似乎具有了对现代性阵痛的治愈可能。

在康德那里，审美判断是连接知性和理性的桥梁，[②]在人类生活中拥有独特的地位。艺术与审美的功能也在不停地扩展，文论学家艾布拉姆斯（M. H. Abrams）在其名作《镜与灯》中用"镜子"比喻文学中的现实主义；"灯"比喻浪漫主义。[③]走向浪漫主义、表现主义意味着文学不再被看作对现实世界的模仿，人们开始相信，它的美丽是创造力的体现，是天赐之物的珍宝。在艺术面前，人类的心灵受到洗涤与站立，正趋向于完整并走入崇高，这原本恰是宗教的作用。

在语文教育层面，为了对抗功利主义的巨浪，艺术、文学似乎是最后的避风港。其中最稳妥的方法莫如承认语文的原初就是纯粹的艺术，如今不是出埃及，而只是回乡：

---

① 杨婉仪. 死·生存·伦理：从列维纳斯观点谈超越与人性的超越[M]. 台北：联经出版事业股份有限公司，2017：25.

② 康德. 判断力批判[M]. 邓晓芒，译. 北京：人民出版社，2002：33.

③ 艾布拉姆斯. 镜与灯：浪漫主义文论及批评传统[M]. 郦稚牛，张照进，童庆生，译. 北京：北京大学出版社，2004.

　　　　表现主义呼声中关于语言和文化起源的新概念使以下观点变
得可信：最早的语言是诗意的；早期的人们用比喻说话，因为他们发
自内心；对情感的自然表达就是诗。这很容易同原始主义情感融合
起来，后者认为最早、最原始的诗也是最纯粹的。①

　　但这样的思潮在中国的大地上会凝滞起来，一方面，是因为我们的诗歌
传统很早就走入了"仪礼"与"教化"的范畴。过早的社会化意味着缺少对超
越之物的思索与探究，在生活世界中，尚未被对象化的"前世界的东西"变得
稀薄，后人很难从中呼吸到草莽之气。求诸"温文尔雅"的儒学观念下的审美
取向，或许有助于将个体教化为"君子"，但在现代性社会的大背景下，更可能
是缘木求鱼。

　　另一方面，更为重要的是，美学本身也在发生范式的转变，如果还停留在
欣赏、赏鉴、把玩的角度，语文不过是镀上了一层玫瑰色。"源于生活，高于生
活"这句话已经无法穷尽艺术与美的机理。后现代主义的美学已经告别了对
纯粹美学的想象、对历史线性发展的相信、对宏大叙事的关注，它更注意到琐
碎、撕裂、杂多乃至丑陋之物，它的历史与文化批判价值正在得以体现。② 也
就是说，"反艺术的艺术"成为真正的艺术，它不再是玫瑰，而是刺，甚或是对
于"刺"的消解。

　　但是更为深层次的忧虑在于，这一带刺的文学，就算没有走向虚无，也极
容易滑向唯我论的深渊，也就是说它的内在蕴含了一种反对、颠覆乃至消解
自我的力量，是对"纯粹的凝视与表达"的反动。如果缺乏"我们"这一基本结
构，将会走入"唯我论"，现代社会中"他者"与自我之间有着深深的裂痕，这种
唯我论更可能走向自我与他者共同毁灭的"革命"。

　　如何在这种力量的施展中含有对功利主义的清醒认识，不沦为工具，是
值得思量的；但从另一个角度来说，倘若我们刻意嵌入反思，是否又是对这一
原始力量的破坏，不得而知。

　　走向美学，让语文接受审美现代性的质询是必需的，因为我们总是希冀
一种现代的审美超越可以引领我们，在世俗生活中达到某种完整。但是，审

---

　　① 泰勒. 自我的根源：现代认同的形成[M]. 韩震，王成兵，乔春霞，等译. 南京：译林出版社，
2001：582.

　　② Arthur Efland, Kerry Freedman, Patricia Stuhr. Postmodern art Education：An approach to
Curriculum[M]. Virginia：The National Art Education Association，1996：42.

美现代性本身就矛盾重重,介入实践时,不得不谨慎。有三种矛盾:其一是审美现代性所面临的商业化艺术与颠覆性艺术的矛盾;其二是现代艺术肯定与否定社会现状的矛盾;其三是现代艺术自身具有的资产阶级意识形态和反资产阶级意识形态的矛盾。①

关于第一个矛盾,这样的现状比比皆是,商场里开始出现很多装饰艺术,有些甚至带有很深刻的反商品经济特征,但是吊诡之处恰在于此,反商业经济的现代艺术因为商业经济而"活"了下来,它们处于互相对抗、消解、同谋的关系张力中。在现代化的街头会见到这样的景观:一些原本批判资本主义的雕塑或艺术装置被纳入商圈之中,成为"引流"的工具。反商品经济的艺术品因其内含的猎奇性和隔靴搔痒的反叛性,反而被资本所相中,成为宣传资本的招牌。从图腾到招牌,资本使其"祛魅",但又营造起更坚固之物。

第二、第三个矛盾在当下其实可以基本趋同为一个问题,也就是现代艺术的形式自律和颠覆批判性之间的矛盾。商业社会有助于形式自律的产生,但也让它有封闭的可能,那么它不仅失去了原本的批判性,而且会走向反思与批判的反面。反对不仅无效,反而被裹挟进去之后,推波助澜。

人群在这样的环境中很难有任何反思的可能,将走向自我束缚与消解。一个简单的例子可以说明当下状况,如果周末去上海的诸多现代艺术展馆,会发现很多打扮精致的"网红"结伴而来,参观的唯一目的是给自己拍照、直播,真的是身体性"参展"了。当然,他们会选择装饰性很强的展览,如果不小心进入的展览恰好是非常前卫的,容易引起感官的不适,网红们肯定直呼上当。不过流行的艺术绝大多数是装饰性越来越强的"商品",不断取悦买家、取悦这些"网红",早就失去了现代性的精神,也就"皆大欢喜"了。人们被束缚在这些所谓的"美"之中,不仅是观念上的,更是肉体的、经济的,又何谈在美之前寻觅到真正的自我呢?

同样,教师无法拒绝一篇看上去很美的作文,学生也会沉湎于文学之美中,围观与留念;高利害评价同样会鼓励语言的"形式美",因为它似乎证明考生足以熟练而优雅地运用语言;几乎所有教育从业者都大声呼吁美,但极少有人主动思考美的内涵正在急剧变化,更没有人反思是什么规定了美、定义了美。

---

① 周宪.审美现代性批判[M].北京:商务印书馆,2005:251.

走向身体、生活和美学皆困难重重,必须另辟蹊径。"身体——生活——美学",整合起来实践,更不是一件容易的事情。从更根本观念上来看,现代性本身就是裂缝,是现代与传统的裂缝,也是上一个传统与下一个传统的裂缝,更是此刻与彼刻的无数裂缝。"现代性是一个极富争议的传统,它驱逐占据统治地位的传统(无论是什么)只是为了,不久之后,把这个位置让给另一种传统,而这另一种传统本身是对现在的另一种即时表现。现代性从来不是自己:它总是另一个。"①

换言之,"在别处"是现代性的基本特征。在别处,我们的身体、生活、艺术是否还是老旧甚至腐朽的文本? 语文教育又将如何展开? 这是我们不得不思索的事情。

第三节 教育:在遮蔽与解蔽之间

一、如何抵达裂缝

再回到"基于身体的语言能否达到世界的本质?"这一问题。笔者给出这样的回答:世界的本质在于裂缝,或许只有沉默可以到达。必须将视线集中于狭义的语言之外,或者寻找某种特殊的言语之术。

海德格尔有言:"语言是:语言。语言说话。如若我们一任自己沉入这个命题所指示的深渊中,那我们就没有沦于空洞。……在其中,我们就会变得游刃有余,去为人之本质寻觅居留之所。"②在"我"说话之前,在世界诞生之前,"语言"已然开口,自己说话、自我彰显出来。语言何以到达此裂缝的深渊? 当还原至语言开口之前,即沉默:

> 如果我们想要理解语言运用的源头,我们必须假设我们没有说话,我们必须将语言还原,没有这一步,语言将逃避我们的审视,并将我们带回至其所指处。当我们看到他人说话时,我们必须假装语言是沉默的。我们必须将语言的艺术与其他表达形式进行对比,我

---

① 帕斯.弓与琴[M].赵振江,等译.北京:北京燕山出版社,2014:268-269.
② 海德格尔.在通向语言的途中[M].孙周兴,译.北京:商务印书馆,2009:12.

们必须试图将其视为沉默的艺术……如此,让我们从理解沉默的语
言和绘画的说话重新开始。①

对于这样的论断,我们谨慎地赞同,但并非没有这样的疑问:是否沉默之
处就是还原的终点,就能达到世界的真理?"道物之极,言默不足以载,非言
非默,议有所极。"(《庄子·则阳》)但是,我们也应当乐观地相信,本质与真理
的影子也应在沉默的边缘,在生活世界中得以被语言所触摸。恰如莱昂纳
德·科恩那句著名的歌词:"万物皆有裂痕,那是光透过来的地方。"周云蓬亦
有歌词:"沉默如鱼的呼吸,沉默如石的呼吸,沉默如睡的呼吸,沉默如谜的呼
吸。"生活的烟火气并不阻碍真理的显现。烟火气中有沉默如谜的呼吸。从
另一个角度讲,沉默是巨大的、不可避免的。

然而,塞壬们如今有一种比她们的歌声更为可怕的武器,那就
是她们的沉默。虽然未曾发生过,但也许可以想象,有人似乎曾经
逃脱了她们的歌声,但绝逃不过她们的沉默。可是,世上的人却坚
持认为,单凭自己的力量以及从这种力量中产生出的横扫一切的傲
慢自负,就可以战胜她们。②

对于生活中巨大的裂缝,人们可以通过沉默以及闲言碎语来拼凑与
填补。当海德格尔们忧虑人沉沦于此时,他们所痛恨的碎片,可能正是本
质主义残留的浮冰。浮出水面,总好过虚无的消融。偶尔也会有吉光
片羽。

正如上文所提及的,闲谈作为弥补自我与世界、自我与他人之间裂缝的
手段可能是虚假与虚妄的。但是,在三言两语、絮絮叨叨中,语言可能穿透世
界的藩篱,本质与真理也有可能被击中。这尤其体现在全新裂缝产生之时。
闫云翔在一本人类学著作中讲了这么一件事情:1990 年,下岬村一位村民胡
延军翻盖了房子,在新院门的墙上请画工刻了一首诗。这是他的家庭理想,
希望能够教育子孙后代:

---

① Maurice Merleau-Ponty. Text and Dialogues[M]. Atlantic Highlands:Humanities Press,
1992:58-59.
② 卡夫卡.卡夫卡全集:第 1 卷[M].叶廷芳,主编.石家庄:河北教育出版社,1996:398-399.

家乃宙斯赋予之和谐整体/孕天伦之乐/乃幸福之源泉/温暖之象征①

这首诗,土味十足,但充满了现代性。文言与口语在此交汇。恐怕在胡延军观念里,这样的文言形式才赋予了诗的合法性,否则就是大白话,不值得铭刻于墙而传之后代。这种合法性的产生源于文字与生活之间的距离,也就因此被赋予了教育性——对子孙后代的教化。距离不仅产生美,也产生崇高感。从这个意义上讲,教育源于疏离。为什么要用"宙斯"这个名词?胡延军的回答让人啼笑皆非,因为他原本以为这就是宇宙的意思,不晓得这是一位希腊神祇的名字。这种误读和误译,在诗歌上却不失为好语言,至少比"宇宙"用在这儿要好。一个新词,这个疏远于日常生活的词,出现在旨在教育后人的墙上,将成为这个家族熟悉的字眼,它原本的意义将产生新的意义,融于日常之中。

作为闲言的对立面,在海德格尔那里,另有一种语言形式至关重要,那就是诗。不同于闲言的模糊性,诗在存在主义哲学家处享有直达世界本源的能力。诗歌在所有言语形式中享有至高的地位,语言的本源,即存在的建基之所,是诗歌。相应地,诗人以词语的守护者表达自身。② 诗歌是沉默的众声喧哗,它是诸多差异与偏离的集合体,它是自由的本质。如此看来,语文教育实在太缺少关于这种直达本质的诗歌的参与了。

显而易见,这里的诗歌不同于中国传统的诗歌与诗教传统。对事物本质、真理以及存在的追问从来不是中国传统诗歌的主流。值得注意的是,诗教传统在仪礼社会确实起到了弥合自我与他人、自我与世界之间裂缝的作用,但是伴随着现代社会的兴起,裂缝之大,无法再执迷于此道。

源于德语世界的"教化"(Bildung)与"诗教"不同,其有强烈的宗教精神意蕴,表达了一种精神的自我造就,追求某种普遍性,"教化没有自身之外的目的""实际上没有什么东西是丧失了,而是一切东西都被保存了"。③ 这个层面的"教化",更接近笔者所谓的诗歌教育。

---

① 闫云翔.私人生活的变革:一个中国村庄里的爱情、家庭与亲密关系(1949—1999)[M].龚小夏,译.上海:上海人民出版社,2017:13.

② Walter Biemel. Poetry and Language in Heidegger[M]//Joseph J. Lockelmans ed. On Heidegger and Language. Evanston:Northwestern University Press,1972:81-85.

③ 伽达默尔.诠释学Ⅰ:真理与方法[M].洪汉鼎,译.北京:商务印书馆,2007:19-22.

二、飞向太阳——放弃闲言的危险

按照海德格尔的观念,诗歌作为纯粹的语言,作为一种"道说",是和闲言碎语彻底分离的。这其实是一条"尼采—海德格尔—施密特"的观念锁链中的重要一环。背后的信念是对现代性开启的世俗生活的极端厌恶,希望可以回到古老的传统,以文化对抗文明。它表现在对语言自然主义的背弃,而寻求一种超语言的、纯化语言、理想语言的东西。

哪里才能找到纯化的语言?当然是要向神秘的、尚未完全开化的德国传统索要,而传统正因为幽暗性质,才免于被欧洲其他文明所"污染",才保持了难能可贵的野性,一种奋发的阳刚之气。

在汉语诗歌中,海子是太阳崇拜者,他的史诗同样充斥了太阳的意象,他说:

> 做一个太阳/一个血腥的反抗的太阳/一个辉煌的跳跃的太阳/
> 无非是魂断九水之外/无非是魂断九天之外/但我的头颅在熊熊大
> 火中/在历史上/我一直是战士。不管/别人过他的日子①

谁都有逃离大地、飞向太阳的欲望,就像古希腊神话中用蜡和羽毛制造双翼的伊卡洛斯,他因为飞得离太阳最近而蜡遭融化,坠海而亡。太阳是光芒,但也是癫狂。这可怕的狂乱与疯癫,很难分得清它是现代性的产物还是原始的基因,恐怕还是启蒙之前的愚昧作祟多一点。

所以说,祛蔽是双重的。当然是首先祛除前现代的、神话的、实在专制主义的蒙蔽;其次是祛除所谓的启蒙神话。对于后者我们要慎重,因为第一重启蒙在中国大地上尚未完成,面对不断呼唤传统、呼唤太阳、呼唤深渊的诱惑,我们必须给予语文以边界,只在此范围内尝试复蔽。而信任日常语言,对闲言碎语以宽容,是第一步的。其实,海子在 1985 年写下的《夏天的太阳》这首短诗就是很好的"日常语言",在"碎语"中有光显现。虽然其中也隐含了疯狂的因子,但节制是某更深层次的自我觉醒。我们得手搭凉棚去看那太阳,无论它是原始的,还是现代的;无论它有多么原始,无论它又有多么现代。

---

① 海子.海子诗全集[M].西川,编.北京:作家出版社,2009:629.

夏天/如果这条街没有鞋匠

我就打着赤脚/站在太阳下看太阳

我想到在白天出生的孩子/一定是出于故意

你来人间一趟/你要看看太阳

和你的心上人/一起走在街上

了解她/也要了解太阳

（一组健康的工人/正午抽着纸烟）

夏天的太阳/太阳

当年基督入世/也在这太阳下长大

1985.1[①]

三、遮蔽与解蔽

首先,语文教育的主要功用正是祛魅与解蔽。这包含了工具性的习得。语言本身就是一种对真理的揭示,它能够揭开世界沉重的面纱,这一行为就是对一切超越的终极目的的祛魅。与西方相比,中国传统固然没有神学的压迫,但是一方面,如上文所言,既然神学不是科学社会发展的阻碍,那也不值得对此沾沾自喜;另一方面,道德永远是仪礼社会的基石,中国传统文学的一大特征在于"道德旨归""文以载道"。笔者希望有朝一日,语文可以从僵硬的道德之中解脱出来,重归活泼泼的"道"。

祛魅与解蔽造成的最直接的后果是直面裂缝的伤痛。文字即"痕迹",本身就是伴随着"疼痛"的。但是,倘若世界的本质就是裂缝,"凝望深渊日久,深渊报以微笑"。深渊中蕴含了丰富的质料,足以构建多姿多彩的世界,文学世界更是能够直接做出反应。

语文的重要作用还在于其并非彰显存在,而是让存在者自在。语文和语言的区别是语文关乎语言背后的日常因子,即现象、形象、意象。列维纳斯说,"现象,就是显现(apparait)但又保持缺席(absent)的存在者"[②],回到缺席与存在者,是语文走出现代迷思的方向。

其次,语文教育的重要特点还在于遮蔽。裂缝与深渊是隐匿的,或许恰

①　海子.海子诗全集[M].西川,编.北京:作家出版社,2009:62-63.
②　朱刚.多元与无端:列维纳斯对西方哲学中一元开端论的解构[M].南京:江苏人民出版社,2016:82.

是对真理的避让所致。真理是天空与太阳，是父性的，而裂缝是大地与月亮，是母性的。当科学语言对世俗社会进行了解蔽，对一切终极超越实现了祛魅的工作时，现代社会的科学性呈现在我们面前，成为绕不过去的话题，现代性的危机也随之而至。

现象学提出了"本质直观"的方法以对抗计算的、功利的科学方法。但是，"回到事物本身"的方法，就是从颠覆生活经验本身开始的，何其艰难。于是文学等艺术形式被提高到重要的认识论地位，其代表了"本质直观"的运用，以认识这个世界的本质与真理。

从某种意义上来说，如果承认裂痕，传统的延续不亚于一场游园惊梦似的还魂。但正如上文所言，因为没有神学的传统，在外在的现代性进程中，或许竟无魂可叫。这又迫使我们将眼光放在语言上，语言的裂缝正是真理的裂缝，而中国传统丰富的文学资源又是可供凭借的。语文教育成为裂缝的守护而非弥补。当然，更重要的或许是自我内生出现代性的因子来，这就需要秉承世俗社会的基石：对外在超越性的拒绝，而转为内在；对专业化分工的坚持，上帝的归上帝，凯撒的归凯撒，文学的归文学，政治的归政治；对市场经济的肯定，尤其当文学面对所谓拜金主义思潮的影响、身体写作、碎片化写作兴起的同时，笔者选择相信市场、相信语言与文学。归根到底，在自由的言说之前，现代性的基石——自我的觉醒与自律，必须被守护。

最后，语文教育不仅需要基于生活，也需要添加一些诗性的因素，语文教育教学甚至可以引领孩子听闻寂静之声。传统语文中并没有太多存在感的焦虑，没有太多对世界本源、真理的追寻的情绪宣泄，只在李商隐、李贺等少数诗人的一些诗作中可以见到一二。现在，正是裂缝难以弥合的时代，教育从某种意义上也无须试图弥合，而应引领孩子凝望之、悠游之。

基于生活，是对闲言的信任；增加沉默，是对无声意象与动作的凝望；增加诗性，并非对于现实的逃避，而是外在超越的内在化过程，裂缝中会有火光传来，或生火造饭，或秉烛夜游，通宵达旦；谁此时没有房子，就此时营造；或将阿房宫付之一炬。所有，都是值得期待的。

裂缝，并非独断论的，而是更深层面的选择性。它是 disjunction，不同于以往的发展叙事模式，而是代表了选择性、差异性来表达多元主义的特征。①

---

① 这里我们借用了阿瑟·丹托在论述后现代艺术时采用的选择性（disjunction）这一术语及其解释。见丹托. 现代、后现代与当代[M]//王春辰，译. 沈语冰，张晓剑. 20 世纪西方艺术批评文选. 石家庄：河北美术出版社，2018：321-331.

没有裂缝的世界才是封闭而无法言说的世界。因为有空隙,语言才能"发声",意义才能从混沌中显现,语文才得以彰显自身。断裂,意味着我们已经从神话、宗教社会迈入世俗生活,祛魅得以产生,但同时,新的意义必须被找到。否则,我们会一再回到施魅的状态,寻求新的实在专制主义。笔者寄望于语文本身的力量,因为它虽然是整体,但也是裂缝丛生。

一言以蔽之,当走向更深的深渊,回到沉默、闲言、遮蔽这些边缘之事,回到语言、语文本身。语文的意义不在于弥合裂痕,而在于让裂痕与差异生动。

第八章　回到语言

——现代性的显现

第一节　求真之语言游戏的可行性

一、语言游戏的必要

回到语文本身意味着语言必须放置在生活、身体与美学的范畴下整体考量。如果缺乏现代性的反思与批判意识和精神，语言将成为生活、身体与美学共同桎梏"人"的同谋。恰如福柯所言：

> 体操运动员与童子军，这些将身体高扬为比其他任何东西都重要的群体，总是与"杀人"有着最密切的关系。⋯⋯他们将身体视为移动的机械：关节就是零部件，肌肉就是骨骼上的肉垫。他们利用身体及其部件，好像他们自身已经从身体之中分离出来一样，⋯⋯他们不自觉地用棺材铺师傅一样的眼光来衡量他人，将人区分为高、矮、胖、重等几种类型。⋯⋯语言与这种行为保持一致：他们将"散步"转换为"移动"，将一顿"饭"转换为"卡路里"。①

将"散步"转换为"移动"、将"饭"转化为"卡路里"的语言是广告的语言、物理的语言、科学的语言、功利的语言，是被商业社会裹挟并构成实质的语言。它是一个巨大而难以解决的问题，经济活动一方面有着"去中心化""解

---

① 舒斯特曼.身体意识与身体美学[M].程相占,译.北京:商务印书馆,2011:45.

构"的力量,一方面又有"垄断""结构化"的巨大可能,我们必须时刻反问:在此之中,语文是一种解放的力量,还是奴役自身的力量?

现代性要求我们走向一种纯粹的语言游戏。葛拉夫(Gerald Graff)大略整理出 20 世纪 60 年代后现代主义的两种相反的现象。一是"启示式的绝望"(apocalptic despair),一是"视觉上的庆贺"(visionary celebration)。① 其实,与其说是相反,不如说是前者造就了后者。挪用到诗学领域,前者可以看作文化上、社会上、经济上、观念上的氛围所致,后者则可以看作一种语言策略,即一种语言游戏行为。

按照奚密的说法,"游戏"这一隐喻,可以用来说明现代诗之所以为诗的内在本质。② 它是无功利的,且有一套自给自足的规则。但是,也许应当放弃追求所谓"本质"的想法,游戏之所以是游戏,恰恰是因为它是浮于表面,不追求甚至不承认有"本质"的存在。"只是个游戏罢了",它是戏谑与戏仿的。在《深渊》中,痖弦反复强调"我们活着,我仍活着"。如果以语言游戏的视角来看,这样的重复本身就构成了对强调物本身的消解,春天压根就不曾来过,我们也早就"死亡"。

语言游戏的精神,意味着相信语言本身,其中一个重要向度就是日常语言的使用。从 20 世纪 80 年代开始,"拒绝朦胧诗"成为一种主流的声音。恰如马拉美(Stephane Mallarme)的论断:诗歌是由语词(words)而非思想(ideas)所构成。③ 发现客体的自主性有赖于主体性的高扬,回到语言自身,和回到文学自身、回到语文自身一样,都是现代意识的觉醒,它们卸下了附着其上的政治、经济、意识形态等实在的重担,拥有了自己的一亩三分地,可以分而治之,也因此有了自己的尊严。

语言游戏应当是求真的,是"绝假纯真"的"童心"对虚伪与虚无的拒绝。人在游戏中是最认真的。所以,这份"童心"是生活之心,是坦承自己的欲望,坦承世俗生活的欲望,坦承闲言碎语的价值,这才是真心。所见即道,语文并没有那么复杂,《开门见山》歌词:

---

① 简政珍. 台湾现代诗美学[M]. 台北:扬智文化事业股份有限公司,2004:143.

② 奚密. 现代汉诗:1917 年以来的理论与实践[M]. 奚密,宋炳辉,译. 上海:上海三联书店,2008:25.

③ 柯雷. 精神与金钱时代的中国诗歌:从 1980 年代到 21 世纪初[M]. 张晓红,译. 北京:北京大学出版社,2016:72.

那是个月亮,就是个月亮/并不是地上霜/那地上花瓣,看完了就完/没必要再联想/什么秋水,怎么望穿/什么灯火,怎么阑珊/什么风景,就怎么看/何必要拐弯/打开门,就见山,我见山,就是山/本来就很简单,不找自己麻烦。

这实在是最好的语文之一了,充满了现代精神和现象学精神。不矫饰、不做作,所见即所得。当然,面对生活世界,语词也需要通过某种程度的"变形"以到达某种事物本来的样子,这就是现代性的产生,这在"现实主义"盛行的当下尤其艰难但又是必需的。从某种意义上,目前还是缺少现代性成长的土壤,我们仅仅有这样的因子,所以只能一遍遍呼唤可能空间的给予。语言游戏不仅仅是一种态度与精神,也是一种方法与实践。萧萧曾经列出多达20种的游戏方式并让学生实践,其为:错接、变造、星芒、游走、触发、解构、汇通、衍生、叩访、连横、斗鱼、斗智、异同、系联、演义、调整、显象、形色、刻痕、答问。① 这还不是关键,游戏的关键是一种观念上的改变,这种观念本身就是介入,星芽有诗:

现实主义的牛

枕巾上印了几头现实主义的牛/一半的牛角朝东　一半的牛背上/染了黑痂

牛像一种神谕/在灯火通明的屋子里　父亲母亲/分别抓住它们的犄角和尾巴/几头牛在同一块枕巾上/被拧出肚子里的溪水和野草/抖干净蹄子上的泥苔/在衣杆的尽头　它们继续淌汗/牛的五官被挤在了一块/像一张印象派画作/眼睛扭进了脖子　鼻孔扭到了肚脐/而父母从不会怀疑/几头牛的本质

当它们慢慢出水/在太阳底下松干膨胀/蹚蹚牛蹄/清清牛嗓/一半的牛角　仿佛收到了指令/又齐刷刷地朝向现实主义的东方②

这首诗里藏有变形和现代性的奥义,即变形不是仅仅源于视线的改变,

---

① 萧萧.现代诗游戏[M].台北:尔雅出版社,2003:1-2.
② 杨澄宇.现代何以成为可能:兼论星芽的诗[J].南京:扬子江评论,2018,(4):79-84.

那将难以摆脱日常经验的裹挟。变形源于力行,就藏匿在日常体验中。"现实主义的东方"呼唤太阳,但变形恰恰发声/发生于野性勃勃的深夜与充满人文意蕴的灯光之下。

"而父母从不怀疑/几头牛的本质",百姓日用而不知,不怀疑其实就是不知道。习以为常,隐匿了。这不仅是牛的隐匿,更是肉体的、人的隐匿。

这首诗是所有变形的开始。它是父母的,父母的变形才能给予我们血脉。此刻,动物还是动物,人还是人,但由此开端,所有人都是这血脉相连共和国的一分子了。词语的变形,意味着叙事与抒情视角的转移,为什么要转移? 不得不为也——为了躲避无所不在的存在的沉沦。变形不是抽离与逃避,而是一种揭示与赤裸,它隐含了巨大的伦理性和政治性。语词游戏本身就是行动。

行动常常反映于对名词的不信任,名词可以错配,且必须错配。以陈先发的《裂隙九章(组诗)·二者之间》为例,"斑鸠"与"杨柳"这样的名词是固定的,但斑鸠与杨柳是有生命的,只有沉下心来,潜心做着语言的实验,它们的生命力才能从缝隙中跳脱。

二者之间

清晨环绕着我房子的/有两件东西/斑鸠和杨柳

我写作时/雕琢的斑鸠,宣泄的杨柳/我失眠中/焦灼的斑鸠,神经的杨柳/我冥想时/对立的斑鸠,和解的杨柳

我动一动,斑鸠丢失/我停下/杨柳又来/视觉的信任在触觉中加固着/这点点滴滴/又几人懂得? /我最想捕获的是

杨柳的斑鸠,斑鸠的杨柳/只是我的心/沉得不够深/不足将此般景象呈现出来

但两者的缝隙/正容我身/我在这分裂中又一次醒来①

---

① 雷平阳,陈先发,李少君,等.五人诗选:雷平阳·陈先发·李少君·潘维·古马[M].上海:华东师范大学出版社,2017:169-170.

二、现代性下的语言形式自觉

"相信语言本身",意味着现代性给予了语言本身的本体论力量。语言是可以自我生成的。自学习传统蒙学《笠翁对韵》开始,语言形式的自觉就不断被强化。它既是内容的对比,更是语言的自我生成机制。重复以及诸种基于此的变形是语言自我生成的主要方法之一,这一点在传统诗歌中比比皆是。重复也有多种方法,在此不一一列举,有学者曾用结构主义的方法对此进行分析①,而结构主义就是相信语言自身的。仅举一例,大家耳熟能详且是各个版本的语文教科书中的常客《汉乐府·江南》:

> 江南可采莲,
> 莲叶何田田,
> 鱼戏莲叶间。
> 鱼戏莲叶东,
> 鱼戏莲叶西,
> 鱼戏莲叶南,
> 鱼戏莲叶北。②

间、东、南、西、北之间语词不停地重复构成了空间的张力。诗歌中的重复来源于原始巫术的吟唱,它可能是对于某一神话故事、史诗的吟唱,它背后是坚硬而混沌的实在,甚至可以称之为"实在专制主义"③,吟唱是对恐惧、迷茫、慌乱的舒缓。先民采用了语词规则解释、代替了这一实在专制。在萨满教的吟诵中,文本以及吟诵行为的重复是基本形态。比如尼泊尔西北部边远地区马嘉人萨满的治疗行为中,会吟诵起源神话,其中《索马拉妮》开头是这样的:

> 啊我们父亲般的大师们　我们父亲般的老师们/在一个特定的
> 日子　在一个特定的年份/从您的心降生　从您的肾降生/根据您
> 的指令 根据您的话语/我们遵守秩序　我们遵守诺言/在那一刻缅

---

① 周英雄. 结构主义与中国文学[M]. 台北:东大图书公司,1983:70.
② 曹道衡. 乐府诗选[M]. 北京:人民文学出版社,2000:24.
③ 布鲁门伯格. 神话研究[M]. 胡继华,译. 上海:上海人民出版社,2012:4.

怀祖先　在那一刻缅怀先辈/许多时日的祖先　许多时日的家谱①

　　或许真如德勒兹所言,世界的本质是重复,是求本质的重复不可得而产生的根本性差异。"在诗歌中,语词不能被替代,只能被重复"②,诗歌获得了源于巫术的力量,化用在所指与能指滑动的微妙不确定中。

　　"相信语言本身",就是相信生活本身。现代语言、诗歌语言在这个时代已经发生了不可逆的改变,并且已经在对这个时代进行适切的表达。"诗性"已变。早在 1948 年,现代主义诗人、诗评人袁可嘉就曾翻译过艾略特的一段话:"内燃机的声音已经改变了现代人对节奏的感觉能力。因此当我们说到诗中的现代性时,并非说诗人可以引用蒸汽机、汽车、毒气制造厂、陋巷、电话铃,而是说这些事物已变成诗感性底部分,使他能用一种在声音的隐意及意象的构造上是现代人用的现代语言向他的同代人说话。"③真实,已经在新一代人身上发生了改变。都市文明中,年轻人总是有除旧迎新的反叛色彩,他们感受到的"真实"可以说是摩登化的(或说西化)。④ 诗歌语言必然要面对这样新的真实。

　　止于语言游戏,亦不可取。语言必然面对生活自身的拷问,语言游戏只是给予我们某种可能与需要秉承的精神。具体的方法还是要回应现代性对语文的要求。

　　现代性可谓运动的运动、变化的变化。它是"时间—空间"遽然变化的源初体验,是自我意识的觉醒,亦在运动与变化中彰显,并推动进一步的运动与变化。套用美国诗人史蒂文斯(Wallace Stevens)的两句诗:"一个运动中运动的部分,一个属于发现的一部分的发现,一个属于变化的一部分的变化。"⑤现代诗对这种速度与加速度的体验就是"力"。余光中曾有名言,诗歌就是"美"加"力"。庞德(Ezra Pound)提倡的"意象主义"和"漩涡主义",都强调了意象的直接,表达方式的力度。只有充满力量和速度的语言才能让"运动的运动,变化的变化"显现出来。其实,语文传统中也有这种"力"存在。传统文论上所谓"气",气的流转将会带来速度感,司空图在《诗品》中提炼的"雄浑"可以

---

① 欧匹兹. 流动的神话:《盲国萨满》电影手册[M]. 台北:行人文化实验室,2018:47.
② 德勒兹. 差异与重复[M]. 安靖,张子岳,译. 上海:华东师范大学出版社,2019:9.
③ 史本德. 释现代诗中底现代性[J]. 袁可嘉,译. 文学杂志,1948(6):29.
④ 叶维廉. 与当代艺术家的对话:中国画的生成[M]. 南京:南京大学出版社,2011:152.
⑤ 史蒂文斯. 坛子轶事[M]. 陈东飚,译. 南宁:广西人民出版社,2015:454.

看作"力"的释放。"气"的文论背后有着丰厚的本体论支撑,并非空穴来风、无源之水,可以作为现代性转化的资源。

投射即速度与力的展现,创造这样的文本体验是笔者认为可取的、现代性得以显现的策略。大致来说,可以遵从两种路径:其一,在社会加速中、加速后形成的碎片、瞬间文本里寻找传统;其二,文本中创造加速的冲击力,制造眩晕的体验,动态地看文本,对传统文本进行现代性转化。下文将详细阐述。

第二节　诗歌中的现代性因子

之所以从诗学的角度挖掘语文传统的现代性因子,是因为它可能是最适合的。这基于以下几点考量。

第一,从语文教育现状来说,诗歌的作用举足轻重。目前,传统诗歌越来越受重视;现代诗却备受冷落,但是,如果翻看小学低年级教科书,几乎大部分文章又都可以看作"儿童诗"。这种双重不对称造成的裂缝本身就是现代性的一种体现。诗性不仅在诗歌文本中可见,在其他文体文本中也比比皆是。此外,追寻诗性的课堂也成为许多语文教师的自觉追求,这在有时候过度技术化、功利化的现状下尤其难能可贵。

第二,诗歌本身体现了现代性。阿多诺(Theodor W. Adorno)认为,抒情诗表面上是个人情绪与主观体验的载体,但在艺术社会学的视野下,是社会总体性的反映和对于世界不言自明的批评。德曼(Paul de Man)也说,较之于其他文类,抒情诗能见证现代性的历史变迁。[1]

从根本上来说,在诗歌中世界的特性得以彰显,人的现代性也会随之出现,这是源初、先验而非历史性的。也就是说,诗歌对于其他文本有天然的源初、纯粹性。东西方皆是,俯仰间皆拾。西方文学中最初的"诗论"就是"文论";中国传统的"诗经"更是五经之一,诗教传统源远流长。现代诗的出现,因为其带来感觉的破碎、瞬间、冲击力等特征,又使得现代性毫无疑问地从字里行间传递出来。史蒂文斯有诗《可能之物的序章》,其中两小段非常直观地

---

① 张松建."抒情的寓言":英培安、希尼尔现代诗中的认同抒写[J]. 新诗评论,2016(20):178-219.

表明了现代性的产生:时间与空间的改变带来的速度、加速度……它是自我的,也是无数个自我的,它曾经野心勃勃,也会黯然神伤。

> 曾有一种心之安逸如同独自乘一艘船在海上,/载着这船向前的波浪有如桨手们发亮的背脊,/他们抓着桨,仿佛对通往他们终点的路确有把握,/在木把手上弯下腰又将自己拉直,/被水打湿,在他们动作的划一中闪耀。
>
> ……
>
> 增添给真实者及其语汇的一弹,/以某种最初的事物进入北方树林/为她们增添南方的全部语汇的方式,/以傍晚天空中最早的单单一盏灯,在春天,/从虚无之中凭借增添自己而创造一个新鲜宇宙的方式,/以一眼或一触揭示它意想之外的巨量的方式。①

第三,中国传统诗歌有现代性转化的必要和可能。这一行为彰显了唯名论下传统气学转向的可能。

被我们认为毫无现代性的传统诗歌,在 20 世纪初的美国诗坛曾被认为是极具现代性的诗行,并深刻地影响了后代的现代诗创作。② 中国传统诗歌何以被认为具有现代性? 传统诗歌何以带给我们速度、加速度感? 江弱水套用现代性的概念,分析了南朝文学、唐诗、宋词中的现代性,计有以下几种:颓废、新奇、惊愕、隐秘、内倾性、通神性、断续性、互文性、叙事性等。③ 其中当然免不了附会,但传统诗歌的一些特征肯定造就了这种感觉。

诗人叶维廉曾经比较过中国传统诗歌与现代诗的美学风格,他认为有以下 9 种共通处:①用非分析性和非演绎性的表达方式求取事物直接具体的演出;②空间的时间化和时间的空间化导致视觉事件的同时呈现,结果是空间的张力、绘画性和雕塑性的突出;③灵活语法和意义不决定性带来多重暗示性;④不求直线追寻,不依因果律而偏向多重发展、多重透视和并时式行进;⑤用连接媒介的减少到切断来提升事象的独立性、具体性和强烈的视觉性;⑥两种诗虽有程度和诡奇度的差别,但都设法使说话人的位置让给读者,让

---

① 史蒂文斯. 坛子轶事[M]. 陈东飚, 译. 南宁:广西人民出版社,2015:451-452.

② 赵毅衡的《诗神远游:中国如何改变了美国现代诗》(四川文艺出版社 2013 年版)曾对此有颇为详细的描述,其中可见,这种东方思潮的影响,绝非局限于一人、一时。

③ 江弱水. 古典诗的现代性[M]. 北京:生活·读书·新知三联书店,2010:322.

读者(也是观众)参与美感经验的完成;⑦以物观物;⑧以蒙太奇的应用来构成叠象美(这个观念本来就是由中国六书中的会意字发明出来);⑨(在西方较少但也有尝试的)自我的隐退,任未经界分整体万变万化的生命世界呈露。

借鉴叶维廉的观点,笔者认为,可以从几个层面来探讨显露出的现代性。

首先,必须承认,这种现代性的呈现有"误译"的成分。以庞德为例,他是不懂汉语的,他对中国诗的翻译是根据其他的英语译本的"再创作",这样的翻译改动之大,几乎可以看成他自己的创作。比如他著名的对刘彻的《落叶哀蝉曲》的翻译,生生加了一行原文没有的诗行,反而被学界认为是最符合中国诗歌风格的改写,最得中国诗精髓。从这个意义上,笔者以为,我们没有必要追求文本的完全对照性,翻译本身就是一种创造,是现代性的一个源头,因为其内在蕴含了微妙的差异与同一之间的张力。①

其次,从诗歌体现的主体性而言,现代性的根本在于诗人主体性的显现。东方诗歌中常常标榜的"无我之境"表面上是抒情主体的隐匿,内里则是诗人诗力的增强所致。当然,西方翻译者面对东方诗歌在此方面常有误会,认为没有主语就是抒情主体的消解,其实不然,中国诗中的主语缺失并不会给熟悉语境的读者带来迷惑,我们不会奇怪抒情方是谁,也不会觉得是诗人故意隐身而造就的多重暗示性。不过确实,东方诗中的"无我"与西方文论中自济慈以来的"诗人无自我说"颇可比对,诗人的克制才能显现出"真我",而不陷入抒情的泛滥。另外,这一点也可以在风景诗中得到体现,古人之风景与今人之风景并非一致,它有赖于诗人审美的养成,个人的觉醒以撇除附丽于风景的道德、社会因素,这是一个漫长的过程,风景是被发现的。② 颜昆阳指出,中国古典诗歌在处理自然题材时,就经历过应感、喻志、缘情、玄思、游观到兴

---

① 这一点在现代诗歌的互译中也能得到很好的体现。诗人胡续冬曾说:"我个人认为,误读造成的创造性翻译没准还能给译本增色不少。我可以举两个例子,一是有个来自台湾的美籍华人在把我的一首诗翻译成英语的时候,有一句原文写火车里'满是黄果树烟雾',那哥们儿不知道这里的黄果树是指贵州本地的黄果树香烟,他就按照黄果树瀑布来理解,结果译文就成了'载着一条大瀑布的车',这效果多牛啊!比我原文厉害多了。第二个例子是我的一个西语译者译我的一首诗,写车过山东的时候,山东正下着'大舌头的雨',这句诗里的'哏'无非就是拿大舌头的山东方言开玩笑,但我的西语译者当然不了解,她就直接译成了'lluvia de lenguas grandes',也就是'长着(很多条)大舌头的雨',我觉得这比我的原诗超现实多了!"(《飞地》2016年,第十三辑,第24页)

② 杨儒宾."山水"是怎样发现的:"玄化山水"析论[M]//蔡瑜.回向自然的诗学.台北:台大出版中心,2012:75-126.

会的诸种模式,直到初唐才蔚为大观。[①]

再次,从诗的具体构造而言,给西方诗人以现代性感觉的主要是"字"和"词"的叠加。"象形字"对于西方诗人而言是陌生而迷人的。汉字的构字法符合了他们对于"直面事情本身"的想象。表音文字无法解决的问题在于它无法显现出所指的本来样子,表意文字则似乎少了这层隔膜。

庞德在论述"意象派"诗歌时,曾明确指出三点原则,除了音乐性原则,另外两条是:①无论主观还是客观描写,直接处理"事情";②对于事物显现无关的词,决不使用。所以,不仅仅是表意的字,中国古典诗歌意象的叠加也让西方诗人觉得这是"事情"本身的排列。也就是上文引用叶维廉所说的,事物形象的独立性、具体性和强烈的视觉性。需要注意的是,这种具象并列与叠加带来的不是复杂与抒情的浑浊,而是清晰与客观。庞德一直强调诗歌需要向散文学习,即事物展现的客观性。这种清晰与客观也不是语法上的明晰所造成的,恰恰相反,是西方语法的缺失,却造成了整个意境上的澄澈与客观。[②]

笔者将这里的现代性因子,理解为一种意象产生的独断性。独断的意象目不暇接,自然会带来速度感。它有赖于诗人主体的成熟,即用最经济的意象达到事情本身的技巧,它是明澈、迅捷而有力的。当然,以庞德为首的西方诗人觉得中国古典诗歌现代,重要的原因是其满足了他们对于诗歌现代性的想象。这是一种浪漫主义的"异质感",也就是一种新鲜感;恰巧汉语的独特构造,又使得他们认为汉诗更能体现事情或事物本身,是一种更接近"完美"的语言形式,意象是直接显现而非经过人为语法侵扰的,意象的清晰性又是对于现代社会造成的"晦涩""碎片"的反动。

现代性是源初的。当西方诗人觉得东方诗歌可以毫无顾忌地坦然面对他们的凝视时,现代性就产生了。之所以不会产生面对注视的"羞耻心",是因为在这些西方诗人看来,中国诗歌先天的"优秀",是他们需要学习的地方。

---

① 颜昆阳. 从应感、喻志、缘情、玄思、游观到兴会:论中国古典诗歌所开显"人与自然关系"的历程及其模态[M]//蔡瑜. 回向自然的诗学. 台北:台大出版中心,2012:1-74.

② 以杜甫名诗《旅夜书怀》为例,"细草微风岸,危樯独夜舟。星垂平野阔,月涌大江流",几个意象:细草、微风、岸、危樯、舟等之间的语法排列是无序的,"微"可以描写"细草"也可以描写"风"乃至"岸";"独"同样也可描写诸多。但全诗是以感官为统率,意象的出现也绝不会产生晦涩之感,完全无须理会"微"和"独"到底是什么。

第三节　传统诗歌的现代性显现方法

发现因子,未必即能使之显现。现状显然不能说是乐观的。虽然政策层面日益重视传统文化,但在微观层面,课堂缺乏理论引导,教师几乎是完全出于个体的体悟与创造,既可能浮于表面,也容易使之成为一个个需要死记硬背的知识点。其实,这恰恰反映出更为根本而宏观的观念层面的问题。

现当代汉诗与现当代汉语言一样,面临现代化造成的断裂与踟蹰。五四以来,白话文运动使得汉语书面语吸收了大量西方词汇,借鉴了西方语言的语法,在某种程度上完成了脱胎换骨式的改变。汉诗则更为复杂,因为其舍弃了明显更可以称为"诗"的古典诗歌,而转向诗味淡薄的白话文。换言之,这有可能造成汉诗"缘木求鱼"的状况,即行走越远,离要去的目的地也越远;最初出发的地方,或许就是反复达不到的终点。这是绝望的乡愁,也不仅仅是汉诗所单独面对的,诸多传统文化或许都面临这样的境地。如何汲取古典诗歌的营养,就成了诗人时时面对的问题。

于是,值得追问的是:既然西方当代诗人可以发现中国古典诗歌中的现代性,人们为什么常常觉得古典诗歌与现代社会"格格不入"了呢? 又该如何使其彰显出来呢? 这也是语文教育目前面临的一个基本困境。

下面举一例说明这样的遗忘。李白有诗句云:"天津三月时,千门桃与李,朝为断肠花,暮逐东流水。"这几句诗很是平常,并无特别之处。庞德是这样翻译"朝为断肠花"这句的:"At morning there are flowers to cut the heart."[①]再翻成中文,"在清晨这些花将心儿切断",给人以直观的震撼感! 为何我们的"断肠"丢失了这样的感觉? 其实,从意象上来说,"断肠"的意象如果还原到非常具体的动作,也会是动人心魄! 何以在诗歌中这种炽烈已经被淡化? 或许因为我们已经习惯了"断肠"这一词组,不会有这种用刀切的痛感了。

如何回忆、还原出这种原初的感受? 其实就是具象的重新唤醒,自习惯、

---

① Robert Kern. Orientalism, Modernism, and the American Poem[M]. Cambridge:Cambridge University Press,1996:192.

麻木的生活中,异质、突兀感的出现,按照上文所言,即现代性的产生。唤醒是另外一种创造,按照现象学的说法,还原也是一种给予。我们可以从庞德的译诗中得到启发,对古典诗歌进行现代诗的"翻译",当然这种翻译不是简单的译文,而是再创造,是对文本的"加速"。

以李商隐的《嫦娥》为例,笔者曾在出示庞德对《落叶哀蝉曲》的改写后,不做任何过多的阐释,让学生对此进行现代诗的改写。现将有意味的翻译列于下:

	嫦娥的孤独 屏风,云母的 烛火,影姿绰约 银河起落,晨星明黯 沧海桑田 宁静的 不老 …… **日记** 云母屏风已经很久了 整日笨重地立着 银河垂直下落 星辰漫天漫地淹过来 穿过我 流淌而去 日复一日 那颗长生不老药 和从你那里偷来的欲望与快感 一并腐烂在我的身体里 碧海青天 我正百无聊赖 我正美丽
嫦　娥 [唐]李商隐 云母屏风烛影深, 长河渐落晓星沉。 嫦娥应悔偷灵药, 碧海青天夜夜心。	

169

嫦娥

烛影
云母屏风上温暖的尸体
昏昏沉沉
银河与启明星缓缓坠落
嫦娥后悔没吃一片安定
晚上的碧海
青天也淹没她的心

嫦娥

河流，云间
是日夜不倦的薄纱
和远处不知名的星球
嫦娥与灵药的未解命题
随之，落下

嫦娥

日复一日，
云母屏风，
独影昏昏。
年复一年，
银河倾落，
晓星隐没。

日日夜夜
悔恨在颤动。

嫦娥·女冠·诗人

蜡烛在云母屏上
烛光在云母屏上
银河落于地平线
星体沉于海平面
嫦娥有偷药的悔
女冠有偷药的悔
诗人有偷药的悔

李商隐,嫦娥

这个江苏人

后悔偷吃了减肥药,绿色天空

击中闪电的心脏

嫦娥

你 捧着你的小手机

蜷缩在一个角落

我问你 你沉默不语

你 急切地寻找充电线

终于换了我一声

我给你 你转身离去

你 在朋友圈分享生活点滴

不愿 在现实中倾诉东西

你却说 微信能谈天说地

我 不愿失去你的消息

于是拿起我的小手机

我和你 手机里相遇

"翻译"传统诗歌,当遇到颇为隔阂与不顺当的地方,笔者相信这或许就是现代性隐藏的地方。只有通过现代诗歌的再创造,这样的现代性才能显现出来。在学生的"翻译"中,这首诗被放置在了现代语境里,描述的视角变得非常多元,不仅仅是诗人视角,也包括第一人称视角、读者视角,以及全能视角。意象的所指并没有模糊,而是同样清晰且更加多元,嫦娥的孤独感,正体现在孤独的星球上,现代性彰显出来。当然,并非所有的古典诗歌都需要这样的"翻译"。譬如李白的《静夜思》,四句诗有如白话,意境直白而悠远,可以从中看到明晰的"现代性",即永恒的异乡感。

进一步而言,可以发现现代诗对于语文传统吸收的两种策略或方法。一种是世界观的继承,或者是一种精神力的继承。譬如对于主客交融、天人合一的追求,美国现代诗歌界对于寒山的翻译与学习,其中甚至包含一种对于语言的不信任,所谓"不落言筌",认为语言背后的实在、道,才是诗歌所要触摸的终极目的。可以说,这也是一种现代性的追求,是整体创造了一个"异质"的语文世界,又何其乌托邦与艰难! 另外一种,是一种技法上的继承。正如上文所言,对于单个字词的重视,对词组成的清晰意象的迷恋,以及对意象间叠加的力度、密度、速度的探寻,对瞬间的把握,正是多元现代性的体现,笔者认为,这更加可行。从某种意义上来说,方法即功夫论,亦是现代性的践行。

当然,两种方法可以达到共通甚至圆融的境界。以《松树的树冠》这首名诗为例,它是深受中国诗歌影响的美国诗人斯奈德(Gary Snyder)自荐最佳作。有意思的是,诗人说自己写这首诗所模拟的是苏轼的七绝《春夜》。

	松树的树冠
	［美］斯奈德
	蓝色的夜
春宵	霜雾,天空中
［宋］苏轼	明月朗照。
春宵一刻值千金,	松树的树冠
花有清香月有阴。	弯成霜的一般蓝,淡淡地
歌管楼台声细细,	没入天空、霜、星光。
秋千院落夜沉沉。①	靴子的吱嘎声
	兔的足迹,鹿的足迹,
	我们能知道什么。②

他们描写的事物完全不同:一亭台,一松树林。但这都是对日常事物的描写,手法上都采用意象的叠加,而且,意境相同:"声细细;夜沉沉……""兔的足迹,鹿的足迹……"都是从已知向未知的延伸。

在语文课堂中,这样的创造性"翻译"更体现了学生的智性创造。这一语文活动无疑可以全面提升学生的语文核心素养,且兼顾四个方面的核心素养。

---

① 张立敏. 千家诗［M］. 北京:中华书局,2016:3.
② 赵毅衡. 美国现代诗选［M］. 北京:外国文学出版社,1985:566.

第四节　翻译现代性

一、观念现代性

翻译会带来现代性,指在东学西渐或西学东渐过程中,两种语言之间的翻译所带来结果及其背后的价值或观念。王德威在《翻译现代性》一文中举了晚清小说家李伯元《文明小史》中的一个故事情节。贾氏兄弟来到上海一间专卖西学译作的书店,遇到一位著名的译者辛修甫,他有一本秘笈,里面搜集并分门别类记载了所有国外书籍上有的词汇名称,无论原著多么晦涩难懂,翻译时只需要按图索骥,一一对照这本秘笈中的词汇,自然能够翻译出通畅的译文:"删的删,改的改,然后取出他那本秘本来,一个一个字地推敲。"①

这个故事虽然讽刺了这样一种翻译现象,但也说明了当时的一个普遍接受的观念:两种文字只要能找到一一对应的关系,自然就可以实现信息的传达。② 然而,新语词的出现,代表了全新的、异质观念的强行加入,新的观念又非常复杂,常常一个小观念嵌入若干个大一点的观念中。所以,在这样的过程中,大可以"删一删、改一改",旧的知识并没有增减,不过是让新的信息经过删改与筛选,附和到旧有的知识体系之上。这种随意删改,添加译者的理解与意志在晚清民初是常态。比如林纾在翻译《茶花女》时,将英文"Not only did love and self-respect make it impossible for me to act along these lines, but I was further convinced that, having got to the stage she had now reached, Marguerite would rather die than accept such an arrangement."(译文:不但我的爱和自尊让我不能这样做,进一步想,现在的玛格丽特宁死也不会接受这样的安排。)译为:匪特余觥觥男子不屑蒙耻为此,即马克之心,刀斧

① 王德威. 如何现代,怎样文学? 十九、二十世纪中文小说新论[M]. 台北:麦田出版社,2008:45.
② 这种观念在今天又以更荒谬、更匪夷所思的方式,在现实中出现了。"西方文明源于中国派"认为英语源于汉语,因为英语在表意层面上和汉语的发音可以对应起来,比如"黄色"是秋天落叶的颜色,英文发音就是"叶落(露)";又有某学究在大英博物馆钻研十多年,发现一个惊天大秘密,《约翰逊英语词典》是约翰逊按照《康熙字典》一个字一个字对照、编纂过去的,所以《康熙字典》上有多少字,《约翰逊英语词典》就有多少字。故而,西方现代英语也是起源于中国。看来,辛修甫的那本秘籍就出现于 1755 年之前约翰逊博士手上的那本《康熙字典》里。

临头,亦断不遽贬其节。①

林纾的附会,将"爱情之心"翻译成"妇女守节",在今天看来当然颇不可思议,在当时却是再正常不过。换句话说,现在觉得这种行为颇为可笑,也许是因为整个语文体系已经全然接受了这样的爱情观,也不会再为女子守节而叫好。但倘若再次遇到一个外来的、难以理解的语词以及背后的观念呢? 那就不得而知了。再举一例,西方传教士在明末清初之时曾经为"God"一词翻译成中文哪个词争论不休,成为一段教廷公案。利玛窦(Matteo Ricci)首倡其翻译为"上帝",这其实是相当比附,因为在中国传统语文中,上帝指上天的主宰,古籍中并不鲜见,《中庸》即有:"郊社之礼,以事上帝也。"这里的上帝显然不是基督教的上帝,但是利玛窦如此比附,是因为他想迎合中国传统文化,祭祀祖先与此是不矛盾的。这样的翻译有助于获得士大夫的支持,并有利于传播宗教。然而,在利玛窦死后,他的继承者就开始对此提出质疑,因为"中国人并没有把他们的'上帝'视为一尊被人格化的、独一无二的天地间造物主和无所不能的神,而相反是按照经典著作中的传统诠释,把它看作天道和天命的一种无形力量"②。

可见,翻译并非仅仅是一件技术上的事情,而是所系甚大,所涉庞杂,不能等闲视之。翻译现代性除了指观念上的涉及,也指翻译过程中纯粹语言本身改变带来的一种现代性。

二、语言现代性

欧化或外化是所有的文学翻译语言不可避免的"宿命"走向,是中国新文学语言自身发展的内在需求。③ 在欧化过程中,当然就是语言现代性的体现,然而,笔者更关心另一个方向的事情,即传统诗歌的西化问题。上文曾经提及的庞德翻译的《落叶哀蝉曲》,原文如下:

> 罗袂兮无声,玉墀兮尘生。
> 虚房冷而寂寞,落叶依于重扃。

---

① 赵稀方.翻译现代性:晚清到五四的翻译研究[M].台北:秀威出版社,2012:94-95.
② 赵稀方.翻译现代性:晚清到五四的翻译研究[M].台北:秀威出版社,2012:7.
③ 熊辉.外国诗歌的翻译与中国现代新诗的文体建构[M].北京:中央编译出版社,2013:68.

望彼美之女兮，安得感余心之未宁？①

不仅是庞德翻译过，在庞德之前，流行的是翟理斯（Herbert Giles）翻译的这个版本：

The sound of the rustling silk is stilled,

With dust the marble courtyard filled;

No footfalls echo on the floor,

Fallen leaves in heaps block up the door ...

For she, my pride, my lovely one, is lost,

And I am left, in hopeless anguish tossed. ②

这个版本中规中矩，充满了维多利亚时期英国抒情诗的味道。而庞德的译文是：

The rustling of the silk is discontinued,

Dust drifts over the courtyard,

There is no sound of foot-fall, and the leaves

Scurry into heaps and lie stills,

And she the rejoicer of the heart is beneath them:

A wet leaf that clings to the threshold. ③

看到他神来之笔加了最后一句，我们不禁要问：庞德的译文那么现代和这首古诗原本的元素有关吗？有一定关系，因为《落叶哀蝉曲》中有意象的拼接，但是主要还是庞德本人的功劳。他自身的语言太现代了。很少有西方作

---

① Ezra Pound. Cathay: A Critical Edition[M]. New York: Fordham University Press, 2019: 297-298.

② Ezra Pound. Cathay: A Critical Edition[M]. New York: Fordham University Press, 2019: 297-298.

③ Ezra Pound. Cathay: A Critical Edition[M]. New York: Fordham University Press, 2019: 297-298.

家能够体会到中国传统古诗中的意境,如果一定要指出一位能够达到或接近这种意境的,大概就是斯奈德了,他深受中国文化,特别是禅宗的影响,曾经翻译了 24 首寒山诗,在美国当代诗坛造成了相当大的反响。他的诗歌创作与寒山诗甚至形成了一种互文性的关系。① 我们就举其中第一首为例,寒山的原诗是:

> 可笑寒山道,而无车马踪;联溪难记曲,叠嶂不知重。
> 泣露千般草,吟风一样松;此时迷径处,形问影何从?②

斯奈德的译诗如下:

> The path to Han-Shan's place is laughable,
> A path, but no sign of cart or horse.
> Converging gorges—hard to trace their twists
> Jumbled cliffs—unbelievable rugged.
> A thousand grasses bend with dew,
> A hill of pines hums in the wind.
> And now I've lost the shortcut home,
> Body asking shadow, how do you keep up?③

译诗深得原诗精髓。"最孤寂无人之处,便是生命最快意自在之时,无求知觉,将听觉与视觉都关闭,意识停止向外,在溪、嶂的混沌和自我的不知所从中获得与天合一的境界。"④所以,原诗中没有出现的"我",在译诗中依旧隐匿起来。不仅于此,这样的翻译还带有一种唤醒,这就是现代性显现之处:"Jumbled cliffs—unbelievable rugged","rugged"一词呼唤起了"重山"已经快被忘却的形象;"Body asking shadow"(身体问影子)呼唤起"形影"最原始的

---

① 这种互文性是全方位的,包括政治、现实自然、心理语境、主题、结构,参见:谭燕保.斯奈德寒山诗英译与诗歌创作的互文性研究[M].武汉:武汉大学出版社,2017.

② 项楚.寒山诗注[M].北京:中华书局,2000:21.

③ Han-Shan. Cold Mountain: Twenty-Four Poems by Han-Shan[M]. Gary Snyder trans. Berkeley:Princeton University Press,2013:1.

④ 谭燕保.斯奈德寒山诗英译与诗歌创作的互文性研究[M].武汉:武汉大学出版社,2017:180.

意义。斯奈德用"A thousand grasses""A hill of pines"来比拟千般草和一样松，可谓精妙。当然，"联溪"变成了"Converging gorges"属于误译。这首译诗可"再翻译"为：

> 通往寒山那地方的路，令人发笑，
>
> 一条小路，而没有车马的痕迹。
>
> 峡谷在此汇聚——曲折得难以追踪
>
> 杂乱的峭壁——险峻得难以置信
>
> 一千种草因露水而弯了腰，
>
> 一山的松树在风中鸣响。
>
> 如今我已迷失了回家的小路，
>
> 身子在问影子：你怎么跟上的？①

　　"翻译"一定会带来某种遗失，照见我们的某些遗忘。"rugged"被翻译成"险峻得"，丢失了"rug"原意中"毛毯"这一意象；"一千种草因露水而弯了腰"，比译文和原诗都多了一重字面上的"因果"；"一山的松树在风中鸣响"，同样没有得到"吟风一样松"的精妙。双重"翻译"必然带来更多的偶然，译者说，"我的翻译目标，是把斯奈德译作当作现代美国诗，译入现代汉诗"②。如果说这个行为包含两重跳跃：一、传统汉诗跃至美国现代诗；二、美国现代诗跃至现代汉诗，第一次跳跃显然要比第二次要大，这也说明当代中文和西文之间的外部沟壑大于中国传统与现代内部的沟壑。沟壑越深、越宽，翻译就愈加具有现代性，愈加饱含偶然与创造。诗的语言完成了这样的跳跃。假设有这么一本教材或课外教辅，择选了这首寒山诗，它大半会给出散文化的译文，如："通往寒山的道路令人发笑，没有车马的踪迹；汇聚的溪水曲折难辨，层峦叠嶂不知道有多少重。千种草木沾上露水，松树与风一齐吟唱；我站在迷路之处，身体问影子是否跟得上？"诗的风味消弭良多，得不偿失。

　　笔者再进一步，将斯奈德的译文输入网页版"百度翻译"，得出这样的句子：

---

① 斯奈德.砌石与寒山诗[M].柳向阳,译.北京:人民文学出版社,2018:61.

② 斯奈德.砌石与寒山诗[M].柳向阳,译.北京:人民文学出版社,2018:116.

去寒山的路好笑，

一条小路，但没有马车或马的标志。

难以追踪其曲折的汇合峡谷

乱七八糟的悬崖令人难以置信，崎岖不平。

千草弯露，一座松树的小山在风中嗡嗡作响。

现在我失去了回家的捷径，

身体问影子，你怎么跟上？

赫然发现，虽然有很多糟糕的地方，但有些句子仍然超过了我们的想象，譬如，"乱七八糟的悬崖""千草弯露"，一个极生活化和俗语化，一个极凝练。再将寒山的原诗输入"百度翻译"，得到如下译文："The ridiculous cold mountain road, without cars and horses; Lianxi is difficult to remember, overlapping mountains do not know heavy. Grass is like dew, wind is like pine; Where is the shadow in the lost path?"再将其重新输入，又得出这样的句子：

山上荒芜的冷路，没有车马；连溪很难记住，重叠的山不知道重量。草如露，风如松，迷路的影子在哪里？

反复若干次后，又得出这样的句子：

贫瘠的山路上没有马匹和战车，没有小溪可记住，没有重叠的山峰可知道重量。草如露，风如松，迷茫的影子在哪里？

虽然这个行为足够荒谬，但还是可以得到一些非常现代和不错的句子："没有小溪可记住""重叠的山不知道重量""草如露，风如松"。可见，在翻译中，哪怕是在最语言的层面，一定有什么东西逃逸出来了，又有什么东西增补进去，而这就是现代性。当然，彰显现代性最明显之处或许是全新意象的加入，这些意象或意象群在传统诗歌原文中极少见到，新的意义也因此产生。美国诗人罗伯特·勃莱（Robert Bly）有一首致敬陶渊明的诗歌，从最宽泛的意义上，可以理解为创造性翻译了陶渊明，抄录如下：

菊

（为爱菊的陶渊明而作）

1

今夜我奔驰在月光下！

深夜才跨上鞍。

马自己找路穿过荒芜的耕地，

漆黑的影子引导着它。

2

离院子一里路马就直立起来，

它太高兴。漫无目的地

穿越田野，无所事事，真叫人舒畅，

肉体活着，就像一株花草。

3

从淡色的道路上归来，

晾着的衣服多么安静！

当我走进书房，门边

白色的菊花在月光下！

（罗伯特·勃莱，《菊》，赵毅衡译）①

在勃莱笔下，陶渊明的意境创造性地复活了！现代性也因此产生，"肉体活着，就像一株花草"，物质性身体的显现是现代社会的产物，"从淡色的道路上归来，晾着的衣服多么安静！"晾衣服的意象在古诗中是罕见的，尽管晾衣服的行为实在再日常不过了。何以如此？附着、遮盖身体的衣物，特别是亵衣，在传统社会中极私密，与浣衣不同，晾晒是一种主动曝光，诗中出现的不多。在勃莱这里，"月夜下晾着的安静的衣服"有着古典式的意境，但也在开显新的意义：晾晒的衣物没有被收回，说明离群索居，这与书房门边独立的菊花意象互相映照；衣服在晾衣架上虽然安静，但难免轻微晃动，这与诗人自己也互相印证；衣服是客体，但这种客体很特殊，有着主体的温度，新衣服与新"我"也会产生关联，故而"我"是欢欣的，衣服也是欢欣的。新语词、新意象、

---

① 赵毅衡. 美国现代诗选［M］. 北京：外国文学出版社，1985：481.

新文法的加入,可以是整套理解世界的规则以最精巧的方式嵌入。再看同一首王维的《鹿寨》在不同的语言下产生不同的辉映:

空山不见人,但闻人语响。
返景入深林,复照青苔上。

The Form of the Deer

So lone seems the hills, there is no one in sight there.
But whence is the echo of voices I hear?
The rays of the sunset pieces slanting the forest,
And in their reflection green mosses appear.

——W. J. B. Fletcher, 1919

(Fletcher, Gems of Chinese Verse)

鹿巢

似乎如此的寂寞,这山;看不见有人在哪里。
但我听到的人语声从何而来?
落日之光斜斜刺入森林,
而在它们的辉映中,青苔显现。

——W. J. B. 弗莱彻,1919 年

(弗莱彻,《英译唐诗选》)

The Deer Enclosure

On the lonely mountain
I meet no one,
I hear only the echo
of human voices.
At an angel the sun's rays
Enter the depths of the wood,
And shine
Upon the green moss.

——C. J. Chen & Michael Bullock, 1960

(Chen & Bullock, Poems of Solitude)

鹿寨

孤独的山上

无人与我相逢，

我只听到人语

的回声。

太阳的光芒以某种角度

穿过林木的深度，

闪耀

在青苔上。

——C. J. 陈和麦克·波洛克，1960 年

（陈和波洛克，《孤独之诗》）①

1960 年的版本似乎比 1919 年的版本要好一些。它们其实对王维原诗的"翻译"都有所"增殖"，主观性比原诗都加强了不少。所以，任何"翻译""还原"都是在现代性的基石上得到理解的，因为所处的当下和王维已经迥然不同。之所以说 1960 年的版本更好一点，因为它以一种更加审慎和微妙的方式将这种主观性体现出来，"以某种角度穿过林木的深处"，肯定比"斜斜地刺入森林"要好很多。"以某种角度""林木的深处"这些非常现代的说法可能更接近原意，甚至有某种唤醒功能，使"人"和"深"稍微具体了些，但"斜斜地刺入"就过犹不及了。庞德用这样的语句来形容中国诗的特色："把环境置于你个人之外，而且使之保持精巧的客观性。"②"返景入深林，复照青苔上"这句如果按照现代汉语直译，会是："落日余晖映入深深的树林又照在了青苔的上面。"诗意要淡了很多，为何？因为我们常用散文来"翻译"诗歌，散文和诗的语言完全是两个体系。诗在于语言的空隙，在于缄默，在于不言之言，诗就是鹿寨——灵物的栅栏。如果我们放弃句子的理解，回到字眼，那么它可以逐字翻译为：

返还

影子（景色）

---

① 温伯格. 观看王维的十九种方式[M]. 光哲，译. 北京：商务印书馆，2019：10，22.

② 赵毅衡. 诗神远游：中国如何改变了美国现代诗[M]. 成都：四川文艺出版社，2013：50.

进入（走入、潜入、沉入……）
深
林
又一次
照
青色
苔藓
上面

这样反而出现了诗意，它有了事情、意象、节奏、观念……可见，精妙的客观性首先有赖于距离，无论是观念上的，还是节奏上的。字里行间，重要的是"间"，游刃有余，没有空间的可能，想象就没有了呼吸。

在"空山不见人，但闻人语响"这句上，两个版本都翻译得过于繁复了，1960 年的版本稍微好些，但还是有些啰唆。中国朋克乐队的代表"地下婴儿"有一首歌《觉醒》的前几句歌词是：

让我彻底安静
好像社会离我已远
不再有语言
也不再有人烟
我要对着大自然微笑

对着山去呼唤
使我只能听得见风声
和我的回声
……

笔者更愿意将这首朋克的歌词和《鹿寨》的前两句进行比对，两者其实都是自我的寂静，但今日的"我"和唐代的"我"已经完全不同了。据说《觉醒》这首歌的歌词是乐队主唱在南京鸡鸣寺的寺塔上所思所得。鸡鸣寺是座充满了世俗之美的寺院，它的樱花非常美丽。站在塔顶上，远处吹来钟山的风，这一刻，"我"的宁静满是张力。这几句一点也不啰唆，主观性高涨，直白如唐代的王摩诘,心有猛虎、细嗅蔷薇。

其实,斯奈德也翻译过王维这首诗。

Empty mountains:

no one to be seen.

Yet—hear—

human sounds and echoes.

Returning sunlight

enters the dark woods;

Again shining

on the green moss, above

—Gary Snyder, 1978

空山

看不见一人。

然而——听——

人语与回声。

返照

穿过幽暗的森林;

再一次闪耀,

在青苔上,天上。

——加里·斯奈德,1978 年。[①]

斯奈德的翻译更接近王维的原作,也更接近上文提及的按字,而非按句的排列。在斯奈德再一次的中文翻译中,"above"变成了"天上",而非"上面",实在多此一举。汉语按字直译过来就是更直接的"above",而不是"on";斯奈德说,"之所以用'……moss, above',是因为太阳(日落斜阳,故言 again——最后一道光束)正穿过森林,照亮了一些树苔(而非在石头上)。我的老师陈世襄是这么理解的,而我的日本妻子第一次读这首诗的时候也是同样的看法"[②]。"上面",非常直观而简洁。在斯奈德的翻译中,我们看到其与《觉醒》

---

① 温伯格. 观看王维的十九种方式[M]. 光哲,译. 北京:商务印书馆,2019:48-49.

② 温伯格. 观看王维的十九种方式[M]. 光哲,译. 北京:商务印书馆,2019:49.

的语词有相通处,都是直截了当。

如果说现代性是一种讶异,那么中文现代诗"翻译"成英文来得到的现代性,显然比传统诗的"翻译"要小得多。因为在地球村的时代,互文越来越成为可能。生活、观念的趋同,让人们反而需要不断寻找不同语言内在的景观差异。传统语文就会成了丰富的现代性源泉,当然,需要以现代的方式挖掘。

"翻译"的现代性想要源源不断地涌出也并非易事。当年庞德、亚瑟·威利(Arthur Waley)等人所翻译的中国古诗,曾经给欧美诗人和现代诗读者带来巨大的冲动,然而,等到后来古诗更全面地被翻译、引进美国时,因其主题、感觉上的陈陈相因而反应平平。[①] 也就是说,浅尝辄止带来巨大的轰动,全面铺陈时又索然无味。

究其原因,大概有二。其一,中国古诗的年代毕竟不同于现代,能够像斯奈德那般形成互文互情,实在太艰难。所以这种古诗带来的现代性的惊异感很快就消失了。只是变成了一种作诗的方法论,而无法做到世界观、生活观的平移。其二,按照夏志清的观点,是中国传统诗歌本身的特点所致。诗人的抒情太同质了,很少涉及真正的生活琐碎,而追求一种诗意。"在过去两千多年的'皇权儒学'的影响下,知识分子的思维与感受大同小异,……因此,读者必须对文言文娴熟得如数家珍,才能区分不同诗人作品的特色,体会各自的独特韵味。而这些风格上的精微玄妙之处,一经翻译便散失了。""诗歌传统中,天才诗人趋于大同而无迥异,这便是文化稳定的代价吧。"[②]

所以,翻译的现代性必须在当代社会得到理解与实践。西方读者曾经的心理感受如此,在全球化的今天,在我们身上也一样或多或少得到体现。一切都必须基于现代生活,简单的"复制粘贴"只会让人生厌。当然,翻译必须具有游戏精神,且只发生在语文领域,不能有功利性的"误译",之前所举观念

---

① 夏志清. 夏志清论中国文学[M]. 万芷均,等译. 香港:香港中文大学出版社,2016:8.
② 夏志清. 夏志清论中国文学[M]. 万芷均,等译. 香港:香港中文大学出版社,2016:14-18.

现代性的误译是需要被批判的,或者说需要对此有清醒的认识。①

第五节　指指点点的日子——以《百年孤独》为例

回到语言本身,不妨看看语言最初和世界见面时的样子。这里以《百年孤独》的节选为例,也是因为它入选了新近的统编本教科书。② 一部伟大的小说会有一个伟大的开头。《百年孤独》的开头已经被谈论过无数次,我们不妨再重温一遍:

> 多年以后,面对行刑队,奥里雷亚诺·布恩迪亚上校将会回想起父亲带他去见识冰块的那个遥远的下午。那时的马孔多是一个二十户人家的村落,泥巴和芦苇盖成的屋子沿河岸排开,湍急的河水清澈见底,河床里卵石洁白光滑宛如史前巨蛋。世界新生伊始,许多事物都没有名字,提到的时候尚需用手指指点点。每年三月前后,一家衣衫褴褛的吉普赛人都会来到村边扎下帐篷,击鼓鸣笛,在喧闹欢腾中介绍新近的发明。③

无数评论家,以及所有的读者都会被开头那一句包含过去、现在、将来三

① 这种具有功利性质的"误译",最极端的可见下面一例,在语言学上认为颛顼即耶稣:一方面,根据古汉语中"四通"之法,"颛顼"又读作"瑞须",而"书""稣"也读作"须",所以"颛顼"又可读作"瑞稣";另一方面,"耶稣"在古希腊文中为 Jesous,翻译成汉语为"约书亚"。宫先生在"中华文化中心说"中论证古希腊是颛顼之子"伯鲧"的封地,所以伯鲧及其后代对先王颛顼尊称为"颛顼爷",也是很自然的。如人们现在仍尊称"开天辟地"的盘古为"盘王爷",尊称关羽为"关老爷"。在古音中,"亚""爷"读音相通。如伯鲧的儿子是治水的大禹,他生于西方(古希腊),封地在山东。现在的山东方言中仍称"读书"为"读须"。所以"颛顼爷"与"约书亚"其实是一回事。因此,从古代语言学的角度分析,古希腊语中的"约书亚"(耶稣)其实就是颛顼。按照上古时代"一昭(东方)一穆(西方)""一幽(北方)一明(南方)"的培养、选拔接班人的原则,少昊(居东方)之后,应由其弟、居西方的昌意的大儿子颛顼接任帝王位。据宫玉海分析,因为同居西方的古罗马人是黄帝的重孙,他们认为有权接班,所以千方百计不让颛顼接班,采取了"宁可错杀一千,也不漏网一个"的极端措施,把当地与颛顼同时出生的婴儿全部杀死。但颛顼被人们藏匿起来而获救,他因此得名"颛顼"。后来的基督教中耶稣的故事,很可能就是以这段历史为原型的。"颛顼"与"拽恤"同音,也有"拯救"之意,但他并不是"救世主",而是"被拯救"的意思。参见:宫玉海:《山海经》与世界文化之谜,长春:吉林大学出版社,1995 年。

② 教育部.普通高中语文教科书 选择性必修 上册[M].北京:人民教育出版社,2020:72-78.

③ 马尔克斯.百年孤独[M].范晔,译.海口:南海出版公司,2011:1.

个时态的句子所打动,有所思。探讨的文字太多,这里不做展开。稍提一点,这三个时态中,现在在哪里？现在是游移的。它可以发生在任何时候,可以无限逼近遥远的过去,也可以随时抵达近在咫尺的将来。如果我们考虑到这句话在全书中会反复出现,就会明白,这是一个循环的时间。它甚至远超面对行刑队的布恩迪亚上校,以至于作者马尔克斯的生命长度。

文中描述的就是世界刚开始的一个片段。我们不妨从节选的后半部分马孔多出现"失语症"谈起。"失语症"本身就是一个重要的隐喻,关乎这个世界的开始和结束。其实,世界开始时的样子周而复始,在人类的生命中。在每一个微小的个体循环中。我们在词语中保留着一丝残留的记忆,比如"恍如隔世""黄粱一梦"……那时候,世界还没有太多的语言,事物还没有被驯化,所有都靠指点。指指点点是身体性的,事物还没有被完全概括出来,还饱有生命力。

语词框住了一部分生命力,也保有了这部分生命力,必然会丧失另外的可能。但是,我们必然会依赖它,会渐渐忘了依靠指指点点的日子。有趣的是,从指点到语词的概括,是人自我能力,无论是理性还是感性的增长所致,理性自不必说,就感性而言,也是如此,因为新的语词一定会带来新的感情。但是,似乎也失去了最原始的野性和冲击力。我们和事物一同被驯化了。以至于马孔多的居民,在失语症的日子会渐渐忘记事物本身。这是一种暂时的"返祖"行为,但带来的反而是无尽的焦虑。因为一切都回不去了。

为何会失语？生猛的语言总是冲在思维的前面。如果思维跟不上,或失去语言生长的环境,率先绽放的语言就会慢慢枯萎。在文中,我们发现在失语症之前,出现的是失眠。为什么失去睡眠之后就是失去语言？马孔多的居民贴便签条来注释事物,这是用词来挽救、挽留语言,但恰如特朗斯特罗姆所言:

> 厌倦所有带来词的人,词而不是语言,
> 我来到雪覆盖的岛屿。
> 荒野没有词。
> 空白之页
> 向四方展开!
> 我碰到雪上鹿蹄的痕迹。

是语言而不是词。①

语言是诗，是神话，是活生生的。失眠则意味着对黑暗失去了体认，失去了谈论梦的能力，而活生生的语言植根于幽暗之处。但语言和梦境会有应激反应，所以会出现醒着做梦的情况，那些梦和亡灵就像被压弯的树枝，反弹到白昼。马孔多的人们倒也见怪不怪，因为这就是世界初生时可能的症状，而且，时间是往复的，他们很可能已经经历过无数遍了。

再往前追溯，是丽贝卡带来了失眠症，就像世界需要运转、需要诞生都得有意外，都得有异质者出现，而且，得是熟悉的陌生人，否则就会产生排异反应。丽贝卡就是这么一位熟悉的陌生人。她由印第安人带来，但同时还带着父母的骨殖，他们生前似乎是这个世界的创造者——布恩迪亚夫妇的好友，有过命的交情，但一切又像是无中生有。她在最本能反抗的时候，用最恶毒的印第安语咒骂，那或许才是她的母语。她吃土，保持着隐秘的、禁忌的对土地的留恋。她仿佛是旧世界的尾巴，她对于新的世界，产生了最本源的抗拒，那就是语言的、记忆的抗拒。

对于这个世界的创立，丽贝卡不是决定者，充其量是一首插曲，是无数条支流中的一个，是原始的余韵。但没有人规定支流、插曲不能成为主导，谁知道呢？当时世界还小，有无数种可能。我们现在的感觉，是基于已经成文的成见，至少我们看到，在丽贝卡来之前，吉卜赛人带来了新的玩意儿，迅速改变了这个新生世界。

他们带来了音乐钟、巴丹杏，当然还有夏天里的冰块，这些新鲜之物都预示着科学，但又是经过过滤的、杂糅的科学。它是另一个世界的产物，以一种颇为温柔的方式参与到这个新世界的创造中。至少在最初，它没有展示它惊人的破坏力。这背后是一整套解释世界运行的体系改变的问题。马孔多的人们在惊异背后，得给出解释，即音乐钟、望远镜、磁铁、夏日里的冰块这些存在的原因。他们得用过去的知识来涵盖这些新事物，当然，他们是创世者，有莽撞之力，是足以容纳它们的。但是，这些确定之物，也会慢慢形塑这个新的世界。钟表，再美丽，再能发出悦耳声音的钟表也不是报时的群鸟，而是机械之物，是确定的，时间从此被肉眼可见地分割。新世界的灵性正在慢慢隐入黑暗，而如果马孔多的人们连黑暗都不能容忍，那就是失眠、

---

① 特朗斯特罗姆. 特朗斯特罗姆诗歌全集[M]. 李笠，译. 成都：四川文艺出版社，2015：15.

失语、失忆、消亡。

语言自己也会增生,我们读《百年孤独》,可以感受到语词自我的流转,仿佛作者倒下一杯墨汁,任由它顺着未知的轨迹流淌。虽然说翻译是织锦的另一面,有时候反穿衣物,依旧可以看到它气息的绵延流转,甚至更加清晰。读这样的文字,总感觉由不得我们多想,思绪会顺着墨汁随意流通、翻滚,沿途都是新鲜的词语以及带来的奇特的意象。一方面我们无暇去多想,不求甚解最好,因为理性一旦增加,对这样的文字也是一种伤害;另一方面,词语的铺陈也由不得我们多想,会产生一直沉溺其中的无力感,欢腾的底子是无尽的悲凉和孤独。这孤独,不仅由文中的内容造就,也同样是行文的形式所致,时间的重复,一个世界的诞生与消亡,人永远处于存在悬而未决的时刻,都通过文字的走向让读者感受到。

与其说马尔克斯(Garcia Marquez)是高超的创世者,不如说他是技艺高超的手艺人,平衡着文字的走向,既要铺陈肆溢,又不能暴虐成灾。他得有自己内心的准绳、和弦,才能调节文字和人的呼吸的节奏。他拉扯着时间,蹾下定论,与其说是自信,不如说是抛下航行的标记物,比如他写丽贝卡"……名正言顺地用上了丽贝卡·布恩迪亚的姓名,那也是她一生用过唯一的姓名,直到去世从未玷污"。当作者写下这样的断语时,哪怕丽贝卡的故事再曲折回旋,她的命运之舟也已然到达终点。先射击,再画靶。

马尔克斯操弄、游戏着语言,似乎想要探寻这个世界命定的奥义,但这奥义只能体验,只能触摸,只能指指点点,无法言说,无法告诉别人。于是一开始,就注定了这个世界的结束。或者说,在结尾时,就注定了开端。

第九章　走向空间诗学

——现代景观的展开

第一节　受宰制的身体、生活与景观

一、校园景观的展开

语文拥有缄默的维度，如果我们坦承生活中有大量的不可言说性，那么我们就不应该忽略那些不可言说之物。它们是诗，是空间。在讨论现代性的时候，空间是一个不可或缺的主题，而秉承语文弥纶总括的传统，空间也不应该被忽略，所以，我们将视线投向校园、课堂景观。与德波（Guy Debord）所言的"景观社会"不同，校园景观让人不断唤起历史，而非忘记历史。唤起是教育性的体现，但目前的状况是很多学校拥有美丽的校园，学生却鲜少阅读它们。学生是在校园道路上匆匆行进的过客。

校园景观也具有强制性，给出的历史则是经过严肃择选的，所以德波的理论依旧部分有效：

> 景观表现为一种巨大的实证性，既无可争辩又难以企及。它所说的无非就是"出现的（ce qui apparaît）就是好东西，好东西就会出现"。它所要求的态度原则上就是这种被动的接受，通过其绝无争辩的出现方式，通过其对外表的垄断，景观实际上已经得到了这种被动的接受。[①]

---

① 德波.景观社会[M].张新木,译.南京:南京大学出版社,2016:6-7.

来看笔者记录的校园景观：

　　我的中学是省内一所颇为有名的示范中学。学校被一条小马路分成两部分，有过街天桥。马路的一边是体育场和体育馆。对于体育场印象最深刻的是一年一度的校运会，观看比赛之余还要写短稿交给宣传委员，由他呈给校广播电台，如果写的稿子被高音喇叭念出，伴随着沸腾的运动场面，令人十分激动。我也会带一两本闲书在那几天读，我记得有一年带的是《费正清论中国》，有一位同学看到封面上费正清戴着眼镜的脸，说，他在戴着眼镜看中国；我说我们是在戴着眼镜看他。看不看书不重要，重要是让周围人看到自己在看什么书。

　　关于体育馆我印象深刻的是京剧和话剧表演，京剧是《打渔杀家》选段；话剧大概是关于中国科考人员探索南极的事情。

　　马路另一边是学校主体，沿着围墙走一会儿有一个十几平方米的名叫"树人书店"的小书店，我和几位同学放学后偶尔去那儿。也曾在里面遇到过语文老师，我们相视一笑。

　　学校的正门上有学校大名，原本是沙孟海的字，后来换成郭沫若的。进门右手是升国旗的操场，每周一所有学生都要换上蓝白相间的运动校服，然后奏国歌升国旗并听校长讲话。我印象最深的是入学第一天，书包里装着一学期的学费，丢在操场边的凳子上了，回家后才发现。我无比惶恐地回到操场，并未发现书包，四顾茫然不知所措。后来一位老师路过，把我领到门卫室，原来书包被捡了放在那里。书包失而复得让我无比开心。

　　学校正门一直往前走，有一个池塘，中间有假山。旁边是食堂。我不是住宿生，中午回家吃饭。我特别羡慕吃食堂的同学，因为我没有吃过食堂的饭。我入学期间食堂装修过一次，变成透明的玻璃落地窗，后又改回。原因是有一次中午放学，学生奔跑着冲向食堂，大概因为打闹，玻璃又很干净，竟没有发现径直撞了过去，结果去医院缝了好几针。

　　假山后面是教工宿舍，入学刚开始几年还有不少老师住在里面，包括一些刚从外地调来的名师。后来都陆续在校外买房了。教工宿舍边上是学生宿舍，几位离家特别远的同学住在这，我非常羡慕他们。假山的另一边有一颇为幽深的走廊，走廊上挂着杰出校友的照片和介绍。沿着走廊一直走会看到一小方草坪，中间立着巴金的半身像并刻着他的一句话："掏出心来!"

雕塑旁边是两层高的小楼房，是演出舞台，有时候全校性的会议也在上面开。我曾经在里面演出过班级自编自演的话剧，可惜其间忘词了。高考结束后在此听老师对过答案。这栋小楼靠着学校的主路，如果刚才从大门口的操场左拐，也是这里了。

沿着主路种着高大的梧桐，其间有一片黑板报。再往前走左手是物理化学楼，在这儿做科学实验；中间一栋楼是老师办公室，几年都没进去过几次，偶尔因为犯错误被叫进去训斥过。这栋楼的后面是图书馆。

图书馆前有一少女阅读的水泥雕塑。右手边是比较大的一片草坪。草坪边有一棵树比较有名，上面挂着一节铁轨。传说因为抗日南迁期间条件艰苦，校工找了一段废弃的铁轨，上下课时敲击以为铃声。抗战胜利后带回以志不忘。

草坪边就是我们的教学楼。楼五六层高，是筒式的，中间是天井，天井地砖拼成巨大的世界地图。一个年级七八个班，几乎是一个年级在一层。教室外的走廊栏杆很高，应该是绝对安全的。教室里讲台前是一方黑板，上方有一面国旗。并没有什么励志的标语。教室两侧挂着一些名人名言，诸如培根的"知识就是力量"。教室后墙也是一面黑板，大家轮流出黑板报。大概也是一些漂亮的话。每间教室还配有一个小的房间，里面有水龙头，放拖把之类。也是同学们轮流值日打扫。

教室同学按个子高矮安排座位，遵守男生和男生、女生和女生同桌的习俗。初中时则是男女混坐。座位分四大列，每一周轮动一次，即原来左手第一的位置坐到右手第一、左手第二换到左手第一，左手第三换到左手第二……因为教室有那个洗手的小房间，所以最后一排只有三大列轮动。我坐最后一排，这样我和我同桌的前排就多了不少可能。同桌是住宿生，平时上课时常常打瞌睡。因为位置流转的错落，前面的景观也会不同，至少经常加以注视的"对象"不同。

　　教室走廊的尽头是厕所。课间休息时,大家总喜欢结伴去,比如会问"你想去吗?",结果是"那一起去吧",或者"算了,我也不去了"。这种现象女生可能多些。

　　平时课间会在天井里和走廊上做课间操。会有学生在队尾打分。我们班有一位同学动作极不标准,常常受老师批评。他还有一些奇怪的小动作,比如用手在空中写字。后来他退学了。课间也有眼保健操,那些穴位名称到现在也没弄清楚到底是什么。

　　教学楼的后面有一个校园子,名为"鲁迅园",里面有校工种些花草,平时倒是不怎么开放的。

当然不能说上面的亲身经历就是现象学表达,但已然努力切近事实本身。在上面的描述中,可以提炼出下面颇值得玩味的景观元素。

　　其一,操场。操场是一个充满了意识形态的空间,学生的身体在此受到规训。这诉诸统一的着装要求,统一的动作,并且会伴随一定的惩戒措施。操场在特定时间之外,又体现了相反的功能。操场是课余生活的游戏之地,是教育中最为"跳脱"的场所之一。身体性在操场中得到充分体现,在规训之外,亦有解放的性质。伴随着身体运动的是心灵的舒展,学生在此可以暂时将课业负担抛至脑后,得到片刻的放松。

　　其二,池塘、假山与走廊。这里构建了一个虚假的江南景观。它有柔软的一面,并且佐以历史背影的绰约。它也是感性的,有节庆的一面,池塘中有喷泉,每逢重要校园时刻才会开启。但是,又因为校园只在工作日开放,所以节庆有可能是自己身份的体认,比如校庆、文化节、戏剧节等;但也有可能是上级领导的视察,学生在这一天是被审视的,空间的抒情在此并非节庆的,而是被动的。

　　其三,铁轨。那根高悬的铁轨很重要,它是一段光荣历史的赋形。它不同于任何雕塑,它更容易唤起共鸣。因为它本来就是生活之物,它不是刻意之物,是巧合与偶然之物,充满了戏剧性。它的重置本身就是一种差异,就是现代性,它每天都被看到,又饱含再次被使用的可能,因为没有任何难度,所以它又是当代的,并且可以被未来记住。

　　其四,教室。几乎所有的教室座位编排还是和我当年上学时那样。本质上还是传授式的,老师有着突出的地位。"三尺讲台"这个词有着简单的意象和复杂的意义。它狭小的空间可以代表老师的自谦,也可以成为老师的自尊和自豪，还带着某种教书育人的前现代式的神圣。更为平等的座位编排如圆圈式，因为条件要求很高，更多出现在大学教室中。现代化的教室比以往多了更多的电子设备。有些是让师生身体更加舒适，比如空调，有的是教学设施。离校多年后还发生了这么一件事，有一段时间学校流行给老师打分，评分表格中有一项为信息技术运用。我们的语文王老师是名师，课上得很好，很受学生爱戴，但他几乎不用电脑之类的设备。但是学生还是给他这个选项打了满分。王老师就有些气愤，问学生为什么不按实际情况打分。学生说，信息技术就是零和一的技术，你上课天黑了开灯，也是零和一的信息技术。

很多年后，笔者访学温哥华，和访学导师、课程专家威廉·派纳（Willam Pinar）谈到此事，我本意是想表达师生之间的感情之好。但他听完故事的第一反应是觉得有点儿不可思议，他问学生为什么要替老师说谎，应该如实评分。他不能理解这种狡黠的智慧，或者说，他比我更加理解。

其五，标语。这是学校景观表面上"最语文"的部分。走廊上的这些标语大都大同小异，历代中西的名人名言或名著、俗语中的立志警句金言。它们无非指向一个目标，知识的获得是必需的，路径则可能是曲折的，坚定下去必然会获得成功。近年来，各类教室中的横幅，特别是临近高考时的则更为"鸡血"，成为网络的笑谈。坚决、有力是唯一的美学取向，也是一种粗鄙的语文景观与现象。

其六，空闲。教学楼的设计让人想起了福柯所谓的"监狱"。课间休息成了难能可贵的"空闲"，听到下课铃"如释重负"，用来上厕所太过奢侈了。又因为如厕是极其私人的事情，结伴而行其实是一种社会交往行为，是对友情的巩固。厕所的意象是肮脏、排泄，但同时，也是最隐秘的地方，不仅是五谷轮回之地，也是力比多暗藏之所，对于实在对身体的约束，它有"逃脱"之意。

意象，远不止于此。钢筋水泥的建筑、教室里或旋转或静止的风扇，桌肚里诸多教科书、练习册中夹杂的一本小说，化学楼里为数不多的福尔马林器皿，老师抽烟的样子……每天在学校的空间中有节奏地上演，节奏已经被固化了，即那根废弃铁轨曾经并将一直以另一种形式的铃声鸣响下去。这些景观是现代的，也是传统的，但都以互相保存、成全的样态得以存有。

二、教室情境的展开

情境，作为一种微观教学景观，正在每一间教室展开。同时，"情境"二字也在新近的课程标准中反复出现。之所以如此，是因为新的理念要求学生能够运用语文,用好语文,在语用中习得语文知识,增加语文素养。力图避免死记硬背式的语文和机械重复应试式的语文。如果能够创设真实的情境,那么学生在这样的情境中将会更好地进入老师预设的场域,习得、发展自己的语言,审美、文化、思维等方面的素养将得以提升。每一种情境都可以视为一个微小的景观,受各种观念的影响,被不自觉地纳入既定的图景之中。比如,现在既定的教育图景是每堂课上,教师隐退,学生能充分地进行语文活动。这当然可以作为一种理想状态,但也要防止其成为表面的热闹。

其实,我们对于真实情境,还是有一些理论问题没有解释清楚,尚未形成共识。比如,什么是真实情境?能不能达到真实情境?教室中的真实情境都只能作为接近或无限接近生活的真实而存在。比如学生代入文本中的角色,显然是不真实的。文本中的角色本身就与生活有所区别,相当于隔了两层才能触摸到真实的生活。就算在看上去特别真实的情境中,比如学生作为记者写一篇新闻报道,撰写调研报告,也是另一种基于成人的想象。因为这些景观永远只会呈现在教室这一特定场域,所以,情境只是说让学生觉得这些是真的,忘了不是真的,而不能说就是真实。当然,教室情境中还有大量的对评价情境、考核内容的模拟,但不在此处的讨论范围内。

另一个颇为重要的问题是,在情境中教师充当什么样的角色?他应当将学生带入情境,使其沉浸其中,让学生忘我于创设的角色中,还是应该直接告诉学生这是假设的情境,甚至让他们自己创设情境?布莱希特(Bertolt Brecht)的戏剧陌生化理论可以给我们一些启发。所谓陌生化理论,即戏剧演出和观看所产生的"陌生化效果",通过在戏剧表演中演员对角色的自我间距化,打破传统戏剧的灌输性。① 更值得注意的是,布莱希特的这一观点的产生深受中国传统戏曲的影响。

> 中国戏曲演员不是置身于神智恍惚的状态之中。他的表演可以在任一瞬间被打断。他不需要"从里面出来"。打断之后他可以从被打断的地方继续表演下去。我们打扰他的地方,并不是"神秘创造的瞬间"。当他登上舞台出现在我们面前的时候,他创造的形象已经完成……这种尝试就是在表演的时候,防止观众与剧中人物

---

① 张一兵.布莱希特与德波:陌生化与消解被动景观的情境建构[J].山东社会科学,2020(11): 21-31.

在感情上完全融合为一。接受或拒绝剧中的观点或情节应该是在观众的意识范围内进行，而不应像沿袭至今的情况那样，在观众的下意识范围内达到。[①]

如果我们比照情境的创设，那么有下面几点值得注意。

首先，教师、学生都应当处于"在场"的状态。布莱希特曾经有言，戏剧就是让人娱乐。[②] 同样，不说课堂让学生快乐，但至少情境应当有一定的吸引力。从这个角度看，不妨将课堂看成一场戏剧展开的景观。真实也应当是一种戏剧真实，而非事实真实。曾经戏剧也要遵循古典的三一律，即时间、地点和情节保持一致性，故事必须发生在一个场景的一天之内。因为这样才更真实，观众更容易接受。换句话说，观众更容易相信这不是剧场，而是真实发生的事情。它想让观众进入故事，并在其中深受感动，甚至净化心灵。戏剧的发展早已将其置之脑后。如果说真的有所谓的戏剧性，也就是有什么是戏剧独一无二的特性，那肯定不是试图贴合真实的一切。课堂情境也是如此，这种戏剧真实应当是一种情感真实，即老师和学生在某些特定场景下真情实意的流露。

其次，学生和教师应该明确认识到他们的"在场"。这只是情境而非事实。如果说教师是导演，那么学生既是演员也是观众，是自己的观众。演员和角色"陌生化"的间离使得观众和演员、观众和戏剧产生间离。观众明确知道这是一场戏，能够抽身而退，从更高的层次理解眼前的一切。同样，学生也应当时刻保持理性，甚至保持质疑情境和景观的态度。对于语文课堂来说，学生应时刻保持对文本的敏感和警觉，阅读一篇文本，要能随时从故事中抽离，回到文本自身，完成和教师、作者的多重对话。

这是一项重要的能力，是现代性的特征。因为只有自我意识高扬，才能明确自我在情境中的地位，才能回到文本而不是陷入感情，同样也才能不被预设的景观所俘虏。教师在其中是高超的导演，他们要构建引人入胜的情境，还得随时防止学生"入戏太深"。要在恰当的时刻将他们拉出来，再放回去。并且，在情境被打破时应当反省，如果学生一开始就无法进入，那说明这样的情境没有太多意义。比如让学生想象自己是卡夫卡、想象自己是变形虫，如果学生没有相关的观念储备，没有一定相关的体验和感情，又如何能够入境？

---

① 布莱希特. 陌生化和中国戏剧[M]. 张黎，丁扬忠，译. 北京：北京师范大学出版社，2015：8-10.

② 布莱希特. 戏剧小工具篇[M]. 张黎，丁扬忠，译. 北京：北京师范大学出版社，2015：8.

教师于此只能改变情境,在文本与学生真实生活间搭建桥梁。寻访学生生活中曾遭遇的荒谬和无力感,小心打开学生自己的故事,看一看能否有所勾连。如果学生充分进入情境后,又主动打破情境,那么,教师应当欣喜。

最后,学生和教师在情境中完成了对预设景观的祛魅。演员在陌生化间离下,不再陷入迷狂状态,再也没有"神秘创造的瞬间"。这其实是对任何坚固之物、任何神话的消解。哪怕他表现出迷狂,那只是角色的迷狂而非他自己。剧本的必然性和人生的必然混为一谈,就是某种坚固之物,演员对剧本的走向和结局需要保持清醒的认识。学生对景观的拒绝,也包括对教师权威的清醒认识,不是一味盲从。如同观众和演员应当有拒绝导演的可能。学生仰仗的不多,但回到文本本身,给出自己的解释就是一种。教师也应当认识到,自己创设的情境有时候不是自己决定的,而是被社会、经济、政策条件所规定的。教师从不皈依教师用书、不依赖教辅开始,渐渐应当意识到其指导的情境只能作为启发和指南,而不是规定的模板。

什么是理想的情境?这或许没有答案。因为情境如果无法牵引出学生的真实情感,让他们产生行动,就是失败的。但是,越引人入胜的情境越具有迷惑性和危险性,会让学生迷失自我,迷失在景观中。或许只有值得欣喜的状态,那就是学生和老师都能清醒地保持自我,时刻能够回看文本,产生多重对话,意义自然就会展开。

第二节　超越现代性:走向空间诗学

一、作为地方的学校

比情境更具有客观性的是地理。"设身处地"之"地"。人文地理学家爱德华·雷尔夫(Edward Relph)重申并阐释"地方"这一概念的重要性。不同于"地点","地方"的本质是人的意义的集结。① 作为地方,有下面几个重要特征。

其一,地方具有视觉特征。这呈现出多样的景观,并具有趋于中心的集结性。在校园内,总是有一些"中心场所"。这些中心场所是人与事的集合,

---

① 雷尔夫. 地方与无地方[M]. 刘苏,相欣奕,译. 北京:商务印书馆,2021:46-70.

譬如大集会的操场；对于不同的群体，中心点是不同的，大型会议室可能是教师们的中心，却与学生无关；校园内的某个亭台楼阁可能是某些同学的中心，甚至不足为外人道也。多重中心是现代校园的基本要求，单一的中心同时意味着管理的扁平化。课堂内的景观也应是多重中心的。讲台是显而易见的中心，与之对视的教室后墙的黑板则是另一中心。黑板报上多多少少都有一些学生自己的表达。当然，黑板报由谁设计，由谁绘制，是集体轮流创制，抑或"文艺委员"统筹安排，无不映射了隐藏的权力机制。需要注意的是，当掌握微权力的一方营造的中心越宏大，越具有纪念碑性，无数个小中心就会越来越微不足道。

其二，地方具有相对的永恒性。地方是对时间的容纳与对抗。景观因其永恒性而对学生产生深远的影响。多年后回到母校，看到熟悉的景观，难免唏嘘感怀。对于群体而言，相对不变的景观也能将意义凝聚，一代一代传承下去。当然，之所以是相对的永恒，是因为在政治、社会、经济面前，校园总是相对脆弱的。无论是周边环境的急剧变迁，还是校园整体的动迁，都会带来"地方"基石的改变。

其三，地方是公共的。显而易见，想要融入地方，个体面临将地方内化的过程。在这个过程中，显现为地方容纳了个体。在完全内化的地方，个体是不需要反思的，他或她舒适地生活。这体现在"家"的特征上。当人们需要反思家的价值、意义时，要么处于离家的状态，要么家中出现了矛盾与冲突。理想的"心灵的港湾"无疑是平静且惬意的。学校则不是这样，学校这一地方，天然是不同于家园的外在地方。学生上学是强制性的，那么就会有抗拒；学校是公共的，自然也有了融入集体的问题。教师常常被冠以"家长"的隐喻，但其实有着本质的区别，家长和教师之间的距离正是教育的空间。教育的公共性不可能，也不应该强求家的氛围，教育需要促进学生的反思、创造与批判。换言之，当我们发现某位学生在学校这一场域如鱼得水时，与教师关系密切时，应当反思，吸引他的是这位教师还是学科知识。

其四，地方也是私人的。地方是私人意义的凝结。人总有隐秘之所，当然，这种私人也可能是小范围内的聚集。恰如小学语文一道习作的标题《我的秘密花园》，这个秘密花园可能是教室不起眼的角落，也可能是走廊尽头，校园里的一处不引人注目之所，总之，是教师的目光不常扫到的地方。甚至，可能是厕所这样的"非主流"之地。孩子们经常在厕所的小隔间分享一些"禁忌"话题，比如游戏与八卦，也会分享被禁止的零食。面对这种情况，宽容与理解是第一位的。如果硬性禁止孩子在厕所里聊天与分享,那么他们会找到更"脏"和"危险"的地方。一次,我和熟识的某位教师在校园内闲逛,他指着校园风景秀丽的一角笑着说,这是他们校长设计的景观,大家都叫这"情人角"。课余时间经常有成双成对的男女生在此徜徉,人约黄昏后。是啊,这么美的景观,不正适合情窦初开的青年吗?

其五,地方具有依附性。这正是雷尔夫所谓的"地方之苦",依附于一个地方也不是总让人幸福,人类全然委身于一个地方可以是生活的中心,但也会变成限制和压抑人性的处所。① 所以,学校需要是开放的,而不是让学生依恋至依附的地方。如果学生在学校是一位公认优秀的学生,走出校门,乃至走上社会则无所适从,那只能说明教育的失败。越来越多的学校开设未来职业体验中心就是一种开放性的尝试,学校除了让学生在未来缅怀,更应当做到在此刻畅想未来,甚至向往长大至离开。

综上所述,学校不仅仅是场所,而是物、人、事、意义的交融。景观是它最容易被外人记住的外壳,有些精致,有些粗糙。好的景观是私人与公共的综合体,应当能促发在场之人的意义。它能吸引人进入,但也会吸引人出发。

二、空间诗学的展开

现代教育的场域长久以来是封闭的,景观是自给自足的,它有衣、食、住、行的全部,在很长一段时间内,还出现过校办工厂这样的产物,说它是一个颇为完整的社会并不为过。

这个社会中的每一道景观都是被设计的,被用以从体魄到心灵,来教化学生。需要分清楚景观语言中哪些是现代的,哪些其实是传统的。就现代语言来说,它应当有这样的气质:实用、简洁、未来感、高效率、高科技感、开放性……而当下的校园景观则大部分缺少这样的气质,一些校园景观说是圈地为牢,农耕时代的产物也不为过。

空间的固定性切中了教育的本质,因为教育总是代表了成人的想象与期望,吸收前人的经典,以适应或者对抗校园外的潮流。不变与固定带来确定感、完整感、安全感。几乎没有一所学校不强调传统文化与学校文化的传承,仿佛历史越悠久,对现在的优势、精英知识占有就越有合法性。巴什拉(Gaston Bachelard)在《空间诗学》中说:"我们无力重新活化已消逝的时间绵

---

① 雷尔夫. 地方与无地方[M]. 刘苏,相欣奕,译. 北京:商务印书馆,2021:66.

延,我们只能沿着抽象的时间序列思考它,而这种抽象的时间已无任何厚度可言。即便最精妙的时间绵延化石样本,具体展现长时间的逆旅居所,唯有通过空间,唯有在空间中才得以发现。"①抽象的话语本身就构成成人的权力机制。

需要寻找固定与变化之间的景观平衡,就教室而言,需要更开放的格局,更多样的课桌摆放方式。教室与学校不是暗箱,当然也绝非需要全面曝光之所,它不必也不能放在探照灯、无影灯下审视。这就需要从现代走向后现代,更要回到有别于前现代的幽暗景观,对家、小路、角落等元素的正视与珍视。

让校园景观成为空间诗学 ,一样需要回到身体、生活世界、审美这几个基本维度。项飙对于公共空间提出"附近"这一概念,可借鉴并化用之。景观不应当是封闭的,应当是敞亮的,甚至是流动的。这些景观应当能够唤起学生"附近"的感觉,它是亲切的,可以用脚步丈量的,能够让日常生活中的一些"附近"场景在校园中创造性重现。比如书店、咖啡店、种植园、花圃、报刊亭……

现代性要求下的学校不应当过度追求校园如家的感觉。两者的界限是清晰的,学校有学校自我周延的功能,语文教师有自己专业的角色,他或她不是家长也代替不了家长的角色。"春蚕到死丝方尽,蜡炬成灰泪始干"经常用来比喻、赞颂教师的角色,固然令人感动,但在现代社会也只能作为一种情怀的想象,不能作为对教师的专业要求。同样,教室的装饰、座位的安排也应当遵循最有效的产出学习的原则。

但是,如果遵循现代性多样性,以及美学现代性的原则,"家"的感觉就需要重新拾起。这有别于传统之"家国概念"。学校不再是"家庭"与"社会、国家"的"中间物"。学校这一场域有独特的意义与价值。这种"家"的感觉必须在语言的层面被理解,它带来"母语"一般的感觉,主体是自由自在的。在这种理想的空间里,角落感必不可少,它的存在允许学生隐秘地遐想,如果一定要有监视器,那也需要有免于监视的空间。

在景观与景观之间,连接的不应当是简单的水泥直线,而应当多一些曲折的小路。

---

① 巴什拉.空间诗学[M].龚卓军,王静慧,译.北京:世界图书出版公司,2017:34.

未选择的路

黄色的树林里两条路分岔，/很遗憾我不能两条路都选，/作为旅行者我只一人，伫立良久，/尽可能往一条路的深处观看，/直到它蜿蜒消失在灌木丛里。

然后走了另外一条，同样美，/也许还有选它的更好的理由，/因为它杂草丛生，需要踩踏。/虽然关于这一点，往来过路/把两者磨损的程度大约相同，那天早晨，两条路同样躺在/落叶下，还没脚步把它们踩黑。/哦，我把第一条留给了他日！/但既知路如何一条通往下一条，/我怀疑是否还有返回的可能。

在某个地方，许多许多年后/我会叹一口气，把这事讲述：/两条路在树林里分叉，而我——/我选择了那条少人行走的路，/这，造成了此后一切的不同。①

教育，毋宁说是选择的科学与艺术。它时刻面临经济学所谓的机会成本，应当科学地选择，但也应当允许选择的失落和伤感，因为无论选择哪一条小路，时间都已经错过，另一条道路的风景都无法领略。

语文教育注定是"伤感"的，对世界、对文字敏感的孩子特别容易感同身受。这种诗学的景观是对整齐划一景观的反抗，是第二种现代性对第一种现代性的反思与批判，只不过空间诗学的书写与阅读是更为隐蔽的、缄默的。

---

① 弗罗斯特.林间空地[M].杨铁军，译.上海：上海文艺出版社，2015：161-162.

第十章　现代性视角下的核心素养

第一节　中文语境下的核心素养

语文课程必须接受现代性的审视。"核心素养"目前是教育界的热词,几乎所有与教育教学、课程改革、课程标准修订相关的讨论都离不开这个概念。在这一节中,我们将分析这一概念的来龙去脉,并将其放置在现代性的框架中进行讨论。

学界对核心素养进行了充分的讨论,形成了一些基本共识。比如,它不仅包含关键能力,也包含了"各种知识、技能、态度和价值观"。[①] 又比如,几乎所有对核心素养的研究都承认这样一个事实和前提:它是舶来品,可溯源至1997年经济合作与发展组织(OECD)启动的"素养的界定与遴选:理论、概念和基础"(DeSeCo 项目)。其在 2003 年出版的最终研究报告《核心素养促进成功的生活和健全的社会》中,使用了英文 Key Competencies。受此影响,欧盟的一个研究小组在 2003 年发布的研究报告《知识经济时代的核心素养》中也使用了此概念,并认为:"核心素养代表了一系列知识、技能和态度的集合,它们是可迁移的、多功能的,这些素养是每个人发展自我、融入社会及胜任社会所必需的。"[②]

但是,还有一些问题尚待进一步解释。比如,核心素养是不是都可以测量? 核心素养是不是都是后天的? 核心素养是一种高级素养还是一种普遍

---

① 杨向东.核心素养与我国基础教育课程改革的关系[J].人民教育,2016(19):19-22.
② 褚宏启.核心素养的概念与本质[J].华东师范大学学报(教育科学版),2016(1):1-3.

的素养？如果说核心素养是一种超学科的素养，那么在学科视域下，核心素养和学科性的关系为何？

从英文的 Key Competencies 到中文的"核心素养"，学界是有疑问的。首先，Key Competencies 翻译为"核心素养"并不适切①，直译为"核心竞争力"更为妥帖。其次，在英文文献中，表示"素养"可用词常见的是：competence、competency、literacy、skill、ability、capability、accomplishment、attainment、quality。② 需要注意的是，competence 通常是与工作关联的，意指行动描述——个体在行动中需要展现出来的行为或结果。competency 定位于个人层面，指向个体潜在的特征和质量（underlying characteristics and qualities）。根据伍德拉夫（C. Woodruffe）的说法，本来 competence 和 competency 的区分非常清楚，competence 乃关于个人工作方面的，而 competency 乃关于个人行为表现的潜在特征，只是在使用中人们慢慢模糊了这种区分。③

何以成为"素养"，而不是"素质""能力"等概念？它从诞生之初，就处在东西方不同的语境下，并深受政策话语影响，表达了教育政策施行或解读者对此的期许与想象。有学者指出，"素养"一词的选择和传统接轨有关，中文中古已有之，且也是一个教育概念。和"素质"相比，"素养"尤佳，因为"素质"还包括先天、非教育的因素。④

综合目前学界对于核心素养的讨论，可以发现，不同学者使用的语境不同。这就造成了在一些问题上讨论的侧重点和观点的不同。其实，在讨论核心素养时有两类明显的语境，一是英文的、西方的，一是中文的、东方的。当使用一个舶来概念时，不可能原封不动地复制这一概念的内涵与外延，因为语境发生了改变，说话的人也不同，不可避免地会进行"创造性"的"误译"。有必要分而论之。这里的英文语境，仅指其诞生之初的语境，核心素养有如下特征。

一、明显的社会化和工具论倾向。DeSeCo 项目组从需求的角度阐释核心素养，认为其有以下特点：有助于社会与个人获得有价值的成果产出，有助于个人满足各个社会生活领域的重要需求，对每个人都有重要意义。尽管这

---

① 高德胜. "核心素养"的隐喻分析：意义与局限[J]. 教育发展研究，2018(6)：31-39.

② 崔允漷. 追问"核心素养"[J]. 全球教育展望，2016(5)：3-10，20.

③ Charles. Woodruffe, What is Meant by a Competency? [J]. Leadership and Organization Development Journal，1993(1)：29-36.

④ 崔允漷. 素养：一个让人欢喜让人忧的概念[J]. 华东师范大学学报(教育科学版)，2016(1)：3-5.

种需求导向的核心素养是个体适应社会所需要的,但不止于此,还是个体改造社会的重要因素。[①] 它非常强调个人适应社会、改造社会的能力。与"核心素养"一词相类似,内容上则大同小异的是由美国联邦教育部领导下的"21世纪素养合作组织"提出的"21世纪技能"(21st Century Skills),这个提法更具有时代性,从另一个方面也说明"核心素养"指涉的是适应当前社会发展的能力。

二、国家主义导向。在社会化与工具论倾向背后,是隐藏的国家主义导向。我们追溯教育领域中 competence 这个词,就会发现其在 20 世纪 60 年代美国教育改革中就大张旗鼓地使用过。它强调国家竞争力,特别是一个国家的科技能力。这场改革影响深远,西方许多国家的课程改革都秉持这样的基本目标。多用此概念的欧盟也是一个以国家为成员单位的政治组织。

三、经济与职业导向。这是在"社会化与工具论"倾向下的必然。首倡者经济合作与发展组织本身就是一个经济组织。所以,在此导向下的概念是一个功利性极强的概念,掌握此种核心素养,就有了和别人、别国、其他经济地域相比不可复制或难以复制的竞争力与能力。

于是,这里就隐含了一个内在矛盾需要解决,即基于社会、国家、经济导向的核心素养如何保证其在个人领域的民主性、普遍性的问题。政策倡导者与制定者的逻辑或许在于:探求一种普遍性、可教教的个人素养以使得普遍拥有这一素养的群体拥有具有特异性质的竞争力。西方许多学者和政策制定者也对此进行反思,他们甚至认为定位于经济目的的核心素养严重阻碍了人类自身的发展,使得学校成为经济的附庸。[②] 这一语境可以看作对 Key Competences 语境的补充,并体现在一些国家的课程政策制定中,比如澳大利亚的"核心素养"特别强调个人的批判与创造力,成为积极知情的公民。[③] 这也被我国的教育政策制定者吸收进"素养"的语境。

中文语境下的"素养"与 Key Competences 的语境不同。它不可避免地会被在母语的底色上解读,于母语传统来说,这一概念最重要的是"修养"。首先,中文语境主要是现代汉语语境,《现代汉语词典》中关于"素养"一词的解释简单而明了:"平时的修养。"这说明素养不是特殊的、突然的、间或出现的,而是日常的、生活的、较为恒定的。

---

① 李艺,钟柏昌. 谈"核心素养"[J]. 教育研究,2015(9):17-23,63.
② 崔允漷,邵朝友. 试论核心素养的课程意义[J]. 全球教育展望,2017(10):24-33.
③ 李湘. 基于核心素养的澳大利亚国家课程标准研究[J]. 教育与教学研究,2017(8):79-85.

另外,"修养"一词充满了教育学含义,这在传统汉语语境中非常明显,并深刻影响了现代汉语中这个词的含义。《现代汉语词典》中关于"修养"的词条下有如下义项:"指养成的正确的待人处事的态度。"现实中我们如果说一个人很有修养,一定是一种道德性的评价。《辞海》上有:"求学问、道德之精美完善曰修养。修谓修治之以求进步,养谓涵养之以使充足。"所以,在中文语境下,或者可以将"素养"一词理解为"素来的修养"。"素以为绚兮"而"绘事后素"(《论语·八佾第三》),它强调了个人道德底子的重要,就如在白纸一般的仁义上书写一样。因此,"修养"就不仅仅有"养育"的意思,更为重要的是"修"的含义,需要"修身",它是一种"学习",且不仅仅涉及个人,更是和社会、国家息息相关。宋代朱熹《近思录·为学》:"修养之所以引年,国祚之所以祈天永命,常人之至于圣贤,皆工夫到这里,则自有此应。"[①]由此可见,在中文的传统语境下,核心素养应当有以下特征。

首先,明显的道德化、身体论倾向。"素"和"修养"都是在道德的语境下讨论的。如何修养,则需要个人的"修身",反求诸己、反躬自身。需要注意的是,此处的身体是整体的身体,包括道德的身体,而非仅仅是自然的身体、气血的身体。后者是需要被前者所克制的,这和英文语境下职业导向产生的对身体的重视是全然不同的概念。并且,这一倾向是发生在日常生活中的,"吾日三省吾身"(《论语·学而》),道德修养的养成要时时操练,"操则存,舍则亡"(《孟子·告子章句上》)。这也在现代汉语语境中得以继承,素养是在生活世界中存有的。

其次,社会化导向。道德是私德,也是公德。两者是浑然一体的状态。而中国传统的仪礼社会造就了强大的社会力量,并对个人的道德与学问进行塑造。"修身齐家治国平天下"构成了由个人到家庭再到社会、国家逻辑严密的修养体系,"家国情怀"是中国传统语境中色彩浓重的个人素养。这一点在现代中文语境与国家教育政策中得以继承,2014年教育部颁发"关于全面深化课程改革落实立德树人根本任务的意见"文件中明确提出,要"突出强调个人修养、社会关爱、家国情怀"。[②]

需要注意的是,英文语境和中国传统语境下的核心素养都是社会倾向的,但是本质或许不同,我们可以将英文语境下核心素养的提出看成国家、社

---

① 朱熹,吕祖谦. 近思录集释[M]. 张京华,辑校. 长沙:岳麓书社,2010:206.
② 中华人民共和国教育部. 教育部关于全面深化课程改革落实立德树人根本任务的意见[EB/OL]. [2014-04-08]. http://www.moe.gov.cn/scrsite/A26/jcj_kcjcgh/201404/t20140408_167226.html.

会、经济对个人主义的反拨；而中国传统语境下的核心素养却一直在社会、道德的底色上书写，也就是说，有这么一种可能，核心素养社会性这一侧面会成为几种语境都强调的重点而不断被强调，这种"叠加效应"应当得到缓解与释放。

最后，为己之学导向。"古之学者为己，今之学者为人"（《论语·宪问》），在理想状态下，素养的获取不是为了别人的夸耀、赞赏，而是为了自我道德的提高。相比于西方语境，它多了更多理想主义与非功利性的色彩。另外，之前提到的英文语境下 competence 和 competency 的特质与表现的区别也不构成问题。在理想中，道德论即认识论即实践论。学习的过程就是修身，当然也是一种道德提升。

在两个概念中，留有大量的"裂缝"以及可待阐释、弥补的空间。譬如，这一素养到底是求普遍性与民主性还是个人竞争力的不可替代性？一些非功利性的学科该如何安放？现代中文语境恰是在这些"裂缝"之上得以表达，要更好地回答这些问题，需要回到教育，即这个时代的教育本身，需要首先回答我们在哪儿、要往哪里去的问题。这也是将其放诸更深一层的语境，即教育现代化进程的背景中与现代性的视域中考量的原因。

第二节　课程现代性视域下的核心素养

核心素养的中文语境不仅是中文传统语境与英文 Key Competencies 语境的糅杂，它还包含了对两种语境的批判，以及相互之间的批判。我们必须将视角放得更长远些，将其放置在教育现代化这一深层语境中来考量。上节讨论的中文语境是语词产生的直接背景，相对而言是静态的，而现代化进程和现代性的产生是间接的语境，其语境是动态的和更深层次的。在这一历史进程中，不同的现代性所产生的素养是不同的，也只有在现代性的彰显中，"核心"才能凸显。

现代化进程是这一语境产生的大背景，而现代性则是这一语境生成的核心。现代性的产生伴随着个人主体意识的形成，这也是现代社会得以出现的前提。在这个过程中，科学代替了宗教，世俗社会取代了神学社会、礼法社会。然而，科学性不能与现代性画上等号。我们还是运用第二章中曾经论述过的分割现代性为两种现代性的方法来讨论之，一种可以称为社会现代性,另一种现代性是美学的现代性,涉及对人异化的体验,对现代社会碎片感的体悟与痛感。为了方便比较,我们将一些特征列表以示,见表10-1。

表 10-1　现代性部分特征比较表

	传统(前现代)	现代性一	现代性二
时间观	连续的	分割的	破碎的
空间观	"中心—地方"的	城市的	边缘的
价值观	道德旨归、家国意识	社会、公共	自我
认识论	静态	宏观、微观	动态
课程观	—	设计	理解
学习观	学以为己	功利性,为了经济、职业的学习	非功利性,指向纯粹的自我
学习资源	经典	实用的,生活的,成体系的	新兴的,经典的打破与重构

以时间观来说,现代社会与传统社会最重要的区别是分割的时间意识的产生,时间可以精细到秒、毫秒……而且是被平均分割的。在教育领域,时间也是可以且必须被管理的,精确的课时出现了。而在第二种现代性中,时间是破碎的,这可能更接近我们现代人的生活现状,碎片化阅读比比皆是。以空间观来说,传统的空间是一种从"中心"到"地方"的等差序列,越接近中心的地方地位越高,每个人被安放在这样的序列中。在第一种现代性中,随着市民社会的诞生,公共领域在人们的生活中越来越重要,且与私人领域有清晰的划分。学校正是这样一个尊重私人领域前提下的公共领域。但在第二种现代性中,人因为现代社会的本质,"空间—时间"的碎片感,自我放逐,或主动或被动寻求边缘人的状态。

在这样的"时间—空间"基础下,价值观与认识论自然各不相同。在第一种现代性中,人的眼光更加细致,并且持有一双科学的显微镜或"天眼",但基本还是静态地看,有别于前现代的"凝思",它更接近"观察"。在第二种现代性中,则是动态地看,也即变形地、文学地、美学地看。

所以,课程观与学习领域自然也有各自的特点,不再是基于管理学、设计论的设计课程,而是理解课程文本,包括各种前现代的文本。不止于"理解"这一认知行为,更可能是"实践论"意义上的自我创设文本,发出自己的语言乃至语法;也不限于"理解"这一种知性传递,"悟性""体悟"也可发生。因为许多文本在尝试理解之前已经充满意义,"诗歌在尚未被理解之时就会传达自身意味"①,关键在于需要做出理解的努力。需要注意的是,在第二种现代性中,学习可能成为一种被质疑的事情,尤其是质疑第一种现代性所提供的各种文本的合法、合理性,甚至"教育"以及"素养"本身也要放在质疑的境地,反讽"进步"的"平庸"。但这和前现代可能出现的"反智"倾向不同,我们倾向于相信这是创造力发生的源头,反而需要保护与珍惜。它是一种"反思性",也是整个现代性得以产生②,现代化得以进行的重要基石。

于是,我们就要追问一个重要问题:教育与课程应该遵循何种现代性?答案或许是它在两方面都必须有所体现,不同现代化进程时期追寻的侧重点不同,并且,教育的功能与使命有融合这两种现代性的冲动。

在第一种现代性中可见:教育的民主性和公平性;教育的科学性与法治性;教育的信息化和科技性;教育的国际性和开放性;等等。而艺术学科、文学领域的探究与教育则更符合第二种现代性。其实,无论是第一种现代性还是第二种现代性,它们都共享一个基石,即个人主体性的启蒙与强大。这也是区别于非现代性的条件,只不过第二种现代性贯彻得更彻底,走得更远罢了。教育是一种"成人之美"的学问与实践,"人"当是完整的人,其素养也当是完整而非碎片化的。社会现代性与美学现代性因为建立在共同的基石"人的现代性"上,所以也蕴含着相通的可能,比如新近的研究认为,技术不止于物化,也是人性的本质特性,"技术是工作中的人性"(Technology is humanity at work)。③ 两种现代性之间也彼此制衡,防止各自对人的"异化"。对此,教育与课程当仁不让。

在课程领域,可以说,课程理论的诞生就是基于第一种现代性,"泰勒原理"有着明显的管理学倾向,现代课程体系之所以诞生也基于学生分级制度出现,时间是可以被切割的,会使得教学更加高效这一事实。④ 而 20 世纪 60 年代末美国课程界兴起的概念重建主义,其将课程看作动态的过程,重新关

---

① 胡戈·弗里德里希. 现代诗歌的结构:19 世纪至 20 世纪中期的抒情诗[M]. 李双志,译. 南京:译林出版社,2010:1.

② 王一川. 中国现代学引论[M]. 北京:北京大学出版社,2009:53.

③ Joseph C Pitt. Thinking about Technology: Foundations of the Philosophy of Technology [M]. New York:Seven Bridges Press,2000:1.

④ Herbert M. Kliebard. Changing Course: American Curriculum Reform in the 20th Century [M]. New York:Teachers College Press,2002:7-23.

注学生自身,重视艺术课程等,可以看作第二种现代性在课程发展中对第一种现代性的反动。

在教育政策方面,可以说是以第一种现代性为主的情况下兼顾了两种现代性。就目前而言,从"三维目标"到"核心素养"符合这一轮课程改革深化的自身逻辑,即基于从"以学科为中心"到"以学生发展为中心",改变过分功利主义的"应试教育"弊端,促进育人方法的改变。它更强调个人素养的整体性,对知识、技能以及价值观的割裂保持批判与警惕。需要注意的是,美学现代性也并非完全意味着对整体性的拒绝,恰恰相反,它可能只是认为世界与人就本质而言分裂成种种对立面,只有借助这种碎片状态才能作为更高的统一体存在。① 由此,我们甚至可以对知识乃至素养的某些碎片化表象予以合理性辩护,譬如碎片化阅读,新近的课标修改强调了"整本书阅读",这当然合理且必要,但是,我们是不是也应当寻求一种碎片化阅读的技巧并以此达到整体素养的培养? 现代社会已然如此。

第一种现代性是在对传统的批判上形成的,然而,在第一种现代性面前,第二种现代性会寻求前现代的资源以为助力。可以发现,一些"前现代"的特征与"第二种现代性"的特征是如此相似,譬如学习观中对非功利学习的推崇。在课程实践中,出现了对原始的、神话的、诗性的再次寻求,课程被看成不同的文本,如历史、政治、种族、性别、现象学、后现代,乃至自传文本。"没有什么是外在于文本的。"②传统的语境会被套用、借用或直接拿过来,最显著的莫过于"立德树人"这一育人核心目标的确定。

其实,在课程实施中,美学现代性对传统资源的使用有两种策略,一种是对传统精神的"复活"尝试,比如创造各种教学情境,如到户外与自然中去,在对古诗词的吟诵中,让学生体察到古诗词的美丽并触及传统精神的核心;另一种是对传统资源的创造性转化以符合现代精神,比如将古诗词谱写成现代歌曲或者某些"故事新编",编排课堂剧等。相比于第一种尝试,创造性的转化更具有持续性,课程不可能做到完全"复古",只能"古为今用",且是在美学现代性之下而用。

综上所述,核心素养的表面语境与现代性的深层语境关系可见图 10-1。

① 胡戈·弗里德里希. 现代诗歌的结构:19 世纪至 20 世纪中期的抒情诗[M]. 李双志,译. 南京:译林出版社,2010:19.
② 派纳,雷诺兹,斯莱特里,等. 理解课程[M]. 张华,译. 北京:教育科学出版社,1999:48.

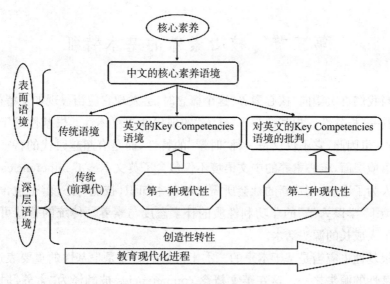

图 10-1　核心素养语境的汇合

我们可以将核心素养的提出视为两种现代性的纠葛与融汇。现代社会是多元面向的,使得其融汇成为可能。① 而现代性的主体性基石则保证了这种可能。其一在英文、西方语境下体现,即源于 OECD 以及欧盟的概念,它是第一种现代性在教育上的表达;其二是现代语境下融合传统观念的意识,它更多是第二种现代性的体现。比如"素养"这个中文概念的提出本身就是这种意识的显现,它也明显表现出政策制定者和阐释者力图打通传统与现代教育的努力。

然而,在这两种现代性纠葛、交融的深层语境中,我们更应该看到,核心素养的提出,代表着中国教育在现代化进程中的自觉,在全球化的浪潮中寻求"中国表达"。以科技性为代表的第一种现代性的产生不断催生新的技能,对此的反思即第二种现代性又使得人们不断"更新",这都使得核心素养的提出"理当如此"。另一方面,核心素养的提出也促使教育的使命彰显,即培养现代人,培育"新人",培养更多"为己之学"的人。

---

① 蔡清田. 核心素养的学理基础与教育培养[J]. 华东师范大学(教育科学版),2018(1):42-54, 161.

第三节 核心素养的基本特征

当我们再次望向"核心素养"这个概念时，会发现它应当显现如下特征。

其一，根基性。根基性基于"新人"的现代性与整体性。根基性基于个人的成长，也因此，它不仅仅是一种"时髦"的特性，而是有超越时代的特征。在表面语境层面，核心素养的中文语境不仅包含了英文 Key Competencies 语境下个人为了适应、创造新的社会所需要的基本知识、技能与态度，也包含了传统语境下"学以为己"的非功利性质的朴素态度与素养。传统的智慧可以转化为个人成长的源头活水。

根基性也应当是基于本土的。本土价值的彰显是根基性的重要表达，也是根基性的源头之一。这在英文概念 competencies 被翻译为"素养"时就发生了，甚至发生在概念提出之前源远流长的传统中国教育史中。所以，在整体设计以及各个学科的核心素养凝炼与建构之时，在这些学科的教学中，就分外需要考虑，特别是涉及历史、语文、艺术等人文学科时。

在深层语境中，通过对两种现代性的分析，我们发现，根基性也意味着知识、能力的整体性与碎片性的辩证关系。核心素养是整体的，应当成为现代人所掌握的关键能力与品格的"底子"。作为一名"新人"，他不仅需要掌握第一种现代性所代表的新技术、新能力、新方法，也需要对第二种现代性做出回应，汲取创造与反思的价值。这也就使得这种根基性不是僵硬的地基，而是不断涌现的源泉。也就是说，核心素养的根基性应当允许某些知识与能力领域碎片化的存在，在美学现代性那里，这种碎片化的裂缝恰恰是必要的，是达到整体素养的必由路径。在课程政策制定中，甚至需要特意留下诸种"罅隙"，以使得两种现代性和双重语境得以充分地沟通与融汇。

根基性意味着不仅有显性的素养，也有隐性的核心素养。它们难以明言，只能在实践中得以显现。这在深层语境中可以得到辩护，美学现代性意味着会有大量的，难以用语言精准表述的素养存在，它只有借助于美学途径才能表达。在这种语境下，所能看到的，得以说明的，不过是冰山一角，而正是这些难以明言的素养，构成了人的根基性，使人得以成人，而免于物化与异化。

其二，统摄性。它应当统摄多种表面语境下的核心素养，个人的主体性使其成为可能。恰如上文所言,不同语境下的核心素养之间有着诸多矛盾与裂缝,那么统一的核心素养的提出就应当基于深层的语境,并能够成为其共同的基础与共通的法门。主体性就成了当仁不让的统摄。有学者认为,教育现代化的根本目标是提升人的主体性,社会现代化是教育现代化的前提。[①]"主体意识的觉醒",意味着"以学生为主体"的教育是课程的价值基石,也是核心素养施行过程中的准则。

在表面语境下,统摄性意味着普遍性。它不仅要在英文语境中实现,更要在中文语境中表达。教育在不同地区发展差异巨大,在不同学科的体现也各不相同,不应苛求核心素养对人在现实微观中应掌握的知识、能力、方法与价值观做到所谓的一一对应。在这一层面上的统摄性也意味着跨学科性,它更加寻求不同学科之间的共通素养,而学科性在育人上的价值则是核心素养某一侧面的展开。也因此,在政策制定中,对"核心素养"的表达宜粗不宜细。

在深层语境中,统摄性为核心素养的多元性提供了理论基石。它应该融合两种现代性下的种种素养特征。在目前的情况下,我们的教育更易偏于第一种现代性,即社会现代性下的价值,这不仅仅是中国的倾向,也是全球的取向。笔者曾采访过派纳,按照他的原话:"哪里有什么 STEAM,全是 STEM!"[②]艺术(Art),相对于科学(Science)、技术(Technology)、工程(Engineering)与数学(Mathematics),从来没有被重视过。核心素养一定要符合现代教育的本质,即民主与普遍性,它可以统摄关键与全面,以及所谓的低级与高级。甚至从某种意义上说,素养的分级本身就有很大问题。

和教育政策的制定相比,应试教育还大行其道,学生的主体性受到极大的压制。在教学中,第二种现代性,即美学现代性下的核心素养应该得到更多的体现。因为教学行为本身就是有温度的行为,它的施行对象是有温度的、平等的、鲜活的个体而非数据与指标。我们相信,求"完整的人"的教育应当统摄所有教育行为。

其三,发展性。在教育现代化的进程中,教育现代性的不同侧面得以体现,核心素养必然会有所发展。说到"发展",不是因为信奉线性的历史观与

---

① 褚宏启. 教育现代化的本质与评价:我们需要什么样的教育现代化[J]. 教育研究,2013(11):4-10.

② 派纳,杨澄宇. 课程,悠游于科技的边缘:威廉·派纳与杨澄宇关于课程和科技关系的对话[J]. 华东师范大学学报(教育科学版),2017(1):102-105.

时间观,认为素养的迁移一定是"进步",而是基于个人成长,学生个体总是处于发展中的。当求日日新。从这个方面来说,核心素养就绝不能仅仅是一种外在的,可被测量到的表现,而会有不可测量的一面。也就是说,素养中一定有不可测的内容。另外,注重第二种现代性下的核心素养,也为第一种素养留下了"容错"的空间,为社会、经济、文化的发展留下更多可能性的种子。恰如课程论专家玛克辛·格林(Maxine Greene)所言,在学校教育与现有社会经济秩序之间彼此互动产生的意义,更倾向于沟通渠道而非提供机会,更多是束缚而不是解放,更多是预先给定而不是赋予个体自由。[①] 而核心素养统摄下的素养中的一个重要维度,应当是指向创造、解放与自由。

发展性还体现在"与时俱进"上。时代性即现代性。核心素养必然反映教育现代化进程中学生需要养成的种种品质和掌握的知识,"非核心素养"与"核心素养"保持一种动态的转换势能。目前教育界有一种回归经典、回归传统的取向,甚至出现了大量的集体读经现象。这可以看作第二种现代性援引传统内容,对第一种现代性的反动,但也需要注意,这样的回归应当是创造性的回归。业已达成的教育心理学、教育理论等方面的课程常识必须遵循。已经被淘汰的,被证明不利于学生身心健康的诸如灌输的教学方式不应该还魂。时代会变,核心素养也不应是僵化的,而是保持弹性的可能,并尽量凝练出普遍的素养特征。

其四,具身性。在中国传统语境中,"修养"是具身的,这不仅体现于对经典与知识的涵泳,更是一种身体力行的道德实践,此种实践后果在身体上亦有所"践形"。学习的具身性应当在现代语境下得以传承,成为学习的重要维度。核心素养各个维度的展现都当是具身性的,并在生活世界中"践形"而并非限于陈述性知识的复述。具身性是核心素养在学生身上的具体表现,是"身心合一"在环境中的表征,在课程实践中,教师应当创设复杂情境、真实情境,以使得环境与身心相互激荡,培育学生的核心素养,在基于核心素养的各科课程设计与实践中也是如此,比如在新近高中语文课标中"学习任务群"的提出可视为这方面的努力。

由此,学生的"亲身"参与在核心素养的落实中就尤为重要。参与意味着"具身",身心的投入,而不是枯坐课堂。也只有全身心投入学习行为中,并在"学会学习"的过程中,道德的培育才能潜移默化、水到渠成,方能实现教育

---

① 玛克辛·格林. 释放想象[M]. 郭芳,译. 北京:北京师范大学出版社,2017:68-69.

"立德树人"的目标。

　　如果说发展性的理论基石是学习发展自身,那么它可以从心理学、教育心理学等蕴含第一种现代性的科学学科中汲取营养,直观来说它是"自下而上"的成长维度;那么具身性则强调核心观念下个体的"自下而上"的具身实践和素养"践形"的落实维度,哲学、文学、艺术、美学等蕴含第二种现代性的学科可以提供丰富的资源。

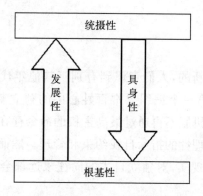

图 10-2　核心素养特征

　　综上所述,核心素养反映的表面的多重语境,需要在深层语境,即现代性视域下得以理解。由此而来的统摄性、根基性、发展性与具身性这四项特征(见图 10-2),使得核心素养保持一种既"顶天立地"又"融会贯通"的势能,多元而开放,保证了学生成为"新人"的可能。这也是中国教育现代化进程中的应有之义。

结语:回到语文本身——走向当代

现代性是不断更新的,人们意识到有别于其他年代,此刻的这个年代是不同的。"现代性是第一个编织寻常百姓心中的独立梦和自主梦的社会哲学。现代社会的权力机制不再通过最高主权的命令存在和运转,而是通过专业划分让每个人根据理性的指示自我约束和管理。然而,无论理性这块布多么巧妙地遮蔽了权力现实,对独立自主的向往永远都会奋力反抗。"[①]这构成了现代性的新梦。

> 光明渐渐来了。天空一片沐浴的紫红,就像石榴的颜色。很快,红色将占满整个天幕,我们这些尘世的间的凡人将再度沐浴在花朵的温暖中。渐渐地,光明来了。[②]

这梦,是文学的、社会的、思想的,甚至也透露出某种神圣性。无论如何,旧的观念是不适合新观念的,然而,在语文教育的现状和可预见的将来中,传统文本都会大行其道。该如何为传统的再流行辩护呢?

如果仅仅是方法论意义上,则无可厚非,就像本书反复强调的,传统在现代社会本身就是异质的,它自身就是现代性。借由这样的现代性而不断现代化,无可指摘,且不失为好的策略。

如果是在本体论意义上进行辩护,则需要警惕超越唯名论的界限。传统语文有实质的、巫术传统的一面,需不需要受其"教化"? 如果答案是需要,那

---

① 张颂仁,陈光兴,高士明. 我们的现代性:帕沙·查特吉读本[M].上海:上海人民出版社,2013:87.

② 张颂仁,陈光兴,高士明. 我们的现代性:帕沙·查特吉读本[M].上海:上海人民出版社,2013:87.

只能说明我们对于现代性的认识积累还不够,思想和观念的深入还没有为此做好准备,思维的开放程度还不够,在这样的情况下,重拾语文传统并不是一件值得庆幸的事情。

在这样的环境中,教育是需要反思的。现代性的时间观意味着过去不重要,现在较重要,而未来最重要。"眼前苦换得未来乐",这是我们普遍的生活信仰;"吃得苦中苦方为人上人",又代表了普遍的社会与人生观背景。未来拥有不可匹敌的合法性,未来是充满想象和光明的。相对而言,现在不那么重要了。在教育的时间观中,未来同样无比重要,但是传统也很重要。这是教育的性质决定的,所有学习只能学习过去的知识。所以,传统与过去很自然地就成了一种达到未来的工具、阶梯与方法。它又不可能被真正理解,因为它已然过去。

所以,现代性的时间观和教育的时间观念,很有可能形成一种共识:未来最重要,作为方法与工具的传统也很重要,唯一不重要的就是现在。现在不重要,所以现在可以被任意揉捏,只要有一个光明的未来。这种功利的想法深入教育的方方面面,"现在苦一点没关系,一切为了未来","教育方法不重要,只要能获得高分"。现在被舍弃了,当下成为无数个可以被抛弃和割裂的瞬间。

这里,主体性的觉醒与现代性的时间观产生了矛盾,学生作为主体的要求需要被回应,这也是现代性得以不断反躬自身的要求。教育本身是可以提供帮助的,譬如教育的时间观可以给予现代性的时间观以某种缓冲与可贵的补充,比如对记忆的温情回眸,对坚硬实在之物善意的遮蔽,对童年的再发现与抚慰,对古典怀乡之情的挖掘,对未来已来迫切感的舒缓,都会将线性的时间变成每个主体的"内时间"。这有赖于每位教师的亲身实践与引导。

功利教育已经成为了教育生活的常态。功利性俨然成为身体、生活、美学、语言取向的主流。身体与生活是被规训的,语言强调语用的绝对重要性。回到传统,只是旧传统的借尸还魂,必然沦为功利主义下教育的棍棒。成建制的现代性走向了现代性的反面,日渐僵化,传统参与了这场合谋。它们必然被更新的现代性所批判。

同样,在这样的语境下,回到身体、回到生活、回到美学、回到语言都带有软弱性。波德莱尔说,"美永远是,必然是一种双重的构成——构成美的一种成分是永恒的,不变的,其多少极难加以确定,另一种成分是相对的,暂时的,可以说它是时代、风尚、道德、情欲。永恒性部分是艺术的灵魂,可变部分是它的躯体"①。虽然这种短暂、瞬间、碎片也终于被承认是"美"的,有了独特的价值,但其中依旧隐含了"灵魂—身躯"的二元论,灵魂当然占据了高位。如果非要比较哪种价值更有价值,当然也是前者。灵魂高贵而脆弱,它困于个体的肉身,对"实际"的"事功"常无能为力,又容易自我欣赏与陶醉。

现代性充沛的内涵,固然会带给学科以深厚的资源,但是,它也会使之封闭成为自运转的"学科",拒绝介入生活本身。现代性赖以成立的自我性、异质、批判性也会渐渐消磨成学科内部的润滑剂。语文科则成为"客观"而"科学"的存在,语文科的教育则是一件"专业"的事情,向生活与世界关闭了大门。

何以如此? 因为在唯名论的基底上,无道德的规则性代替了道德主义,起到了"代偿"作用,成为它原来反对的那个"功能",无道德成了最大的道德,变成了不可置疑的规则。以文学为例,如果我们完全信奉语言自身的运转,走向极端就是一种语言派诗学,其作品晦涩难懂,拒绝大众的讨论,这背后是一种精英主义取向。艺术领域也同样如此,片面追求作品的现代性与形式化的语言,寄望于这种文本形式的自我书写、自我增殖,它们对社会的介入基本为零,是无害而软弱的。

当代意识则呼唤另一种现代性,是不停现代性的现代性。它至少具有如下特点。

(1) 彻底的非功利性。非功利性并非拒绝介入社会。只有最纯粹的非功利性,才不会把介入与否当回事。这有赖于主体的二次觉醒,第一次是意识到语文本身的规则与自律,语言可以自我生成,不受社会政治经济等的功利影响,它摆脱了"文以载道"的要求,走向"文以喻道""文以明道";第二次是对这种形式自律的再反思,对其形成自给自足的自我运转、自我繁殖的教条的警惕。语文中的功利,并非全然指对功名、权力、经济的追求。"学以为己"也可能陷入更深、更难摆脱的功利范畴,它是指语言、文本的一种封闭的,排斥他人、异端的精英与集权主义。

(2) 坚决的主观性。语文本身是主观的事情,没有广泛的真理只有个人的真理。这也说明了,语文并不是拒绝任何形式的真理,但只是追求非常主观的真理。每个人都有过自己语文生活的权利。将自我坚定地表达出来,需要选取合适的媒介与文本,这就说明方法与技术也是很重要的。

(3) 坚定的异质性。坦然面对自我的语文取向,充满了自我反省的动力。

---

① 汪民安.福柯、本雅明与阿甘本:什么是当代? [J].马克思主义与现实,2013(6):10-17.

今天是对昨天的否定,明天或许还会继续否定今天,语文生活才得以推陈出新,日新月异。当下的语文恰恰可能是最不现代的那一种类型,或者说有着现代性的表面特征,却缺乏其内核精神。表面的金属光泽的平顺反而说明了内在的软弱。

(4)绝对的碎片性。不再奢求碎片背后的整体,知识本体就是不完整的,按照德勒兹的说法,是"块茎"的,充满了随机性。"块茎"意思是指"一切事物变动不居的复杂互联性"。① 在语文教育中,不应当硬性要求整本书阅读的具体形式,而是应当在碎片中寻找自我的整体。同时,也不应当全然排斥这种碎片化的阅读方式,整本书阅读不是当代阅读的敌人,功利性阅读才是。无论碎片化阅读还是整本书阅读都应当基于非功利性。

(5)不断生成的多元性。只有不断地去中心化,才能造就真正的开放。现在向未来开放,向过去开放;过去也向现代与未来开放。多元化的过程也是创造性的体现。现代性从最根本上来说是不断创造的,王德威在论及晚清小说时,将视线放在了文学正典之外的科幻小说、狎邪小说、黑幕谴责小说、鸳鸯蝴蝶派小说等门类,认为其中有着"被压抑的现代性",它是中国文学传统之内一种生生不息的创造力。② 这种生生不息的力量或本源是什么? 笔者只能给出开放式的答案:它是实在唯名论基础下的气、情感、语言本身的流转,对于实在的想象又提供了源源不断的养分。

该如何走向未来? 布鲁门伯格给出的结论是:将启蒙进行到底。"科学与进步永远不能回答形而上的形而上学的'大问题',它们将不会拯救我们的灵魂,甚至不会使我们心中升起希腊人期望从理论的完成中获得的幸福(eudemonia),因为它们永远也完成不了。"③人们只能从现代性中获得某种可能,至于这可能是什么,没有人能够保证,也不应该保证。诚然,应当回到启蒙观念的初期,第一次发现当代重要性的时刻。康德在《何为启蒙》中发掘了今天的价值,"现在"摆脱了过去和未来的纠缠,他真正的问题是:"现在在发生什么? 我们身上发生了什么? 我们正生活在其中的这个世界,这个阶段,这个

---

① 麦永雄. 后现代多维空间与文学间性:德勒兹后结构主义关键概念与当代文论的建构[J]. 清华大学学报(哲学社会科学版),2007(2):37-46.

② 王德威. 被压抑的现代性:晚清小说新论[M]. 宋伟杰,译. 台北:麦田出版社,2013:40.

③ Hans Blumenberg. The Legitimacy of the Modern Age[M]. Boston:The MIT Press,1993:xxix.

时刻是什么?"①

　　由此可见,传统之于语文教育,不能成为未来的阶梯,而应当回到最切身的此刻。它不是人们逃避当下的手段,而是介入生活的行为。书写本来就不是对现实的复制,而是唤起这个世界的涟漪,或者唤起一个新的世界。当代性让我们进行更彻底的现代性反思,在这里,需要打破语文形式固化的可能,如果现代性使得语文越来越专业,边界越来越清晰,那么需要将它重新打开,应当秉承现代社会得以产生的基石,在唯名论的范畴下进行讨论。如果有"道",也是多元而活泼的道德,语文并不能真正达到它。

　　在当前的语境下,语文问题都是教育问题,语文对此的回应也是教育的回应。当人们思考语文传统的现代性挖掘、语文科的现代化转型时,摆在面前的不是要不要的问题,是已然如此,该怎样面对的问题。语文课程本身就是现代化的产物,就课程角度而言,现代性既是规训,也是对规训的反动。一方面,它使得课程的总体架构必须符合自泰勒以来的课程要素组成的科学框架,这是一种物理性、数学性的规划,使得课堂更加高效;另一方面,现代性又带有一种天然的"美学现代性",并且实现对社会现代性的反思,走向宏大叙事的终结。课程理论专家多尔(William Doll)认为,在教师与学生的反思性关系中,教师不应要求学生接受教师的权威,相反,教师应要求学生延缓对那一权威的不信任。②

　　"对权威的不信任",按照笔者的理解,一种现代性由此产生,可以无惧和坦然面对对方的凝视。当然,这与本雅明所谓的"不回视对方的凝视"还是有所区别,"坦然面对凝视"更多是一种平等意识的体现,而非高人一等的意识所致。其中微妙的区别,正是教育所需要着力的地方。在课程中,现代性无所不在,它意味着两点:首先,我和你不一样;其次,你、我都坦然接受。它可以发生在教师与学生之间,甚至发生在学生与学生之间。并且,这可能是代际出现的,即可能同时,而不同代。

　　当然,教育的着力之处,需要小心翼翼地保持尺度。需要对诗歌的"拯救维度"保持清醒的认识。之所以会出现"拯救维度",是因为现代性所带来的巨大隐忧,缺乏神学的依靠,许多人认为在诗歌中,可以找到心灵的平静。泰勒认为,现代性产生三种隐忧,一是反常和琐碎的个人主义导致个人的参与

---

① 汪民安. 福柯、本雅明与阿甘本:什么是当代? [J]. 马克思主义与现实,2013(6):10-17.
② 小威廉姆 E. 多尔. 后现代课程观[M]. 王红宇,译. 北京:教育科学出版社,2015:164-165.

热情的匮乏，生活的英雄维度和崇高感的消失，自我沉迷于平庸、狭隘、无意义的世界；二是工具理性的优先性导致利益权衡的至上，社会共同体变成了实现彼此欲望的"需要的体系"；三是现代福利国家的柔性专制使得政治自由丧失，个人放弃了对于政治生活的热情参与，失去了对于自身命运的掌控，在政治生活中产生无助感。① 走向诗歌，似乎就是解决隐忧的一把钥匙，打开了自我、热情、自由之门。

然而，诗歌、文学、语文的"拯救维度"是存疑的，首先，恰如本书一直强调的，现代性是多重的，"汝之蜜糖，彼之砒霜"，将任何一种文本放置于神龛之上，都是危险的。其次，审美的现代性很有可能带来媚俗，诗歌可能成为一种口号，也可能成为无病呻吟。这是语文科要走入生活，回到生活世界，不得不面对的陷阱。卡林内斯库认为，无论在技术上还是在美学上，媚俗艺术都是现代性的典型产品之一。一旦技术上可行，经济上有利可图，就只有市场能约束那些廉价的或不那么廉价的模仿物的激增，这些模仿物可以是对一切事物的模仿——从原始或民间技术到最近的先锋派。② 有时候，只能选择相信市场，相信生活本身的调节能力。

所以，在接受现代社会的前提下，坦承现代性多元的事实，并保持必要的警醒，才能够更好地阐释与创造出语文传统中的现代性。传统诗文在传统社会中是合乎时宜的，当它们在现代文本中被标记为"经典"时，它们的"现代性"反而出现了，但如果不"活学活用"，被僵化地解读，那么它天然的现代性就会消失，成为真正的死物。进而言之，笔者以为，在语文传统的现代性发掘中，主要有以下几点需要注意。

第一，要有这样的自信：语文传统中有可资发掘、转化的丰富资源。第八章中提到"时间—空间"框架下速度、加速度使得现代性显现出来，这在文本中即是"力"，这在传统文论中是基于"气"的流转。对"气质"的体察、对"气脉"流转的感悟，在现代具身理论中亦得到印证。

第二，需要正视、尊重现代性的价值诉求和业已形成的共识。包括对现代社会的基石，诸如市场、法治的遵守与对"主体的人"的尊重。需要在语文实在唯名论的基础上达成共识。这在制定语文课程政策时尤为重要。"主体

---

① Charles Taylor. The Ethics of Authenticity[M]. Cambridge, MA: Harvard University Press, 1991: 8-10.

② 马泰·卡林内斯库. 现代性的五副面孔：现代主义、先锋派、颓废、媚俗艺术、后现代主义[M]. 顾爱彬，李瑞华，译. 南京：译林出版社，2015: 246.

意识的觉醒",意味着"以学生为主体"的语文教育是语文课程的价值基石。都市文明中,年轻人总是有除旧迎新的反叛色彩,他们感受到的"真实"可以说是摩登化的(或说西化)。① 这同样涉及语文经典与传统价值的问题,笔者认同"语文教育的百年价值诉求是现代性"这一基本论断。传统本身在现实的语境中,就是"现代性"的体现。然而,正如笔者反复强调,现代性并非全然西方的、属于特定历史时段的价值。在目前的现代社会中经典与传统成为"异质"者,它们可以坦然面对现代社会的凝视与质询,都可以成为现代性的发生起点。学习它们并非背离现代性,恰恰相反,是对现代性的寻求。

传统无所不在,传统本身也在不断发生改变。关于现代性能够达成的一个重要共识就是边界的重要性,上帝的归上帝,凯撒的归凯撒;政治的归政治,语文的归语文。何其难哉? 比如民国元年,蔡元培任教育总长时以政府权力废除了小学读经,1915 年袁世凯政府又恢复之,两者都是以政治影响教育,影响文化,影响语文的行为,后者遭到文化人的群起围攻,前者则鲜少看到攻击的现象。罗志田由此认为,民初反传统的趋新人士在继承前人对思想"专制"的批判方面不可谓不彻底,这也是他们反对"传统"的重要原因,因为"传统"会带来"专制",但是最后,他们都纷纷落入他们曾激烈反对的"定于一"的传统,实在是绝大的讽刺。② 其实,这哪里是什么讽刺,分明是绝大的无奈与悲哀。我们需要潜入历史的肌理才能理解蔡元培的倡议,他提出"学校不应拜孔子案"是因为拜孔仪式有宗教化、迷信化倾向,既然学校不是宗教场所,祭拜理当废除;既然宪法规定学术自由,那么独尊儒术也有悖于民国宗旨。③ 袁世凯的恢复读经,又岂是因为他对待传统的理性精神,不过是为了复辟而寻求的遮羞布罢了。无论如何,保持理性,避免独断论的传统,何其难哉!

要鼓励学生说真话、写真言,保持李贽所谓的"童心"。这是摆脱泛道德主义,寻求活泼气象的最自我的语文表达。这里的"童心"不是"去伪存真",而是直面欲望的赤裸的实存的心灵。语文并非"来源生活、高于生活",它就是生活最初的文本。不做泛道德化的批判,以一种"语言游戏"的心态悠游其中,正是我们所要追求的"赤子之心"。

第三,可以在现代性的碎片、瞬间中寻找语文传统。譬如对方言的宽容

① 叶维廉. 与当代艺术家的对话:中国画的生成[M]. 南京:南京大学出版社,2011:152.

② 罗志田. 裂变中的传承:二十世纪前期的中国文化与学术(修订本)[M]. 北京:中华书局,2014:21-28.

③ 吕澎. 20 世纪中国艺术史[M]. 北京:北京大学出版社,2006:91.

与再发掘，相对于普通话，方言更加柔软，方言写作也未尝不可尝试，一些方言也是传统语言的"活化石"。另外，应当接受语文"碎片式"阅读的现实。这是现代社会的阅读现状，是由数字化、电子化所造成的必然结果。语文教育工作者除了呼吁并制定相应的"整本书阅读"的政策，也可花更多心思在"碎片化"的时间和空间中。譬如，留意诗歌与民谣、电子乐、摇滚等的结合。许多音乐的歌词不亚于一篇质量上乘的语文作品。

甚至应当提倡"全阅读"的概念，将音乐、绘画、歌剧、电影等多种形式看成语文文本，汲取养分。现代主义在诸种艺术形式上都产生了深远的影响，诸种艺术形式也深刻探讨了碎片、瞬间、整体、无限等之间的关系，交出各自精彩的答案。它们之间又是可以相互借鉴的。音乐家圣桑（Camille Saint-Saëns）有名言，"音乐始于词尽之处"；中国南朝画家、艺术理论家谢赫推出的"气韵生动"也和音乐活动与状态息息相关。

第四，传统的现代性转化并不是机械地复制。传统诗词、文章在现代社会的存在基石已经坍塌大半。传统的还魂是不可能的，唯一可以做的就是创造性地再生。这当然来源于主体的自我意识的产生与强大。这种继承首先是精神的继承。"精神"非"死句"，而是"开放的精神"，是活生生的。诗性的、大写的人，可以成为语文教师的精神底色，追求诗性的课堂不仅仅可以成为语文课堂的一种精神取向，也可以成为整个课程建设的目标之一，它不仅仅体现在学生学习现代诗歌时；也体现在学习传统诗歌时；还体现在学习整个语文课程时；更体现在学习学校整体课程内容时；甚至体现在他或她踏入学校、教室的那一刻起。

从语文传统现代性转化的技术角度而言，现代诗和各类边缘文体的阅读与创作应该得到重视。现代诗无疑最能体现现代性，字里行间更能获得速度与加速度的心理体验。并且，有别于现代小说，它体裁短小，更适合语文科的教学，甚至更符合碎片化阅读的现状。现代诗的写作目前被我们的语文科建设所忽略，而在西方教育界，特别是美国，从幼儿园到大学和成人教育，诗歌写作坊都蔚然成风，有数量庞杂的教材与课程。现代诗写作不仅可以提高创造力、想象力和对语言的敏感度，促进学生语文核心素养的养成。笔者在"翻译现代性"的讨论中，展示其可以让传统中的现代性显现出来，这才是传统得以流转的根本。自精神上，对于传统诗歌意境的继承；自技法上，对意象叠加的借鉴，已经被许多当代诗人所实践。笔者希望这样的诗学努力，可以更多地进入语文科课程，成为学习资料和学习方法。

必须有所不为，需要对现代性所可能带来的冲击保持清醒的认识。一方面，需要对美学媚俗乃至低俗保持警惕，语文传统的"高雅"恰好可以对其进行"修正"；另一方面，也要认识到，现代性中蕴含着的美学现代性，是对一切元叙事的不信任与抵抗，它自身有反对自身的特征。所以，也许语文教育现场中感受到的冲击正是一种突破、解放自我的力量，比如，对现代诗歌的阅读突破了大家对文学传统的印象，也会突破同学们对于诗歌的成见。在这方面，必须承认，教师未必比学生更加明了。

> 子畏于匡，曰："文王既没，文不在兹乎？天之将丧斯文也，后死者不得与于斯文也；天之未丧斯文也，匡人其如予何？"（《论语·子罕》）

两千五百多年前孔子遇到的困境，我们依然面对。但此时面对的，是一项开放的事业，需要更加开放的视野。总之，"文不在兹"了，需要重新定义语文，它是一项基于日常生活的，意义生成与表达的事业。

在当代生活中，人们时刻面临现代性的拷问，它需要我们回到身体、回到生活、回到美学，坦然面对语言的裂缝、沉默、闲言、遮蔽……不断回到语文本身来寻求基石与可能。我们将会发现，语文将从现代性的形式自律中走出来，走向更彻底的现代性，走向当代，并回到了它的原点——传统，以及不断涌现的传统。这不是简单的回归，而是向更多种可能性进行敞开。

参考文献

[中文]

1. 艾布拉姆斯. 镜与灯:浪漫主义文论及批评传统[M]. 郦稚牛,张照进,童庆生,译. 北京:北京大学出版社,2004.

2. 艾略特. 艾略特诗选[M]. 赵萝蕤,等译. 济南:山东大学出版社,1999.

3. 艾略特. 荒原:艾略特文集·诗歌[M]. 汤永宽,裘小龙,译. 上海:上海译文出版社,2012.

4. 艾略特. 四个四重奏:艾略特诗选[M]. 裘小龙,译. 南京:译林出版社,2017.

5. 奥登,依修伍德. 战地行纪[M]. 马鸣谦,译. 上海:上海译文出版社,2012.

6. 巴什拉. 空间诗学[M]. 龚卓军,王静慧,译. 北京:世界图书出版公司北京公司,2017.

7. 白川静. 中国古代民俗[M]. 何乃英,译. 西安:陕西人民美术出版社,1998.

8. 班固. 汉书[M]. 北京:中华书局,1974.

9. 北岛. 蓝房子[M]. 北京:生活·读书·新知三联书店,2015.

10. 本雅明. 本雅明文选[M]. 陈永国,马海良,编. 北京:中国社会科学出版社,1999.

11. 比格尔. 先锋派理论[M]. 高建平,译. 北京:商务印书馆,2002.

12. 毕飞宇. 沿着圆圈的内侧,从胜利走向胜利:读《阿 Q 正传》[J]. 文学评论,2017(4):137-145.

13. 波德莱尔.波德莱尔美学论文选[M].郭宏安,译.北京:人民文学出版,1987.

14. 布莱希特.陌生化与中国戏剧[M].张黎,丁扬忠,译.北京:北京师范大学出版社,2015.

15. 布莱希特.戏剧小工具篇[M].张黎,丁扬忠,译.北京:北京师范大学出版社,2015.

16. 布鲁门伯格.神话研究[M].胡继华,译.上海:上海人民出版社,2012.

17. 布罗茨基.布罗茨基诗歌全集:第一卷(上)[M].娄自良,译.上海:上海译文出版社,2019.

18. 布罗茨基.文明的孩子[M].刘文飞,译.北京:中央编译出版社,1999.

19. 蔡清田.核心素养的学理基础与教育培养[J].华东师范大学学报(教育科学版),2018(1):42-54,161.

20. 蔡翔.何谓文学本身[M].沈阳:春风文艺出版社,2006.

21. 蔡元培.以美育代宗教说[M]//蔡元培,高平叔.蔡元培美育论集.长沙:湖南教育出版社,1987.

22. 曹道衡.乐府诗选[M].北京:人民文学出版社,2000.

23. 陈国球,王德威.抒情之现代性:"抒情传统"论述与中国文学研究[M].北京:生活·读书·新知三联书店,2014.

24. 陈日亮."我即语文":回归物之本然和人的自身[J].语文教学通讯,2018(26):8-13.

25. 陈世骧.陈世骧文存[M].沈阳:辽宁教育出版社,1998.

26. 程代熙.现象学·美学·文学批评[M]//杜夫海纳.审美经验现象学:上.韩树站,译.北京:文化艺术出版社,1996.

27. 褚宏启.核心素养的概念与本质[J].华东师范大学学报(教育科学版).2016(1):1-3.

28. 褚宏启.教育现代化的本质与评价:我们需要什么样的教育现代化[J].教育研究,2013(11):4-10.

29. 次田润.祝词新讲[M].东京:明治书院,1930.

30. 崔文东.青年鲁迅·文学理论·文学批评:《摩罗诗力说材料原考》

[J]. 文学批评,2003(5):89-97.

31. 崔允漷,邵朝友. 试论核心素养的课程意义[J]. 全球教育展望,2017(10):24-33.

32. 崔允漷. 素养:一个让人欢喜让人忧的概念[J]. 华东师范大学学报(教育科学版),2016(1):3-5.

33. 崔允漷. 追问"核心素养"[J]. 全球教育展望,2016(5):3-10,20.

34. 丹托. 现代、后现代与当代[M]//沈语冰,张晓剑. 20世纪西方艺术批评文选. 石家庄:河北美术出版社,2018.

35. 德波. 景观社会[M]. 张新木,译. 南京:南京大学出版社,2017.

36. 德勒兹. 差异与重复[M]. 安靖,张子岳,译. 上海:华东师范大学出版社,2019.

37. 邓实. 国学微论[J]. 国粹学报,1905(2):6-17.

38. 丁福保. 历代诗话续编[M]. 北京:中华书局,1983:799.

39. 东山魁夷. 我的窗[M]. 于荣胜,译. 石家庄:花山文艺出版社,2001.

40. 董仲舒. 春秋繁露[M]. 张世亮,钟肇鹏,周桂钿,译注. 北京:中华书局,2012.

41. 杜小真. 福柯集[M]. 上海:上海远东出版社,1998.

42. 多尔. 后现代课程观[M]. 王红宇,译. 北京:教育科学出版社,2015.

43. 方苞. 钦定四书文校注[M]. 王同舟,李澜,校注. 武汉:武汉大学出版社,2009.

44. 冯至. 十四行集[M]. 北京:解放军文艺出版社,2000.

45. 弗罗斯特. 林间空地[M]. 杨铁军,译. 上海:上海文艺出版社,2015.

46. 伽达默尔. 诠释学Ⅰ:真理与方法[M]. 洪汉鼎,译. 北京:商务印书馆,2007.

47. 高德胜. "核心素养"的隐喻分析:意义与局限[J]. 教育发展研究,2018(6):31-39.

48. 高嘉谦. 遗民、疆界与现代性:汉诗的南方离散与抒情(1895—1945)[M]. 台北:联经出版事业股份有限公司,2016.

49. 高名潞. 西方艺术史观念:再现与艺术史转向[M]. 北京:北京大学出版社,2016.

50. 高延. 中国的宗教系统及其古代形式、变迁、历史及现状[M]. 芮传明,译. 广州:花城出版社,2018.

51. 高友工. 中国文化史中的抒情传统[M]//刘东. 中国学术：第十一辑. 北京：商务印书馆，2002.

52. 格雷马斯. 结构语义学：方法研究[M]. 吴泓缈，译. 北京：生活·读书·新知三联书店，1999.

53. 葛兆光. 众妙之门：北极、太一、道、太极[J]. 中国文化，1999(3)：53.

54. 根子. 根子诗二首[J]. 诗探索，2008(2)：201-209.

55. 沟口雄三. 李卓吾. 两种阳明学[M]. 孙军悦，李晓东，译. 北京：生活·读书·新知三联书店，2013.

56. 顾黄初. 生命·生活·生态：我的语文教育观[J]. 湖南教育·语文教师，2006(23)：4-7.

57. 顾明远. 试论教育现代化的基本特征[J]. 教育研究，2012(9)：4-10.

58. 郭勇健. 现象学美学史[M]. 北京：社会科学文献出版社，2018.

59. 哈桑. 后现代转向[M]. 刘象愚，译. 上海：上海人民出版社，2015.

60. 海德格尔. 同一与差异[M]. 孙周兴，陈小文，余明锋，译. 北京：商务印书馆，2011.

61. 海德格尔. 形式显示的现象学：海德格尔早期弗莱堡文选[M]. 孙周兴，译. 上海：同济大学出版社，2004.

62. 海德格尔. 在通向语言的途中[M]. 孙周兴，译. 北京：商务印书馆，2017.

63. 海子. 海子诗全集[M]. 北京：作家出版社，2009.

64. 何光岳. 南蛮源流史[M]. 南昌：江西教育出版社，1988.

65. 河清. 现代与后现代[M]. 杭州：中国美术学院出版社，2004.

66. 荷尔德林. 追忆[M]. 林克，译. 成都：四川文艺出版社，2010.

67. 蘅塘退士，等. 唐诗三百首·宋诗三百首·元曲三百首. 北京：华文出版社，2009.

68. 胡戈·弗里德里希. 现代诗歌的结构：19世纪中期至20世纪中期的抒情诗[M]. 李双志，译. 南京：译林出版社，2010.

69. 胡瑞娜. 语言与逻辑：当代反实在论的核心问题研究[M]. 北京：科学出版社，2016.

70. 胡塞尔. 欧洲科学的危机与超越论的现象学[M]. 王炳文，译. 北京：商务印书馆，2001.

71. 胡塞尔. 欧洲人的危机与哲学[M]//胡塞尔. 胡塞尔选集：上. 上海：

上海三联书店,1997.

72. 胡希东.新感觉派"荒原"意识试论[J].社会科学,2014(3):179-185.

73. 荒木见悟.明末清初的思想与佛教[M].廖肇亨,译.上海:上海古籍出版社,2010.

74. 黄昌勇.新月派诗论[J].文学评论,1997(3):75-86.

75. 黄金麟.历史、身体、国家:近代中国的身体形成(1895—1937)[M].北京:新星出版社,2006.

76. 黄宗羲.黄宗羲全集[M].杭州:浙江古籍出版社,1985.

77. 吉登斯.现代性的后果[M].田禾,译.南京:译林出版社,2011.

78. 吉莱斯皮.现代性的神学起源[M].张卜天,译.长沙:湖南科学技术出版社,2019.

79. 简政珍.台湾现代诗美学[M].台北:扬智文化事业股份有限公司,2004.

80. 江弱水.古典诗的现代性[M].北京:生活·读书·新知三联书店,2010.

81. 教育部.普通高中教科书语文选择性必修上册[M].北京:人民教育出版社,2020.

82. 金观涛,刘青峰.中国思想史十讲·上卷[M].北京:法律出版社,2015.

83. 金观涛,刘青峰.中国现代思想的起源:超稳定结构与中国政治文化的演变[M].北京:法律出版社,2011.

84. 金岳霖.论道[M].北京:中国人民大学出版社,2010.

85. 景蕴.当代欧美学界中国古代身体观研究综述[J].台湾东亚文明研究学刊,2012,9(1):183-212.

86. 卡夫卡.卡夫卡全集:第一卷[M].叶廷芳,编.石家庄:河北教育出版社,1996.

87. 康德.判断力批判[M].邓晓芒,译.北京:人民出版社,2002.

88. 柯雷.精神与金钱时代的中国诗歌:从1980年代到21世纪初[M].张晓红,译.北京:北京大学出版社,2016.

89. 柯林斯.狄更斯与城市[M]//赵炎秋.狄更斯研究文集.南京:译林出版社.2014.

90. 柯文.在传统与现代性之间:王韬与晚清改革[M].雷颐,罗检秋,译.

北京：中信出版社，2016.

91. 孔尚任. 桃花扇[M]. 谢雍君，朱方遒，评注. 北京：中华书局，2016：432.

92. 莱文. 世俗主义之乐：我们当下如何生活[M]. 赵元，译. 南京：译林出版社，2019.

93. 乐继平. 龚贤及其诗歌研究[D]. 南京：南京师范大学，2011.

94. 雷尔夫. 地方与无地方[M]. 刘苏，相欣奕，译. 北京：商务印书馆，2021.

95. 雷平阳，陈先发，李少君，等. 五人诗选：雷平阳·陈先发·李少君·潘维·古马[M]. 上海：华东师范大学出版社，2017.

96. 李昌龄. 太上感应篇图说[M]. 黄正元，注. 上海：学林出版社，2004.

97. 李弘祺. 学以为己：传统中国的教育[M]. 上海：华东师范大学出版社，2017.

98. 李湘. 基于核心素养的澳大利亚国家课程标准研究[J]. 教育与教学研究. 2017(8)：79-85.

99. 李艺，钟柏昌. 谈"核心素养"[J]. 教育研究，2015(9)：17-23,63.

100. 李亦园. 宗教与神话[M]. 台北：立绪出版社，1998.

101. 李毅士. 与王少陵谈艺术[M]//徐悲鸿. 徐悲鸿论艺. 上海：上海书画出版社，2010.

102. 李泽厚. 寻求中国现代性之路[M]. 北京：东方出版社，2019.

103. 里尔克. 里尔克诗选[M]. 北京：中国文学出版社，1996.

104. 里尔克. 里尔克诗选[M]. 绿原，译. 北京：人民文学出版社，2006.

105. 丽丝. 其实我们说的是同一种语言[EB/OL]. [2015-3-1]. http://artand.cn/artide/eRy.

106. 利奥塔. 后现代主义[M]. 赵一凡，等译. 北京：社会科学文献出版社，1999.

107. 梁启雄. 荀子简释[M]. 北京：中华书局，1983.

108. 列维纳斯. 总体与无限：论外在性[M]. 朱刚，译. 北京：北京大学出版社，2016.

109. 林白. 妇女闲聊录[M]. 北京：北京十月文艺出版社，2017.

110. 林久络. 王门心学的密契主义向度：自我探索与道德实践的二重奏[D]. 台北：台湾大学哲学研究所，2006.

111. 刘宝楠. 论语正义:十三经清人注疏[M]. 北京:中华书局,1990.

112. 刘又铭. 明清儒家自然气本体的哲学典范[J]. 政治大学哲学学报, 2009(22):1-36.

113. 鲁迅. 鲁迅全集·第一卷[M]. 北京:人民文学出版社,2005.

114. 吕德安. 顽石[M]. 北京:中国工人出版社,2000.

115. 吕坤,洪应明. 呻吟语·菜根谭[M]. 吴承学,李光摩,校注. 上海:上海古籍出版社,2000.

116. 吕澎. 20 世纪中国艺术史[M]. 北京:北京大学出版社,2006.

117. 吕叔湘. 吕叔湘语文论集[M]. 北京:商务印书馆,1983.

118. 罗汝芳. 罗汝芳集:上[M]. 方祖猷,梁一群,李庆龙,等编校整理. 南京:凤凰出版社,2007.

119. 罗志田. 裂变中的传承:20 世纪前期的中国文化与学术[M]. 修订本. 北京:中华书局,2019.

120. 罗志田. 权势转移:近代中国的思想与社会[M]. 北京:北京师范大学出版社,2014.

121. 洛夫. 镜中之象的背后:《洛夫诗歌全集》自序[J]. 创世纪,2008(156):23.

122. 洛夫. 漂木[M]. 台北:联合文学出版社,2014.

123. 马尔克斯. 百年孤独[M]. 范晔,译. 海口:南海出版公司,2011.

124. 马泰·卡林内斯库. 现代性的五副面孔:现代主义、先锋派、颓废、媚俗艺术、后现代主义[M]. 顾爱彬,李瑞华,译. 南京:译林出版社,2015.

125. 玛克辛·格林. 释放想象[M]. 郭芳,译. 北京:北京师范大学出版社,2017.

126. 麦永雄. 后现代多维空间与文学间性:德勒兹后结构主义关键概念与当代文论的建构[J]. 清华大学学报(哲学社会科学版),2007(2):37-46.

127. 曼杰什坦姆. 曼杰什坦姆诗全集[M]. 汪剑钊,译. 上海:东方出版社,2008.

128. 蒙培元. 理学范畴系统[M]. 北京:人民出版社,1989.

129. 莫兰. 现象学:一部历史的和批评的导论[M]. 李幼蒸,译. 北京:中国人民大学出版社,2017.

130. 牟宗三. 从陆象山到刘蕺山[M]. 上海:上海古籍出版社,2001.

131. 牟宗三. 中国哲学十九讲[M]. 台湾学生书局,1983.

132. 穆旦. 穆旦诗精编[M]. 武汉:长江文艺出版社,2014.

133. 南怀瑾. 南怀瑾选集(第十卷)[M]. 上海:复旦大学出版社,2008.

134. 倪梁康. 超越论现象学的方法论问题:胡塞尔与芬克及其《第六笛卡尔式沉思》[J]. 哲学研究,2019(8):94-105.

135. 倪梁康. 胡塞尔现象学概念通释(修订版)[M]. 北京:生活·读书·新知三联书店,2007.

136. 欧匹兹. 流动的神化:《盲国萨满》电影手册[M]. 台北:行人文化实验室,2018.

137. 欧阳询. 艺文类聚[M]. 汪绍楹,校. 上海:上海古籍出版社,1999.

138. 帕斯. 弓与琴[M]. 赵振江,等译. 北京:北京燕山出版社,2014.

139. 帕特里. 思想、语言与实在[M]. 上海:上海外语教育出版社,2012.

140. 派纳,雷诺兹,斯莱特里,等. 理解课程[M]. 张华,等译. 北京:教育科学出版社,2003.

141. 派纳,杨澄宇. 课程,悠游于科技的边缘:威廉·派纳与杨澄宇关于课程和科技关系的对话[J]. 华东师范大学学报(教育科学版),2017(1):102-105.

142. 庞朴. 帛书五行篇研究[M]. 济南:齐鲁书社,1980.

143. 珀迪. 印第安村落遗址[EB/OL]. [2024-6-25]. http://www.bilibili.com/read/cv13416314/.

144. 齐邦媛. 中国现代文学选集·诗[M]. 台北:尔雅出版社,1983.

145. 钱穆. 中国思想史[M]. 北京:九州出版社,2012.

146. 乔迅. 石涛:清初中国的绘画与现代性[M]. 邱士华,刘宇珍,等译. 北京:生活·读书·新知三联书店,2018.

147. 萨特. 存在与虚无[M]. 陈宣良,等译. 北京:生活·读书·新知三联书店,2007.

148. 舍勒. 资本主义的未来[M]. 罗悌伦,等译. 香港:牛津大学出版社,1995.

149. 沈卫荣. 回归语文学[M]. 上海:上海古籍出版社,2019.

150. 沈语冰,张晓剑. 20世纪西方艺术批评文选[M]. 石家庄:河北美术出版社,2018.

151. 沈语冰. 透支的想象:现代性哲学引论[M]. 上海:学林出版社,2003.

152. 沈语冰. 图像与意义:英美现代艺术史论[M]. 北京:商务印书馆,2016.

153. 施舟人. 中国文化基因库[M]. 北京:北京大学出版社,2002.

154. 史本德. 释现代诗中底现代性[J]. 袁可嘉,译. 文学杂志,1948(6):29.

155. 史蒂文斯. 坛子轶事[M]. 陈东飚,译. 南宁:广西人民出版社,2015.

156. 舒斯特曼. 身体意识与身体美学[M]. 程相占,译. 北京:商务印书馆,2011.

157. 斯奈德. 砌石与寒山诗[M]. 柳向阳,译. 北京:人民文学出版社,2018.

158. 孙思邈. 千金翼方[M]. 王勤俭,周艳艳,编校. 上海:第二军医大学出版社,2008.

159. 孙玉石. 中国现代主义诗潮史论[M]. 北京:北京大学出版社,1999.

160. 泰勒. 世俗时代[M]. 张容南,等译. 上海:上海三联书店,2016.

161. 泰勒. 自我的根源:现代认同的形成[M]. 韩震,王成兵,乔春霞,等译. 南京:译林出版社,2001.

162. 谭燕保. 斯奈德寒山诗英译与诗歌创作的互文性研究[M]. 武汉:武汉大学出版社,2017.

163. 汤显祖. 汤显祖集[M]. 北京:中华书局,1962.

164. 特朗斯特罗姆. 特朗斯特罗姆诗歌全集[M]. 成都:四川文艺出版社,2015.

165. 万志英. 左道:中国宗教文化中的神与魔[M]. 廖涵缤,译. 北京:社会科学文献出版社,2018.

166. 汪春泓. 从《汉书·艺文志》、《文心雕龙》看中国文学之抒情与叙事两大传统之关系[J]. 人文中国学报,2019(1):27-46.

167. 汪民安. 福柯、本雅明与阿甘本:什么是当代?[J]. 马克思主义与现实,2013(6):10-17.

168. 汪文圣. 从"原初理性"生成"原初语言"来谈文化的再造:从海德格尔早期的讨论出发来看[J]. 哲学与文化,2016(7):5-25.

169. 王德威. 被压抑的现代性:晚清小说新论[M]. 宋伟杰,译. 北京:北京大学出版社,2005.

170. 王德威. 历史与怪兽:历史、暴力、叙事[M]. 台北:麦田出版社,2018.

171. 王德威. 如何现代,怎样文学? 十九、二十世纪中文小说新论[M]. 台北:麦田出版社,2008.

172. 王德威. 史诗时代的抒情声音:二十世纪中期的中国知识分子与艺术家[M]. 北京:生活·读书·新知三联书店,2019.

173. 王艮. 王心斋全集[M]. 陈祝生,等校点. 南京:江苏教育出版社,2001.

174. 王赓武. 更新中国:国家与新全球史[M]. 黄涛,译. 杭州:浙江人民出版社,2016.

175. 王健文. 国君一体:古代中国国家概念的一个面相[M]//杨儒宾. 中国古代思想中的气论和身体观. 台北:巨流图书公司,1993.

176. 王明建. 语文课程史研究:兼论语文课程的早期现代化[M]. 北京:人民出版社,2016.

177. 王文兴. 背海的人[M]. 台北:洪范书店有限公司,1986.

178. 王学泰. 游民文化与中国社会[M]. 太原:山西人民出版社,2014.

179. 王一川. 中国现代学引论[M]. 北京:北京:北京大学出版社,2009.

180. 韦羲. 照夜白:山水、折叠、循环、拼贴、时空的诗学[M]. 北京:台海出版社,2002.

181. 温伯格. 观看王维的十九种方式[M]. 光哲,译. 北京:商务印书馆,2019.

182. 巫鸿. 废墟的故事:中国美术和视觉文化中的"在场"与"缺席"[M]. 上海:上海人民出版社,2012.

183. 巫鸿. 荣荣的东村:中国实验艺术的瞬间[M]. 毛卫东,译. 上海:上海人民出版社,2014.

184. 巫鸿. 走自己的路:巫鸿论中国当代艺术家[M]. 广州:岭南美术出版社,2008.

185. 吴汝均. 龙树中伦的哲学解读[M]. 台北:台湾商务印书馆,2022.

186. 奚密. 现代汉诗:一九一七年以来的理论与实践[M]. 奚密,宋炳辉,译. 上海:上海三联书店,2008.

187. 夏志清. 夏志清论中国文学[M]. 万芷均,等译. 香港:香港中文大学出版社,2016.

188. 夏志清. 中国古典小说[M]. 何欣,庄信正,林耀福,译. 香港:香港中文大学出版社,2017.

189. 项楚. 寒山诗注[M]. 北京:中华书局,2000.

190. 萧功秦. 儒家文化的困境[M]. 太原:山西人民出版社,2022.

191. 萧萧. 现代诗游戏[M]. 台北:尔雅出版社,2003.

192. 邢光祖.《荒原》书评[J]. 西洋文学,1940(4):486-489.

193. 熊辉. 外国诗歌的翻译与中国现代新诗的文体建构[M]. 北京:中央编译出版社,2013.

194. 徐兴无. 孟子[M]. 南京:南京大学出版社,2008.

195. 徐中舒. 甲骨文字典[M]. 成都:四川辞书出版社,2006.

196. 许江,焦小健. 具象表现绘画文选[M]. 杭州:中国美术学院出版社,2002.

197. 许慎. 说文解字[M]. 段玉裁,注. 北京:中国书店,2011.

198. 痖弦. 痖弦诗集[M]. 桂林:广西师范大学出版社,2016.

199. 雅斯贝尔斯. 论历史的起源与目标[M]. 李雪涛,译. 上海:华东师范大学出版社,2018.

200. 阎云翔. 私人生活的变革:一个中国村庄里的爱情、家庭与亲密关系(1949—1999)[M]. 龚小夏,译. 上海:上海人民出版社,2017.

201. 阎云翔. 中国社会的个体化[M]. 陆洋,译. 上海:上海译文出版社,2016.

202. 颜昆阳. 从应感、喻志、缘情、玄思、游观到兴会:论中国古典诗歌所开显"人与自然关系"的历程及其模态[M]//蔡瑜. 回向自然的诗学. 台北:台大出版中心,2012.

203. 杨澄宇. 语文生活论:基于现象学视角的语文课程探索[M]. 北京:教育科学出版社,2016.

204. 杨九诠. 学生发展核心素养三十人谈[M]. 上海:华东师范大学出版社,2017.

205. 杨庆堃. 中国社会中的宗教[M]. 范丽珠,译. 成都:四川人民出版社,2016.

206. 杨儒宾. "山水"是怎样发现的:"玄化山水"析论[M]//蔡瑜. 回向自然的诗学. 台北:台大出版中心,2012.

207. 杨儒宾. 两种气学 两种儒学:中国古代气化身体观研究[J]. 中州学刊,2011(5):143-148.

208. 杨儒宾. 儒家身体观[M]. 台北:"中研院"文哲所,1996.

209. 杨儒宾. 儒门内的庄子[M]. 上海:上海古籍出版社,2020.

210. 杨儒宾. 异议的意义:近世东亚的反理学思潮[M]. 上海:上海古籍出版社,2019.

211. 杨婉仪. 死·生存·伦理:从列维纳斯观点谈超越与人性的超越[M]. 台北:联经出版事业股份有限公司,2017.

212. 杨向东. 核心素养与我国基础教育课程改革的关系[J]. 人民教育,2016(19):19-22.

213. 姚周辉. 神秘的符箓咒语[M]. 南宁:广西人民出版社,2004.

214. 叶圣陶. 叶圣陶语文教育论集[M]. 北京:教育科学出版社,1980.

215. 叶舒宪. 诗经的文化阐释:中国诗歌的发生研究[M]. 武汉:湖北人民出版社,1994.

216. 叶维廉. 与当代艺术家的对话:中国画的生成.[M]. 南京:南京大学出版社,2011.

217. 伊利亚德. 萨满教:古老的入迷术[M]. 段满福,译. 北京:社会科学文献出版社,2018.

218. 于冬云. 海明威与现代性的悖论[M]. 济南:齐鲁书社,2019.

219. 余虹. 中国文论与西方诗学[M]. 北京:生活·读书·新知三联书店,1999.

220. 俞吾金. 现代性现象学(续)[J]. 江海学刊,2003(2):5-15.

221. 宇文所安. 中国传统诗歌与诗学[M]. 陈小亮,译. 北京:中国社会科学出版社,2015.

222. 郁振华. 人类知识的默会维度[M]. 北京:北京大学出版社,2012.

223. 臧克和. 汉语文字与审美心理[M]. 上海:学林出版社,1990.

224. 臧克和. 说文解字的文化说解[M]. 武汉:湖北人民出版社,1995.

225. 臧克和. 中古汉字流变[M]. 上海:华东师范大学出版社,2008.

226. 詹明信. 晚期资本主义的文化逻辑[M]. 陈清侨,等译. 北京:生活·读书·新知书店,1997.

227. 张岱年. 张岱年文集:第二卷[M]. 北京:清华大学出版社,1990.

228. 张立敏. 千家诗[M]. 北京:中华书局,2016.

229. 张默,萧萧. 新诗三百首百年新篇·台湾篇[M]. 台北:九歌出版有限公司,2017.

230. 张松建."抒情的寓言":英培安、希尼尔现代诗中的认同抒写[J]. 新诗评论,2016(20):178-219.

231. 张松建. 现代诗的再出发:中国四十年代现代主义诗潮新探[M]. 北京:北京大学出版社,2009.

232. 张颂仁,陈光兴,高士明. 我们的现代性:帕沙·查特吉读本[M]. 上海:上海人民出版社,2013.

233. 张伟栋. 有关诗歌的"当代性"问题:对"成为同时代人"的讨论[J]. 新诗评论,2017(21):45-57.

234. 张祥龙. 海德格尔思想与中国天道[M]. 北京:生活·读书·新知三联书店,2007.

235. 张新. 20世纪中国新诗史[M]. 上海:复旦大学出版社,2009.

236. 张一兵. 布莱希特与德波:陌生化与消解被动景观的情境建构[J]. 山东社会科学,2020(11):21-31.

237. 张枣. 论中国新诗中的现代主义[J]. 刘金华,译. 扬子江评论,2018(1):88-98.

238. 张枣. 张枣的诗[M]. 北京:人民文学出版社,2010.

239. 章炳麟. 国故论衡·文学总略[M]//郭绍虞. 中国历代文论选:第四册. 上海:上海古籍出版社,1980.

240. 章太炎. 劝治史学并论史学利弊[N]. 北京大学日刊,1924(24).

241. 赵稀方. 翻译现代性:晚清到五四的翻译研究[M]. 台北:秀威出版社,2012.

242. 赵毅衡. 美国现代诗选[M]. 北京:外国文学出版社,1985.

243. 赵毅衡. 诗神远游:中国如何改变了美国现代诗[M]. 成都:四川文艺出版社,2013.

244. 中华人民共和国教育部. 教育部关于全面深化课程改革落实立德树人根本任务的意见[EB/OL]. [2014-04-08]. www. woe. gov. cn/scrcsite/A26/jcj_kcjcgh/201404/t20140408_167226. html.

245. 中华人民共和国教育部. 普通高中语文课程标准[M]. 北京:人民教育出版社,2003.

246. 周海婴. 鲁迅与我七十年[M]. 海口:南海出版公司,2001.

247. 周梦蝶. 刹那[M]. 北京:海豚出版社,2010.

248. 周梦蝶. 周梦蝶集[M]. 台南:台湾文学馆,2008.

249. 周宪. 审美现代性批判[M]. 北京：商务印书馆，2005.

250. 周英雄. 结构主义与中国文学[M]. 台北：东大图书公司，1983.

251. 周振甫. 周易译注[M]. 北京：中华书局，1991.

252. 朱刚. 多元与无端：列维纳斯对西方哲学中一元开端论的解构[M]. 南京：江苏人民出版社，2016.

253. 朱光潜. 朱光潜全集：第九卷[M]. 合肥：安徽教育出版社，1993.

254. 朱光潜. 朱光潜全集：第六卷[M]. 合肥：安徽教育出版社，1993.

255. 朱良志. 南画十六观[M]. 北京：北京大学出版社，2013.

256. 朱天文，毛尖. 关于《巫言》：与朱天文对话[N]. 东方早报，2008-09-22.

257. 朱维铮. 周予同经学史论[M]. 上海：上海人民出版社，2010.

258. 朱熹，吕祖谦. 近思录集释[M]. 张京华，辑校. 长沙：岳麓书社，2010.

259. 朱新屋. 明清时期《感应篇》诠释的多元化[EB/OL]. 中国社会科学网[2019-7-23]. http://ex. cssn. cn/zjx/201907/t20190723_4937652. shtml.

260. 朱自清. 朱自清全集：第二卷[M]. 南京：江苏教育出版社，1988.

[英文]

1. Alfred Schutz. The Structure of the life-world[M]. Richard M. Zaner, J. Tristram Engelhardt Jr, trans. Evanston：Northwestern University Press，1973.

2. Antonie Prost. Public and Private Sphere in France[M]// Antonie Prost and Gerard Vincent. Arthur Goldhammer, trans. A History of Private life, vol. 5[C]. Cambridge：Harvard University Press.

3. Arthur Efland, Kerry Freedman, Patricia Stuhr. Postmodern Art Education：an Approach to Curriculum[M]. Virginia：The National Art Education Association，1996.

4. Augusto Del Noce. The Crisis of Modernity[M]. Carlo Lancellotti, trans. Quebec：McGill-Queen's University Press，2014.

5. Bruno Latour. We Have Never Been Modern[M]. Catherine Porter, trans. Cambridge MA：Harvard University Press，1993：10-11.

6. Charles Taylor. The Ethics of Authenticity[M]. Cambridge，MA：

Harvard University Press,1991.

7. Charles Taylor. The Language Animal: the Full Shape of the Human Linguistic Capacity[M]. Cambridge: The Belknap Press of Harvard University Press,2016.

8. Charles. Woodruffe. What is Moant by a Competency? [J]. Leadership and Organization Development Journal,1993(1):29-36.

9. Chung-ying Cheng. On the Metaphysical Significance of Ti (Body-embodiment) in Chinese Philosophy: Benti (Origin-substance) and Ti-yong (Substance and Function) [J]. Journal of Chinese Philosophy, 2002(2): 145-161.

10. Derk Bodde. Dominant Ideas[M]// H. F. MacMair ed. China. Berkeley and Los Angeles: University of California Press,1951.

11. Ezra Pound. Cathay: A Critical Edition[M]. New York: Fordham University Press,2019.

12. Frances A. Yates. Giordano Bruno and the Hermetic Tradition [M]. Chicago: University of Chicago Press, 1964.

13. Gert-Jan der Heiden. The Truth (and untruth) of Language: Heidegger, Ricoeur, and Derrida on disclosure and displacement[M]. Pittsburgh: Duquesne University Press,2010.

14. Hans Blumenberg. The Legitimacy of the Modern Age[M]. Boston: The MIT Press,1993.

15. Han-Shan. Cold Mountain: Twenty-four Poems by Han-shan[M]. Gary Snyder, trans. Berkeley: Princeton University Press,2013.

16. Herbert M. Kliebard. Changing course: American Curriculum Reform in the 20th century[M]. New York: Teachers College Press,2002.

17. Hwa Yol Jung. Heidegger's Way with Sinitic Thinking[M]. Graham Parkes. Heidegger and Asian Thought. Honolulu: University of Hawaii Press,1990.

18. Jan Aler. Heidegger's Conception of Language in Being and Time [M]//Joseph J. Kockelmans ed. On Heidegger and Language[C]. Evanston: Northwestern University Press,1972.

19. Jane Geaney. On the Epistemology of the Senses in Early Chinese

Thought[M]. Honolulu:University of Hawai'i Press,2002.

20. Jonathan Hay. Double Modernity, Para-modernity[M]// Nancy Condee, Terry Smith, and Okwui Enwezor eds. Antinomies of Art and Culture: Modernity, Postmodernity, Contemporaneity Durham, NC: Duke University Press 2008.

21. Joseph C. Pitt. Thinking about Technology: Foundations of the Philosophy of Technology[M]. New York:Seven Bridges Press,2000.

22. Jurgen Habermas. Modernity-an incomplete project[M]// Charles Harrison, Paul Wood eds. Art in Theory, 1990–2000: an Anthology of Changing Ideas. Victorial:Blackwell Publishing, 2014.

23. J-F Lyotard. Reponse a la question: qu'est-ce que le postmoderne? [J]. Dans Critique,1982(419):365.

24. Karl Lowth. Meaning in History: the Theological Implications of the Philosophy of History[M]. Chicago:University of Chicago Press, 1949.

25. Kristofer Marinus Schipper. The Taoist Body[M]. University of California Press, 1994.

26. Louise M. Berman. Toward Curriculum for Being: Voices of Education[M]. Albany:State University of New York Press,1991.

27. M. C. Dillon. Ecart & Difference: Merleau-ponty and Derrida on Seeing and Writing[M]. New Jersey: Humanities Press International, Inc. , 1997.

28. Martin Heidegger. The Event[M]. Richard Rojcewica and Daniela Vallega-Neu, trans. Bloomington: Indiana University Press, 2012.

29. Martin Heidegger. The Event [M]. Richard Rojcewicz, trans. Bloomington:Indiana University Press,2013.

30. Maurice Merleau-Ponty. Text and Dialogues[M]. Atlantic Highlands:Humanities Press,1992.

31. Peter Costello & Licia A. Carlson. Phenomenology and the Arts [M]. Lanham:Lexington Book, 2016.

32. Peter van der Veer. Is Confucianism Secular[M]. Akeel Bilgrami (Eds). Beyond the Secular West. New York: Columbia University Press, 2016.

33. Richard A. Cohen. Forward to the Second Edition. [M]// Emmanuel Levinas. The Theory of Intuition in Husserl's Phenomenology. Illinois: Northwestern University Press, 1995.

34. Robert B. Pippin. Modernism as a Philosophical Problem: On the Dissatisfactions of European High Culture[M]. Malden: Blackwell Publishers Inc. ,1999.

35. Robert Kern. Orientalism, Modernism, and the American poem [M]. Cambridge: Cambridge University Press,1996.

36. Roger T. Ames. The meaning of body in classical Chinese philosophy[M]//Thomas P. Kasulis, Roger T. Ames and Wimal Dissanayake ed. Self as body in Asian theory and practice. Albany: State University of New York Press, 1994.

37. Stephen Gaukroger. The Emergence of a Scientific Culture[M]. Oxford: Oxford University Press, 2006.

38. T. J. Clark. Farewell to an Idea: Episodes From a History of Modernism[M]. New Haven and London: Yale University Press,2014.

39. Ted T. Aoki. Curriculum in a New key: The Collected Work of Ted T. Aoki[M]. New Jersey: Lawrence Erlbaum Associates,2005.

40. The Holy Bible (King James Version)[M]. Canterbury Classic/ Baker & Taylor Publishing Group,2013.

41. Walter Biemel. Poetry and Language in Heidegger[M]//Joseph J. Lockelmans. On Heidegger and Language. Evanston: Northwestern University Press,1972.

42. Zhao Dingxin. The Confucian-legalist State: a New Theory of Chinese History[M]. Oxford: Oxford University Press,2015.

后 记

就像寻找一首曾在自己生命中出现过的诗歌而不可得。

就不可得吧。

如果说好的文章应该自然流畅、水到渠成，那么这本小书里的文字一定是糟糕的。在若干次回望后，我仍然感受到书中内隐的磕磕绊绊，词不达意。好在它谈论的是现代性，现代性本身就是某种断裂。很多时候，写着写着就会感觉到了一种拼凑感，只能努力不成为凑合。

键盘上敲下这行字的时候，离这本书最初的动笔，已经超过五年，离最开始的动心起意，也差不多十年了。交出这样一份答卷，远远谈不上满意。是真的不满意。最开始一定是雄心壮志的，希望可以解决一些悬而未决的理论问题，将语文的本体彰显出来，对传统观念进行有所洞见的梳理与创造。只能说这个美好的想象，在着手这项工作不久就破灭了。在翻阅了诸多文献后，越来越感觉到这恐怕是一件难以完成的事情，因为我们很可能没有现代性转换的关键因子。或者说，现代性的转化是一项系统工程，这个过程将会非常漫长，稍不留神，就会迈入歧途。

所以我试图从最微末的"雕虫小技"——"语言的游戏"中寻找答案，并转向边缘之物——诗、缄默、闲言……在这个过程中，我愈发感觉语文的本质在边缘之中。所有的创造力都源于放逐。无论是自我的，还是被动的。德勒兹所谓知识是块茎的、游牧的。但是那根茎太过隐秘，那黑骏马太过神俊，难以追踪。

这个话题告一段落的原因是总要给这段时间一个交代，姑且用这些文字来记录吧。无论如何，书中的文字是真诚的。虽然这是一本"学术著作"，我却在一定程度上说出了自己最想说的话。书中，我一次次试图要"回到事情本身""如其说是"，但最后，似乎只能保证回到自己。至少做到绝不言不由衷。

因为写作跨度之长，最近修订的时候，发觉了两件有趣的事情，其一是之前的写作特别喜欢用"行文至此"，这大概是频繁遇到"气口"的问题，总是一口气提不上来，却又感觉到了"关键时刻"，不能不说。其二是之前行文中有大量的"我们"，"我们觉得""我们认为""我们以为"……后来我尽量将其删去或改成"笔者""人们"，除非我真的觉得我们应该一同面对。我只能代表我自己；我也过了需要用"我们"来打气的年纪。

突然想起去年读到的一篇本科生毕业论文，学生在后记中写道："哦！还有最后的最后，容我感谢一些歌手——山口一郎、Aimer，还有那些熠熠生辉的角色——鬼龙红郎、仁兔成鸣、莲巳敬人、神崎飒马，你们在自己人生舞台上发光的身影深深地鼓励着我，让我坚信所有暗淡无光时的泪水都不会白流，人生就是一个永远向着前方的过程，而最重要的就是一无所有时也要坚信自己的勇气。"

她提到的这些熠熠生辉的名字，我之前一个也不知道。他们是一部游戏里的角色。我毫不怀疑学生的真诚，从这些人物身上，她获得的鼓励是巨大的，虚拟角色甚至比教师的作用还要大。在那段时间，学生获得文本的杂多，并从这些文本上收获的价值与意义，是教育工作者之前无法想象，甚至不以为然的。这就是当代生活，语文教育到了不得不改变的时刻。我希望孩子们能轻松一些，就在当下。

行文至此，想起前段时间和派纳教授联系，他是我在温哥华访学时的导师，而本书的主要思考也源于那次访学。我们谈论起教育与技术的问题，他是典型的技术悲观主义者，他说他像伍尔夫一样，对魏玛时代即将来临的灾难，仍保持镇定。我说，虽然如此，但总不能回到传统与过去吧。他反问，为什么不呢？我愣住了，是啊！个体意义上，每个人都可以从内心回到传统与遥远的故乡。他说他的案头一直摆放着一本《到灯塔去》，最近又开始翻看，每天看一点，他老了，舍不得一下子翻完。

感谢南大出版社的石磊总编辑和几位编辑老师细致的工作。没有你们，这本书一定还静静地待在电脑磁盘的一个角落。南京大学是我的母校，尽在不言中。

要向我的导师崔允漷教授致谢！老师很久之前就告诉我，语文的奥义就在于"我手写我口，我口说我心"这样的常识。在本书的写作过程中，我常常想要跳出常识，却也愈加向常识靠拢。没有导师长久以来的引领与教诲，就不会有这本书的出现。还要感谢张心科、董蓓菲、叶丽新、周文叶、雷浩、肖思

241

汉等同事在学术上的帮助,使我愈加知晓同行的意义。感谢丁帆、王栋生、徐兴无、唐江澎、汪政、曹勇军、黄厚江、朱德勇、徐志伟、张克中、邵朝友、王鹏杰等老师的帮助,从他们那里学到了很多,他们推动了本书的写作,一并感谢!感谢元峰老师,他是我诗学研究的老师,慨然应允作序并常关心其面世的时间。"传统与现代"这个话题宏阔而复杂,我已然且将继续暴露我的无知,请大家不吝批评。

本书系全国教育科学规划项目"语文传统观念的现代性阐述与创造"(CAA140116)的研究成果。

感谢我的朋友和家人。

感谢未来。

2023 年 11 月 6 日于上海董家渡